现代建筑总承包施工技术丛书

现代物流仓储工程总承包施工技术

中建三局第二建设工程有限责任公司　主编

中国建筑工业出版社

图书在版编目（CIP）数据

现代物流仓储工程总承包施工技术／中建三局第二建设工程有限责任公司主编．—北京：中国建筑工业出版社，2020.12

（现代建筑总承包施工技术丛书）

ISBN 978-7-112-25813-0

Ⅰ.①现⋯ Ⅱ.①中⋯ Ⅲ.①物流管理-仓库管理-工程施工 Ⅳ.①F253

中国版本图书馆 CIP 数据核字（2021）第 000202 号

本书结合多年的现代物流仓储工程建设经验，分 12 个章节对不同类型的物流园区工程从参建各方关注角度进行经验介绍和分享，并对施工各参建方在施工周期内需要注意事项进行了总结。内容主要包括：现代物流仓储工程现状、现代物流仓储工程建设单位管控重点、现代物流仓储工程施工总承包管理、土建工程施工管控要点、钢结构施工管控要点、金属围护系统施工管控要点、机电工程施工管控要点、室外工程施工管控要点、分拣系统施工管控要点、现代物流仓储工程设计建议、现代物流仓储工程关键施工技术和工程案例。

本书适合建筑企业施工、管理人员参考使用，也可供投资建设方、EPC 总承包商等参考借鉴。

责任编辑：范业庶 万 李
责任校对：张 颖

现代建筑总承包施工技术丛书
现代物流仓储工程总承包施工技术
中建三局第二建设工程有限责任公司 主编

*

中国建筑工业出版社出版、发行（北京海淀三里河路 9 号）
各地新华书店、建筑书店经销
北京鸿文瀚海文化传媒有限公司制版
北京圣夫亚美印刷有限公司印刷

*

开本：787 毫米×1092 毫米 1/16 印张：18¼ 字数：452 千字
2021 年 1 月第一版 2021 年 1 月第一次印刷
定价：65.00 元
ISBN 978-7-112-25813-0
（36706）

版权所有 翻印必究
如有印装质量问题，可寄本社图书出版中心退换
（邮政编码 100037）

《现代物流仓储工程总承包施工技术》
编委会

顾　　问	陈文健	陈卫国			
主　　任	张　琨				
副 主 任	樊涛生	刘自信			
委　　员	范先国	郑承红	傅学军	屠孝军	邹战前
	李辉进	徐国政	蒋保胜	吴利恒	
主　　编	刘　波				
副 主 编	周智鹏	金壹泽	胡远航	饶　淇	姚建忠
编写人员	唐碧波	李江华	王小伟	胡　新	桂峥嵘
	何雄伟	欧阳恒	胡传文	杨　阳	李　罗
	张忠伟	龙　严	陈　龙	魏建斌	余显志
	王尚锋	彭正庄	彭　玄	吴华维	刘曜隆
	陈新安	黄　亮	王　震	胡志华	邓亚宏
	罗锦良	彭建锋	丁文轩	李金生	冯苟钊
	王良波	张凤举	王祥志	李　俏	李　科
	毛从兵	熊红刚	李　睿	谢希翔	刘　灿

中建三局第二建设工程有限责任公司简介

中建三局第二建设工程有限责任公司（以下简称"公司"）是世界 500 强中国建筑股份有限公司的重要骨干企业之一。成立于 1954 年，注册资本金人民币 10 亿元，现年营业收入 403 亿元，固定资产净值 8.7 亿元。

公司现有建筑工程施工总承包特级资质、市政公用工程施工总承包特级资质；机电工程施工总承包壹级资质；钢结构工程、地基基础工程、消防设施工程、防水防腐保温工程、建筑装修装饰工程、建筑机电安装工程、建筑幕墙工程及环保工程八大专业承包壹级资质；电力工程和石油化工工程施工总承包贰级资质；桥梁工程及隧道工程专业承包贰级资质；模板脚手架专业承包资质（不分等级）；市政行业、建筑行业（建筑工程、人防工程）甲级设计资质，拥有完整的资质体系。

公司现有员工 1 万余人，其中中级技术职称人员 743 人，教授级高级工程师及高级职称 570 人。国家一级注册建造师 731 人，其中全国优秀项目经理 79 人。

公司坚持"投资＋建造"两轮驱动，以"房建＋基础设施＋海外"为三驾马车，实现业务板块协调发展。立足房建主业稳定发展，注重履约品质；加速转型发展，积极推进基础设施与海外业务；强化管理升级，推进"两化"融合，力争实现"三局支柱、中建先锋、行业标杆"企业的奋斗目标，建设"发展品质优、价值创造强、品牌形象佳、社会尊重、员工幸福"的百年名企。在超高层建筑施工、复杂空间钢结构建筑安装、工业建筑精准施工、机电高品质建造等方面达到国内和国际先进水平；在现代工业建筑总承包建造、特大型桥梁施工、生态修复及环境治理施工、智慧社区及绿色建造等方面具有独特优势。

公司目前有 51 项工程荣获鲁班奖（国家优质工程奖）；8 项工程获评詹天佑奖；6 项工程获评全国绿色施工示范工程，17 项工程立项为全国绿色施工示范工程；获国家级科学技术奖 1 项，获国家专利 435 项。企业荣获"全国五一劳动奖状""中国建筑成长性百强企业""全国守合同重信用企业""湖北省希望工程突出贡献奖""全国建筑业先进企业""全国优秀施工企业"等。

前　言

近年来，"物流热"在我国持续升温，已成为一个热点投资领域。物流产业是物流资源产业化而形成的一种复合型或聚合型产业。物流资源包括运输、仓储、装卸、搬运、包装、流通加工、配送、信息平台等。这些资源产业化就形成了运输业、仓储业、装卸业、包装业、加工配送业、物流信息业等。物流产业覆盖行业之广，决定了物流产业在国民经济的基础性和战略性地位，物流产业也成为其他若干行业发展的支柱。

仓储是现代物流不可缺少的重要环节，物流体系的迅速发展要求有完善的仓储作业水平为保障，高效合理的仓储可以帮助企业加快物资流转的速度，降低成本，保证生产的顺利进行，并可以实现资源的有效利用。从国外的经验来看，物流园区的建设对于发展仓储业来说是基础性的建设，而目前我国仓储业的发展还无法满足需要，与我国（特别是中西北部区域）经济发展规模、发展速度和社会需求相比仍有距离，现阶段物流园区投资市场发展前景十分广阔，造就了物流园区工程建设行业的蓬勃发展。如何在合理投资内，缩短工期、提升工程品质和用户体验感是各参建方的关注重点。

本书结合多年的现代物流仓储工程建设经验，分12个章节对不同类型的物流园区工程从参建各方关注角度进行经验介绍和分享，并对施工各参建方在施工周期内需要注意事项进行了总结。为确保工程使用功能和品质，采用的部分关键技术单独成章进行了介绍。书中最后为我公司最近承接的部分工程，包括了单层仓储库、多层立体仓储库、全自动智能立体仓储库。

由于编者自身知识、经验所限，书中难免出现一些缺陷和不足，敬请各位专家和同仁批评指正。

目 录

1 现代物流仓储工程现状 ··· 1
   1.1 工程发展现状及前景 ·· 1
   1.2 工程投资与设计 ·· 4
   1.3 工程总承包施工现状 ·· 11
2 现代物流仓储工程建设单位管控重点 ·· 15
   2.1 明确工程功能定位 ·· 15
   2.2 选择合理材料与品牌 ·· 15
   2.3 拟定分期开发的合理规划 ··· 16
   2.4 完善工程开发手续 ·· 16
   2.5 确定合理工期及节点 ·· 27
   2.6 制定合理招标时间 ·· 27
   2.7 选择合理付款节点 ·· 27
   2.8 建设单位工程验收管理 ··· 28
3 现代物流仓储工程施工总承包管理 ·· 38
   3.1 总承包组织管理 ·· 38
   3.2 总承包履约全局规划 ·· 41
   3.3 总承包公共资源管理 ·· 44
   3.4 总承包进度管理 ·· 47
   3.5 总承包技术管理 ·· 60
   3.6 总承包质量管理 ·· 65
   3.7 总承包安全管理 ·· 70
4 土建工程施工管控要点 ·· 76
   4.1 土建工程设计与深化设计 ··· 76
   4.2 土建工程采购与施工准备 ··· 82
   4.3 土建工程与其他专业工序交接 ······································· 85
   4.4 土建工程专业分包配合 ··· 88
   4.5 土建工程施工措施 ·· 91
   4.6 土建工程施工质量 ·· 99
   4.7 土建工程施工安全 ·· 106
5 钢结构施工管控要点 ·· 115
   5.1 钢结构工程设计与深化设计 ··· 115
   5.2 钢结构工程采购与施工准备 ··· 117
   5.3 钢结构工程与其他专业工序交接 ··································· 117
   5.4 钢结构工程施工措施 ·· 118

	5.5	钢结构工程施工质量	125
	5.6	钢结构工程施工安全	127
6	**金属围护系统施工管控要点**		**131**
	6.1	金属围护系统设计与深化设计	131
	6.2	金属围护系统采购与施工准备	131
	6.3	金属围护系统与其他专业工序交接	133
	6.4	金属围护系统施工措施	134
	6.5	金属围护系统施工质量	140
	6.6	金属围护系统施工安全	142
7	**机电工程施工管控要点**		**144**
	7.1	机电工程设计与深化设计	144
	7.2	机电工程采购与施工准备	150
	7.3	机电工程与其他专业工序交接	151
	7.4	机电工程施工措施	153
	7.5	机电工程施工质量	156
	7.6	机电工程施工安全	167
8	**室外工程施工管控要点**		**170**
	8.1	室外工程设计与深化设计	170
	8.2	室外工程采购与施工准备	170
	8.3	室外工程与其他专业工序交接	171
	8.4	室外工程专业分包配合	172
	8.5	室外工程施工措施	172
	8.6	室外工程施工质量	173
	8.7	室外工程施工安全	174
9	**分拣系统施工管控要点**		**177**
	9.1	分拣系统设计与深化设计	177
	9.2	分拣系统选型及采购	179
	9.3	分拣系统专业分包配合	183
	9.4	分拣系统与其他专业工序交接	184
	9.5	分拣系统质量控制	185
	9.6	分拣系统施工安全	188
10	**现代物流仓储工程设计建议**		**191**
	10.1	土建工程设计建议	191
	10.2	钢结构设计建议	191
	10.3	金属围护系统设计建议	192
	10.4	机电工程设计建议	194
	10.5	室外工程设计建议	196
	10.6	分拣系统设计建议	198

11 现代物流仓储工程关键施工技术···199
11.1 地基处理施工技术··199
11.2 高大支模施工技术··208
11.3 钢结构施工技术···218
11.4 金属围护系统施工技术··234
11.5 超平耐磨地坪施工技术··241
11.6 机电工程施工技术··248
11.7 无人区货架综合施工技术···259
11.8 自动分拣系统施工技术··268
11.9 消防系统施工技术··270
11.10 室外工程施工技术··274

12 工程案例··275
12.1 中国智能骨干网物流仓储工程··275
12.2 顺丰物流产业园物流仓储工程··278
12.3 京东物流仓储工程··280
12.4 其他现代物流仓储工程··282

1 现代物流仓储工程现状

现代化物流园区,在国内和国外还没有统一通用的定义,不同国家对其的称谓也不一样。通过对不同定义进行归纳总结,可以解释为符合相关条件的(进入企业及标准或规则)一家或多家企业或单位(运营主体和投资主体)采用相关设施设备(物流设施)管理和从事具有特定功能物流活动(物流功能和服务)在一定区域空间上(土地规模)集中布局的场所,是具有一定规模和综合服务功能的物流集结点。

1.1 工程发展现状及前景

1.1.1 现代物流仓储工程发展背景

改革开放四十年以来,我国经济总量不断提高,综合经济实力日益增强。我国经济发展进入结构性相对过剩阶段,经济增长已从供给约束为主转变为需求约束为主,经济持续快速增长带来的是大量商品、服务和信息流通的加速,带来了物流需求的成倍增长。

随着"一带一路""走出去"等深入实施,我国与世界其他国家的贸易广度和深度不断增强,贸易便利化、通关、电子商务以及投融资合作等日益频繁,国际物流需求持续增长。

物流业是融合运输、仓储、货运代理(以下简称"货代")、信息等产业的复合型服务业,是支撑国民经济发展的基础性、战略性产业。加快发展现代物流业,对于促进产业结构调整、转变发展方式、提高国民经济竞争力和建设生态文明具有重要意义。

仓储是现代物流业不可缺少的重要环节,高效、合理的仓储可以帮助企业加快物资流转的速度,降低成本,保证生产的顺利进行,并可以实现资源的有效利用。物流业的迅速发展要求有完善的仓储为保障,而目前我国仓储业的发展还无法满足需要,与我国经济发展规模、发展速度和社会需求相比仍有距离,因而仓储物流园区工程建设市场潜力和发展前景十分广阔。

1.1.2 现代仓储物流发展阶段

仓储物流,就是利用自建或租赁库房、场地,储存、保管、装卸搬运、配送货物。传统的仓储定义是从物资储备的角度给出的。现代"仓储"不是传统意义上的"仓库""仓库管理",而是在经济全球化与供应链一体化背景下的仓储,是现代物流系统中的仓储。

仓储的发展经历了不同的历史时期和阶段,从原始的人工仓储到智能仓储,通过各种高新技术对仓储的支持,仓储的效率得到了大幅度提高。随着生产的发展,仓储经历了机械化、自动化和智能化三个阶段。

(1) 机械化阶段

该阶段物资的输送、仓储、管理、控制主要是依靠人工及辅助机械来实现。物料可以通过各种各样的传送带、工业输送车、机械手、起重机、堆垛机和升降机来移动和搬运，用货架托盘和可移动货架存储物料，通过人工操作机械存取设备，用限位开关、螺旋机械制动和机械监视器等控制设备来运行。机械化满足了人们对速度、精度、高度、重量、重复存取和搬运等方面的要求，实时性和直观性是其明显的优点。

(2) 自动化阶段

自动化技术对仓储技术和发展起了重要的促进作用。20世纪50年代末开始，相继研制和采用了自动导引小车（AGV）、自动货架、自动存取机器人、自动识别和自动分拣等系统。到20世纪70年代，旋转体式货架、移动式货架、巷道式堆垛机和其他搬运设备都加入了自动控制行列，但只是各个设备的局部自动化并各自独立应用，被称为"自动化孤岛"。

随着计算机技术的发展，工作重点转向物资的控制和管理，要求实时、协调和一体化。计算机之间、数据采集点之间、机械设备的控制器之间以及它们与主计算机之间的通信可以及时地汇总信息，仓库计算机及时地记录订货和到货时间，显示库存量，计划人员可以方便地做出供货决策，管理人员随时掌握货源及需求。

信息技术的应用已成为仓储技术的重要支柱。到20世纪70年代末，自动化技术被越来越多地应用到生产和分配领域。"自动化孤岛"需要集成化，于是便形成了"集成系统"的概念。在集成化系统中，整个系统的有机协作，使总体效益和生产的应变能力大大超过各部分独立效益的总和。集成化仓库技术作为计算机集成制造系统（CIMS，即Computer Integrated Manufacturing System）中物资存储的中心受到人们的重视，在集成化系统里包括了人、设备和控制系统。

(3) 智能化阶段

在自动化仓储的基础上继续研究，实现与其他信息决策系统的集成，朝着智能和模糊控制的方向发展，人工智能推动了仓储技术的发展，即智能化仓储。智能化仓储技术还处于初级发展阶段，21世纪仓储技术的智能化将具有广阔的应用前景。20世纪70年代初期，我国开始研究采用巷道式堆垛机的立体仓库。1980年，由北京机械工业自动化研究所等单位研制建成的我国第一座自动化立体仓库在北京汽车制造厂投产。从此以后，立体仓库在我国得到了迅速的发展。

自动化立体仓库，是物流仓储中出现的新概念。利用立体仓库设备可实现仓库高层合理化、存取自动化、操作简便化，自动化立体仓库是当前技术水平较高的形式。自动化立体仓库的主体由货架、巷道式堆垛起重机、入（出）库工作台和自动运进（出）及操作控制系统组成。货架是钢结构或钢筋混凝土结构的建筑物或结构体，货架内是标准尺寸的货位空间，巷道堆垛起重机穿行于货架之间的巷道中，完成存、取货的工作。管理上采用计算机及条形码技术。

根据前瞻产业研究院发布的《2017—2022年中国自动化立体仓库行业投资需求与发展前景分析报告》数据显示，中国每年建成的各类自动化立体库已经超过400座，截至2016年中国自动化立体库保有量大约在3300座以上，其中，烟草、医药、零售是主要应用领域，合计占到需求量的40%左右。然而从国际水平来看，美国拥有各种类型的自动化立体仓库 2 万多座，日本拥有 3.8 万多座，德国 1 万多座，英国 4000 多座。与这些发达国家相比，我国自动化立体仓库保有量依然很少，未来增长潜力巨大。根据中国物流技术协会信息中心统计，2016 年我国自动化立体库市场规模约 149 亿，同比增长 23%，近十年来自动化物流仓储系统市场规模保持了平均 20% 左右的增长速度，预计未来将维持 20% 增速，到 2020 年达到 325 亿元。

我国自动化立体库主要集中在烟草、医药保健品、食品、通信和信息、家具制造业、机械制造业等传统优势行业。2016 年以后仓储物流行业通过由传统的机械化阶段上升至自动化阶段进而发展至智能化阶段，将进一步迈开大步伐，占据更广阔的市场。

1.1.3　现代物流仓储工程发展现状及前景

（1）物流园区规划布局情况

根据《第五次全国物流园区（基地）调查报告（2018）》（以下简称《报告》）全国符合本次调查基本条件的各类物流园区共计 1638 家，比 2015 年第四次调查数据 1210 家增长 35.37%。3 年间，我国物流园区个数年均增长 10.7%。在列入本《报告》的 1638 家园区中，处于运营状态的 1113 家，占 67.9%；处于在建状态的 325 家，占 19.8%；处于规划状态的 200 家，占 12.2%。

《物流园区分类与规划基本要求》GB/T 21334—2017 按照园区依托的物流资源和市场需求特征，根据服务对象和功能，将园区分为货运服务型、生产服务型、商贸服务型、口岸服务型和综合服务型 5 类。《报告》调查结果显示，综合服务型园区占比 60.6%；商贸服务、货运服务、口岸服务和生产服务等类型园区占比分别为 17.1%、12.3%、5.5% 和 4.5%。随着电子商务快速发展，也出现了一批电商、快递、冷链、医药等专业物流园区，本次调查将其归入商贸服务型园区。

（2）物流园区开发建设情况

从《报告》调查数据看，物流园区占地面积趋于理性，总体可控。在已投入运营的园区中，实际占地面积 0.3km² 及以下的占 50.4%，占地 0.5km² 及以下的为 64%，占地 1km² 及以下的为 74.9%，占地 10km² 及以上的大型园区并不多见。

《报告》调查结果显示，在建和运营的物流园区平均每个实际投资总额为 14.5 亿元。其中，46.9% 的园区投资总额在 1 亿～5 亿元之间，投资在 5 亿～10 亿元的园区占 20.5%。分经济区域来看，东部、中部、西部地区园区投资规模分布与上述整体投资分布相差不大，而东北地区园区投资规模在 5 亿元以下的占比为 72%，10 亿元以下占比达 93.7%。

从园区开发方式来看，政府在我国物流园区开发建设中发挥着重要作用，57.7% 的物流园区开发方式为政府规划、企业主导，40.2% 的园区为企业自主开发，其他开发方式占比不大。

园区信息化及设备投资占园区投资总额的比例，可以在一定程度上反映出园区信息化和智能化发展水平。调查显示，该指标的平均值仅为 8.2%，其中 51% 的园区信息化及设备投资占园区投资总额在 5% 以下。2017 年 12 月，国家发展改革委、商务部联合发布的京东、顺丰、菜鸟、苏宁等 10 家"国家智能化仓储物流示范基地"中，信息化及设备投资占比均值在 25% 以上。可见我国物流园区信息化、智能化水平还有很大发展空间。

（3）现代物流仓储工程发展前景

《报告》调查结果表明，绝大多数物流园区对未来三年发展前景充满信心。约21%的园区计划保持年均30%以上的增长，40.3%的园区计划保持年均增长10%以上的速度，仅有0.6%的园区对未来增长信心不足。还有30.5%的园区计划升级改造，6%的园区计划连锁复制。

《报告》认为，进入新时代，物流园区建设发展仍处于重要战略机遇期。我国物流园区在快速发展的同时，也存在区域分布不均衡，能力利用不充分，园区之间缺少联系机制等问题。物流园区应秉持开放共享、合作共赢理念，积极参与互联互通，从整体上提升物流园区的网络效应，进而加强与其他物流基础设施的有机衔接，与相关产业的深度融合，助力实体经济降本增效，推动我国经济高质量发展。

为促进我国物流从传统向现代化的转型，国家相继出台一系列支持物流行业发展的政策。在《关于促进仓储业转型升级的指导意见》中明确规划"到2017年仓储业立体仓库占比达到40%以上"之后，《物流业发展中长期规划》又提出"到2020年基本建立现代物流服务体系，提升物流业标准化、信息化、智能化、集约化，从而提高经济整体运行效率和效益"。

在国家政策支持和物流业发展规划下，物流业进入转型发展快车道，现代物流业发展前景广阔，现代物流仓储工程建设行业迎来发展的黄金期。近年来，我国现代物流仓储工程建设发展持续快速增长，菜鸟、顺丰等知名企业都在自建全球领先的物流园区，深业泰富集团、深国际集团、第一产业集团等企业也加入到现代物流园区产业开发和运营队伍中来。

随着越来越多现代物流园区的规划布局和开发建设，现代物流仓储工程建造行业迎来快速发展，但无论是投入使用还是正在规划建设的物流园区，都还存在许多需要注意的问题，因而对物流园区建设工程行业注入新的技术、新的知识提出了更高要求。

由于现代物流仓储工程类型不同，建筑功能不同，不同类型物流仓储工程都有独特的特点或施工中遇到的特殊问题，如何高效优质完成不同类型物流仓储工程的建设成为建筑行业面临的重要课题。

1.2　工程投资与设计

目前，国家的高科技行业的发展相当迅速，投入了大量的资金在高科技行业的发展上。上海、苏州、杭州、深圳、武汉、西安等地出现了高科技行业的投资热潮，尤其是以苏州新区为首的国家级高科技产业发展特区，软件及硬件的建设都已具规模，吸引相当多的外资进驻，因此发展高科技行业是中国发展的趋势。然而，兴建高科技行业厂房则需要建筑业的大力配合，如何缩短工期、降低造价、提升厂房工程质量是建筑单位关心的问题。

1.2.1　投资特点

现代物流仓储工程投入主要是获得用地和建设，目前一线城市拿地价50万～200万/亩，二线城市20万～50万/亩。建设成本单层1800～2000元/m^2、双层2200～2800元/m^2；

运营成本主要是折旧摊销，人工安保等。收入主要是租金和管理费，租金在不同区域差异非常大，上海等一线城市平均 40 元/（月·m²），二线城市 20～30 元/（月·m²）之间。与客户的租赁协议通常是 2+3 或 5+3，会约束年租金上涨幅度，一般为 2%～5%。

1.2.2 厂房选址原则

现代物流仓储工程选址，是在一个具有若干供应点及若干需求点的经济区域内，选择一个地址设置现代物流仓储工程的规划过程。准确、快速的项目选址可以有效节省费用，促进供应和需求两种流量的协调与配合，保证物流系统的平稳发展，实现现代物流仓储工程开发和运营的良好效益。

《物流业发展中长期规划（2014—2020年）》提出，要培育一批网络化、规模化发展的大型物流企业，鼓励物流企业开展跨区域网络化经营。项目选址无疑是物流企业实现跨区域、网络化、规模化经营首要解决的重要课题之一。

1. 选址基本原则

现代物流仓储工程选址应同时遵循四个基本原则，即适应性原则、协调性原则、经济性原则和战略性原则。

（1）适应性原则

现代物流仓储工程选址应该与国家、省市整体发展战略布局、产业布局调整优化要求、经济发展的方针和政策相适应；应该与城市总体规划和城市土地利用总体规划相适应；应该与物流资源分布和需求分布相适应；应该与国民经济和社会发展水平相适应。

（2）协调性原则

现代物流仓储工程选址应该放在国家或区域物流网络系统的大背景下来考虑，确保拟建项目的设施设备在地域分布、物流作业生产力、技术水平等方面与国家或区域物流网络大系统互相协调，有效推动国家或区域物流系统的协调发展，实现拟建项目的价值。

（3）经济性原则

现代物流仓储工程选址应该综合考虑项目投资建设和运营管理过程中所发生的建设费用和经营费用，不能仅仅以建设费用最低或者经营费用最低作为项目选址标准，而应该以总费用最低作为项目选址的经济性原则，以期达到以最小的投入取得最好的收益。

（4）战略性原则

现代物流仓储工程选址应该具有将近期实际和远期发展相结合的战略眼光，既要考虑目前的实际需要，又要考虑到日后发展的可能。不能将环境条件和影响因素绝对化，而应从动态出发，将项目选址建立在详细分析现状及对未来变化做出合理预测的基础之上。

2. 选址影响因素

物流地产承载的功能及其具有的服务特性，决定了现代物流仓储工程大多布局于城市边缘、交通条件较好、用地充足的地方。在物流体系规划过程中，现代物流仓储工程选址应该综合考虑自然环境、经营环境、基础设施状况等多方面影响因素，才能科学、合理地完成项目选址。选址影响因素及要求见表 1.2-1。

	选址影响因素及要求	表1.2-1
主要影响因素类别		项目选址要求
自然环境	气象条件	温度、湿度、风向、风力、降水量、日照、无霜期、冻土深度、年平均蒸发量等气象因素适宜
自然环境	地质条件	符合建筑承载力要求
自然环境	水文条件	远离泛滥的河流
自然环境	地形条件	地形坡度平缓,适宜项目地块形状为长方形
经营环境	政策与劳动力要素	优惠的物流产业政策,充足的合格劳动力供应
经营环境	商品特性	具有足够的物流量
经营环境	物流费用	较低的物流费用
经营环境	服务水平	快捷的配送服务
基础设施状况	交通条件	距高速公路出口、港口、机场、铁路编组站等交通枢纽距离短
基础设施状况	公共设施状况	供水、电、热、气、通信、道路等公共设施便利,符合要求
其他因素	国土资源利用	符合城市规划、国土资源利用规划和物流产业规划
其他因素	环境保护要求	远离市中心区域
其他因素	周边状况	周边不存在影响物流仓储安全的危险因素

(1) 自然环境

1) 气象条件

现代物流仓储工程选址应该综合考虑温度、湿度、风向、风力、降水量、日照、无霜期、冻土深度、年平均蒸发量、灾害性天气种类、严重程度和发生概率等气象因素。例如,现代物流仓储工程选址应该避开风口,因为在风口建设会加速露天堆放的商品老化。另外,对于那些对气候条件有特殊要求的商品,气候条件就成为项目选址需要格外关注的重要因素。

2) 地质条件

现代物流仓储工程选址区域未来将是大量商品的集结地,某些质量较大的物品堆码起来,会对地面产生很大的压力。如果现代物流仓储工程选址区域地面以下存在淤泥层、流砂层、松土层等不良地质条件,则会在受压地段造成沉陷、翻浆等严重后果。因此,现代物流仓储工程应该选址于土承载力高的地段。

3) 水文条件

现代物流仓储工程选址应该详细考察目标区域近几年的水文资料,项目选址应该远离容易泛滥的河川流域和上溢的地下水区域。同时,现代物流仓储工程应该绝对禁止在地下水位过高,洪泛区、内涝区、故河道、干河滩等区域进行选址。

4) 地形条件

现代物流仓储工程应该选择地势高亢、地形平坦,且具有适当面积与合适形状的地段,最宜选取完全平坦的地形,其次选择稍有坡度或起伏的地段,规避山区陡坡区域。在地块外形上,最宜选择长方形地块,不宜选择狭长地块或不规则形地块。

(2) 经营环境

1) 政策与劳动力要素

现代物流仓储工程选址区域如果具有优惠的物流产业支持政策,则会对入驻物流企业的经济效益产生积极影响；数量充足且文化水平、技术技能素质较高的劳动力要素是现代物流仓储工程选址应该重点考虑的因素，项目选址应该综合考虑人工成本和员工的劳动生产率。

2）商品特性

针对不同商品类型的现代物流仓储工程，其选址应该充分考虑到商品的不同特性和客户的特殊需求，项目分别布局于不同地域。例如，对于制造型现代物流仓储工程而言，其项目选址应该与产业结构、产品结构、工业布局等因素紧密结合起来进行综合考虑。

3）物流费用

物流费用是物品空间位移过程中所耗费的各种资源的货币表现，是物品在实物运动过程中的各个环节所支出的人力、财力、物力的总和，现代物流仓储工程选址应该遵循节省物流费用的原则。因此，大多数现代物流仓储工程选址于接近物流服务需求地的区域。例如，接近大型工业区、商业区等，以便缩短运距，降低运费等物流费用。

4）服务水平

对于现代物流而言，能否实现准时运送是衡量服务水平高低的重要指标。因此，现代物流仓储工程选址应该保证客户可以在任何时候向入驻于该现代物流仓储工程中的物流服务供给方提出物流服务需求时，都能获得快捷、满意的服务，满足其个性化、多样性的需求。

(3) 基础设施状况

1）交通条件

现代物流仓储工程选址必须具备方便的交通运输条件，靠近交通枢纽。例如，紧临港口、交通主干道枢纽、铁路编组站或机场，且有两种以上运输方式相连接。在河道（江）较多的城镇，商品集散大多利用水运，项目可选择沿河（江）地段。例如，日本《流通业务市街地的整顿法律（流市法）》在物流团地选址方面规定，以都市外围的高速道路网和铁路网的交叉口为中心的 10km 半径范围内为选址地点，以确定其交通优势及其与都市内配送的衔接优势。

2）公共设施状况

现代物流仓储工程选址要求项目所在地通信等公共设施齐备，具有充足的供应电、水、热、燃气的能力，不仅要考虑供应数量问题，还要考虑供应质量和价格问题，且场区周围具有污水、固体废物处理能力。

(4) 其他因素

1）国土资源利用

现代物流仓储工程的布局规划应该贯彻节约用地、充分利用国土资源的原则。现代物流仓储工程一般占地面积较大，周围还需留有足够的发展空间。相反，如果现代物流仓储工程选址区域不具备继续发展的能力，将为项目未来的经营带来不确定因素。土地价格的高低对现代物流仓储工程选址具有重要影响。在土地稀缺的地方，土地价格往往比较昂贵，而投资中国中西部，土地成本往往要比沿海地区低得多，现代物流仓储工程选址要综合考虑项目的投资收益。此外，项目选址还要兼顾区域与城市规划用地的其他要素，不应该将那些占地面积较大的综合型现代物流仓储工程布局在城镇中心地带，以免带来交通拥堵等诸多问题。

2）环境保护要求

现代物流仓储工程选址应该充分考虑保护自然环境与人文环境，尽可能降低项目对城市生活的干扰。对于大型转运型现代物流仓储工程，应该适当布局于远离城市中心区的地带，使得城市交通环境状况能够得到改善，城市生态建设得以维持和增进。

3）周边状况

现代物流仓储工程往往是火灾重点防护单位，因此项目不宜选址在易散发火种的工业设施（如木材加工、冶金企业）附近，也不宜选址在居民住宅区附近。另外，项目在当地是否受到公众的欢迎对项目的日常经营活动存在着重要影响，严重时会使项目无法进行正常的生产活动。因此，公众态度也是现代物流仓储工程选址的重要考虑因素。

1.2.3　现代物流仓储工程功能

现代物流仓储工程在功能上首先是物流的核心内涵所包括的物流服务组织与物流运作管理功能，即物流活动所必须具备的存储、运输、装卸、简单流通加工等功能，其次还有一些配套功能，比如生活服务功能，满足园区内员工食宿等生活需求。因物流园区类型不同，其功能也会有所差异。

1.2.4　现代物流仓储工程布局建议

在物流园区布局方面，主要考虑下列因素：

（1）节约用地

在满足消防间距的前提下，建（构）筑物布置疏密得当；道路宽度、绿化带、回转装卸场地间距适当；结合实际组合建筑物，可采用单层库房、多层库房、高层库房、联合库房等。

（2）自然条件

建筑物应结合地理位置、气象等条件并充分利用地形地貌进行竖向设计，如利用较大的自然高差进行阶梯式布置，利用较大的填方区进行地下室或冷库布置等。

（3）规划条件

规划一定要满足当地控制规划规定的建筑密度、容积率、绿化率、行政办公及生活服务设施用地占比、投资强度五大指标要求。

（4）物流交通

通过仿真可实现库区的动线优化设计，并减少干涉和交叉，从而避免多种物料在输送过程中产生交叉，提高系统输送效率和可靠性。

（5）其他

利用建筑性能仿真模拟做到功能分区明晰，考虑办公、生活设施，考虑朝向、风向，并符合防火、防爆、防雷、防震、防洪等要求。

1.2.5　现代物流仓储工程类型

现代物流仓储工程一般由若干个仓库、单个或多个5～10层配套设施楼以及单层门卫房等建筑单体组成。配套设施楼多采用钢筋混凝土框架结构，一般作为宿舍楼或办公楼使用。

我国物流仓储工程仓库作为园区的主要建筑物，多以楼房库和平房库为主要建筑形式，国内在物流园区的建设水平和研究方面与国际先进技术国家存在一定差距。随着社会发展的需要，出现了大跨度、高空间、坡道运输、电梯运输等多种形式的仓库，同时也引入了绿色、智能化仓储的理念和技术等。

仓库作为物流园区的主要建筑物，以下仅对物流仓库进行分类。

（1）根据仓库使用的建筑材料的不同，可以将仓库分为：钢筋混凝土结构仓库、钢结构仓库、砖石结构仓库、混合结构仓库等。

（2）根据仓库按构造形式不同，可以将仓库分为：单层仓库、多层仓库、高架仓库（立体仓库）等。

1.2.6 现代物流园区仓储工程特点

仓库作为物流仓储工程的主要建筑物，库区内仓库应根据库区地理位置、库区面积、气候条件和服务客户、仓库服务功能、作业流程、作业要求、物流动线、运输车辆类型等因素，进行综合分析后，确定仓库的位置、面积和仓库间距等，并参考当地主风向（特别是雨季主风向）确定仓库的东西或南北走向。现代物流仓库按照不同特性可以有多种分类，以下主要介绍其中几种典型仓库——单层仓库、多层仓库、高架仓库的特点。

（1）单层仓库及其特点

单层仓库是最常见的、使用很广泛的一种仓库建筑类型，如图1.2-1所示，单层库结构仅有一层，不设楼梯，局部可能会设有夹层，作为设备房和办公区。其主要特点是：

图1.2-1 单层仓库工程总图

1）单层仓库设计简单，施工速度较快，建造成本及维修成本较低。

2）全部仓储作业都在一个层面上进行，货物在库内装卸和搬运方便，周转速度快。
3）仓库地面承载力高，可承受较重的货物堆放。
4）各种设备（如通风、供水、供电等）的安装、使用和维护比较方便。

但是，单层仓库的建筑面积利用率较低，在城市土地使用价格不断上涨的今天，在市内建造这类仓库，其单位货物的存储成本较高，故单层仓库一般建在城市的边缘地区。

（2）多层仓库及其特点

多层仓库是指两层及以上建筑的仓库，该类仓库大多采用钢筋混凝土结构，占地面积相对单层仓库小，仓库容量大，如图 1.2-2 所示。其特点如下：

图 1.2-2　多层仓库工程总图

1）因其是钢筋混凝土结构，保温隔热性能较钢结构仓库优越。
2）多层仓库可适用于各种不同的使用要求，如可以将办公室和库房分处两层，在整个仓库布局方面比较灵活。
3）分层结构将库房和其他功能区自然地进行隔离，且混凝土防火性能好，有利于库房的安全和防火。

多层仓库一般建在靠近市区的地方，相同建筑面积下，多层仓库较单层仓库占地面积更少，在一定程度上能节约土地资源，建筑成本可以控制在有效范围内，所以，多层仓库一般经常用来储存城市日常用的高附加值的小型商品。使用多层仓库存在的问题在于建筑和使用中的维护费用较大，一般商品的存放成本较高。

（3）高架仓库及其特点

根据现行国家标准《建筑设计防火规范》GB 50016 高架仓库指货架高度大于 7m 且采用机械化操作或自动化控制的货架仓库，是由高层的货架储存单元货物，用相应的物料搬运设备进行货物入库和出库作业的仓库。因这类仓库能充分利用空间储存货物，故常形象地将其称为"立体仓库"，如图 1.2-3 所示。其特点如下：

图 1.2-3　高架仓库工程总图

1) 最大限度地利用空间，减少占地面积。而高层货架仓库目前最高的已达到 40 多米，它的单位面积储存量比普通的仓库高得多。一座货架 15m 高的货架仓库，存储机电零件和外协件等，其单位面积存储量可达 $2\sim15t/m^2$。

2) 最大地满足生产的需求。高架仓库可以形成先进的生产链，促进了生产力的进步。专业人士指出，由于自动化立体仓库存取效率高，因此可以有效地链接仓库外的生产环节，可以在存储中形成自动化的物流系统，从而形成有计划、有编排的生产链，使生产力得到了大幅度的提升。

3) 提高仓库仓里水平。借助于计算机管理能有效地利用仓里存储能力，便于清点盘库，合理减少库存，节约流动资金。对于生产流程中的半成品仓库，还能对半成品进行跟踪，成为企业物流的一个组成部分。

4) 防止货物的丢失、减少货损。由于采用了货架存储，并结合计算机管理可以很容易地实现先进先出，防止货物自然老化、变质、生锈，有效地防止货物的丢失，减少货损。

5) 自动化程度高。计算机及人工智能的应用，极大地提升了高架自动库的管理效率和管理水平。因其在入库出库的货品运送中实现机动化，搬运工作安全可靠，减少了货品的破损率，还能通过特殊设计使一些对环境有特殊要求的货品能有很好地保存，比如有毒、易爆的货品，也减少了人在搬运货品时可能受到的伤害。

6) 建设及维护成本较其他仓库高。高架仓库的高度和自动化程度越高，其精度要求越高，货架和堆垛设备的制造、安装及其基础设计难度也越大，造价及后期维护费用也更高。

1.3　工程总承包施工现状

现代物流仓储工程施工，主要目的是快速完成施工移交业主，确保租赁及投产运转回收资金效益，施工管理和组织要重点做好工期、质量和造价三方面的平衡，既要在保证工期节点情况下最快做好工程竣工移交，又要在确保屋面防水等重大质量问题和过程安全管理上精细化施工。

1.3.1 总承包施工管理现状分析

目前，国内仓储工程，除部分全自动智能仓储工程外，因规模相对较小，招标投标过程中采用低价中标的原则，引入一些中小型施工企业进行施工，施工过程中会出现材料、质量得不到控制，安全事故频发，成本管理粗放，后期结算迟迟不能完成等一系列问题，对建设单位的利益造成巨大损害。

（1）对招标投标认识不清，项目招标投标盲目压价

招标时选择一个合理的价格，可达到招标投标方双赢的目的。目前，施工单位投标大多是进行价格竞争，招标单位在评标过程中未全面评估投标报价书，只注重标价的高低，低价中标，严重扭曲招标投标的意义。施工单位依靠低价中标进入施工现场，在施工阶段必然暴露进度缓慢、索赔款项巨大等问题。

（2）项目管理运作模式混乱

一部分小型施工企业，挂靠施工资质，其与项目职责、权限不清，管理制度不健全，导致施工过程中监控不到位，项目难以获取相应的施工资源，施工进度缓慢。

（3）资金短缺制约项目进展

市场竞争的白热化、低价中标使得一部分小型企业常常处于贷款施工的困境，项目施工管理费用严重不足，各项费用不能及时支付，使得三角债进一步形成，相关资源价格进一步上涨，使得项目生产进度举步维艰。部分企业对工程进行任意分包、肢解，又给竣工带来了极大的困难。

（4）管理粗放，施工成本居高不下

部分企业整体管理水平不高，缺乏内部定额、取费标准等基础内容，施工组织、管理方式还是沿用老办法，以包代管，重包轻管。不进行成分测算与分解，成本控制流于形式，造成施工成本居高不下。

（5）安全生产流于形式，安全事故屡禁不止

随着工程中标价的降低，一些企业为了降低成本，对安全生产的投入能省则省，安全教育应付差事，安全设施形同虚设，现场实际监督少，总的来说就是"说起来重要，忙起来不要"。目前，国家对安全生产越来越重视，一旦发生安全事故，损失将远大于正常投入。

（6）项目团队素质有待提高

部分企业项目经理为依靠多年施工经验积累而成长起来的一代，缺乏项目管理基本知识，技术意识、创新意识、法制意识、质量意识、安全意识淡薄，项目管理内耗多、效能低，难以适应新形势下的项目管理工作。

1.3.2 总承包施工管理应对策略

随着建筑工程市场化的进程，随着物流仓储工程的大规模建设，目前有一批国有集团化企业已经参与到仓储工程的建设中，这一批大型企业的参与，有效地提高了仓储工程施

工水平,凭着值得信赖的口碑、优良的实物质量、集团化的采购、更加可控的工期,成为现代物流仓储工程总承包施工的首选。

(1) 以成本测算为依据,确定报价策略

在市场大趋势下,低价中标是饮鸩止渴的恶性循环,企业要坚持科学分析,慎重决策。一般来说,仅从工程量清单预算报价,恐难以中标,必须让利才行,但具体的让利幅度,需要靠准确的成本估算来确定。成本估算应当以企业内部定额为依据,还应考虑通过提高管理水平进一步降低消耗而使成本降低的因素。

(2) 建立与项目管理相配套的监控机制

建立以项目部为中心的动态管理机制,一方面将放开项目部的自主权,使其大胆地使用权力履行职责;另一方面,要明确项目权责利,建立激励与约束机制。

(3) 集团协调,改善项目资金状况

集团化企业能极大程度地改善项目资金紧张的问题,部分项目因付款比例偏低、资金审批时间长等原因导致项目部资金难以盘活整个项目的生产进度,集团化企业内部资金可适时进行补充调用,避免因资金状况导致现场施工进度滞后。

(4) 建立成本管理核算体系,实施目标管理

项目部提前做好成本策划,根据工程实际情况,如地质情况、人文环境、交通情况、市场材料价格、租赁市场价格、劳动力提供情况等,因地制宜地提出与实际工程吻合的成本策划,过程中严格把控成本核算的"五关"和"四要素";定期开展经济活动分析会,重点对盈亏子项进行分析,采取措施。

(5) 加大监管力度,保障安全生产

加大安全教育和培训力度,使安全成为劳动者的自觉行为,从被动的"要我安全"变为主动的"我要安全"。坚持管生产必须管安全,建立全员参与、全过程、全方位、全天候的动态管理,从而建立安全、稳定的工作环境,减少项目的隐性成本,树立良好的企业形象。

(6) 加强团队建设,优化整体效能

不断提高团队素质,坚持以创建学习型企业为先导,以岗位业务知识学习、岗位技能素质提高为重点,实施全员素质提升。

1.3.3 现代物流仓储工程施工要点

不同类型物流仓储工程施工要点有所差异,下面将简单介绍单层仓储工程、多层仓储工程及全自动智能仓储工程的施工要点。

(1) 单层仓储工程施工要点

单层仓储工程一般具有施工场地面积大、结构简单、工期短等特点。根据单层仓储工程特点,该类工程主要施工内容包括单层厂房、配套附属楼、室外工程三大方面。其中,根据工程量分布及工程造价比较,关键线路一般在单层仓库处,施工部署的重点应向单层仓库倾斜。施工总体部署控制重点在于工期管理、建筑单体与室外工程之间的穿插施工;施工过程中的控制重点在于地基基础的处理、库内地坪工程以及屋面防水工程。

(2) 多层仓储工程施工要点

多层分拣仓储中心工程多包含一栋或多栋多层厂房,供车辆将货物运至二层或多层的

坡道，货物装卸的平台，及办公楼、宿舍楼、门卫室、设备房等配套设施。通常将多层仓储工程按单体及使用功能进行分区，即各厂房及其坡道为一个区，办公楼、宿舍楼均为一个区，平台为一个区。

综合考虑各施工区面积、施工资源均衡投入、垂直运输机械的使用和对总工期的影响等因素，多层厂房按施工缝及防火分区分为面积相当的施工段，坡道施工时其支撑结构影响厂房周边通行需单独分段，办公楼、宿舍楼等施工区按施工缝分段，体量较小的配套设施不分段。多层仓库既要在平面上划分施工段，又要在竖向上划分施工层。施工段数是各层段数之和，各层应有相同的段数，以保证相应的专业工作队在施工段与施工层之间，组织有节奏、连续、均衡的流水施工。

多层分拣仓储中心工程施工过程中的控制重点在于地基基础的处理、大面积模板支撑工程、钢结构工程屋面防水工程及耐磨地（楼）面等。

（3）全自动智能仓储工程施工要点

全自动智能仓储工程因其特殊的工艺要求，区别于单层与多层仓储工程，在施工过程控制要点上也有特殊的要求。智能仓库的超平地坪、金属屋面防水、自动分拣系统、无人区货架与机电工程穿插施工都是工程控制的重点。

全自动智能仓储工程采用机械作业形式，对地面的压力相当大，且磨损严重，要求地面具备较强承载与耐磨损等性能。在仓库地坪施工过程中，超平地坪是目前世界上高规格和高标准的地坪施工工艺，满足高叉正常作业对平整度的要求，延长高叉的使用寿命，大大降低了设备维修率，地面平整、光洁，垂直度感光明显。

智能仓储工程金属屋面系统中防水施工，较普通仓储工程也有突出特点。全自动智能仓储工程中储存区一般为无人区，设置全自动分拣设备，一旦金属屋面产生漏点，下部设备将受到很大影响，必须全区停止使用，逐步检查漏点，将造成极大的经济损失。同时，由于储存区层高极高，检修难度大。

智能仓储工程与其他仓储工程最大的区别在于有复杂的工艺系统，且存在超高货架，整个存储区在安装过程中存在大量不同专业的高空作业和交叉作业，其消防施工一般比普通仓库多用时6～8个月，为保证施工顺畅，必须制订科学的穿插和交接流程。为使流程清晰明了，我们将交叉作业分为建筑系统、工艺系统、机电系统和消防系统四条主线，主线内为单专业主要施工流程，主线之间为专业交叉工序，这些专业交叉工序的管控，在施工组织中至关重要。

2 现代物流仓储工程建设单位管控重点

2.1 明确工程功能定位

现代物流仓储以"高标仓储＋集运分拨"为主导，通过整合资源，重点解决好物流领域中的仓、配、运几个关键环节，满足2个基本功能、3项配套功能、6种选择性功能。

2个基本功能：高标仓储、集运分拨。

3项配套功能：配套服务中心、区域办公总部、信息及供应链金融中心。

6种选择性功能：甩挂运输中心、多式联运中心、冷链物流中心、电商产业中心、交易展示中心、城市共配中心。

2.2 选择合理材料与品牌

因不同的使用功能及需求不同，一般物流仓储对材料及品牌的要求不同，为了保障工程的使用功能，对物流仓储工程主要材料提出以下建议：

1. 仓储四周外墙可选用的材料

（1）大波纹横铺彩钢板；

（2）对于灰尘较大的地区，可采用竖铺铝板/大波纹板。

外墙面板采用厚度不小于0.5mm的镀铝锌彩钢板，镀铝锌量不小于$150g/m^2$，材料屈服强度不小于345MPa；表面采用硅改性聚酯涂层（SMP）或高耐久涂层（HDP），要求建筑完工后10年之内彩钢板外表面涂层不出现粉化现象，色调由现场确定，一般情况下横铺时采用浅灰色；各承包商的色号及板型需提供样板确定。

2. 钢结构屋面

屋面板的选择可以360°卷边锁扣版型为主，用专用支座与檩条相连，避免传统的屋面安装自攻钉，减少漏水隐患，屋面外板在涂层的选择大多以镀铝锌为主，含量可根据当地具体腐蚀程度确定。品牌主推宝钢，国外也有博思格等高端钢材，造价较高。保温棉可选择华美、欧文斯科宁等。如果甲方对美观方面有较大要求，可设置屋面内板，最低建议也要设置钢丝网；否则，在潮湿的南方，保温棉有可能会因为吸水而导致成块下掉。

3. 楼地面

物流仓储工程对地坪要求较高，建议地坪采用金刚砂地坪或金刚砂＋固化地坪，为保证地坪施工质量，金刚砂和固化剂品牌采用较好品牌，如：西卡、铭德、维克霖、安斯福妙乐、施贝等。

4. 防撞

现物流仓储库区卸货平台四周设置防撞一般为防撞条或防撞柱，但结合现场使用情况看，效果不佳，为确保防撞功能，建议防撞采用废弃轮胎，效果佳且造价不高。

    5. 管材类

电线管、钢塑管、排水管、给水管等管材类满足其必要功能即可，采用中财、伟星等大众品牌。

    6. 钢筋

现钢筋市场供应稳定性差，而物流仓储项目钢筋消耗集中在一个时期，品牌太少往往出现断供现象，影响工期。钢筋品牌建议提供多样选择，灵活替换。如：沙钢、马钢、武钢、莱钢、宝钢、首钢、鞍钢、龙钢、中国冶金、攀枝花钢铁、邯郸钢铁、唐山钢铁、韶钢、广钢。

    7. 防水

防水直接影响使用功能，后期若出现漏水情况，反复维修且效果不佳，首先要做好结构防水，对防水卷材的选择也应选择一线品牌，确保防水效果。如：东方雨虹、科顺、卓宝、蓝盾、龙马、黑豹、德立达。

2.3 拟定分期开发的合理规划

物流仓储征用地块较大，出于交地时间先后、资金运转速度等考虑，一般考虑将土地分期开发。分期开发在规划设计、建筑分布等方面均有较大的弹性，可充分利用分期开发的优势，将前期市场定位逐步拉高，形成强大的市场竞争力。

对于物流仓促类项目的开发，其分期开发应遵循如下几个原则：

    1. 满足市场需求

现代物流仓储工程按投资性质分为自用和出租，开发前需进行市场调研，根据企业需求（自用）和当地需求（出租）进行开发。

    2. 减少前期投入，降低投资风险，增加投资回报

物流仓储是一个资金密集性行业，所需投资很大，而投资期又很长，是一个风险较大的行业。对于一个物流仓储项目而言，如果前期投资过大，则投资风险必然加大，更何况物流仓储项目经济效益的体现更多地在于其启动资金的投资回报率，而不是总投资回报率。因此，尽量减少前期投入，降低投资风险，提高项目启动资金的投资回报率是物流仓储项目开发的关键。

    3. 调整开发策略，适应市场变化

对于一个大型物流仓储项目，统一规划、分期开发是必要的，但在统一规划时应留有余地，可根据市场的变化来调整后期的开发步骤和产品策略，因为市场是不断变化的，很难预测若干年后的市场。分期开发应根据市场行情动态调整。

2.4 完善工程开发手续

现代物流仓储工程项目建设程序主要包括：工程建设前期阶段、工程建设准备阶段、工程建设实施阶段、工程专项验收和竣工验收阶段，如图2.4-1所示。

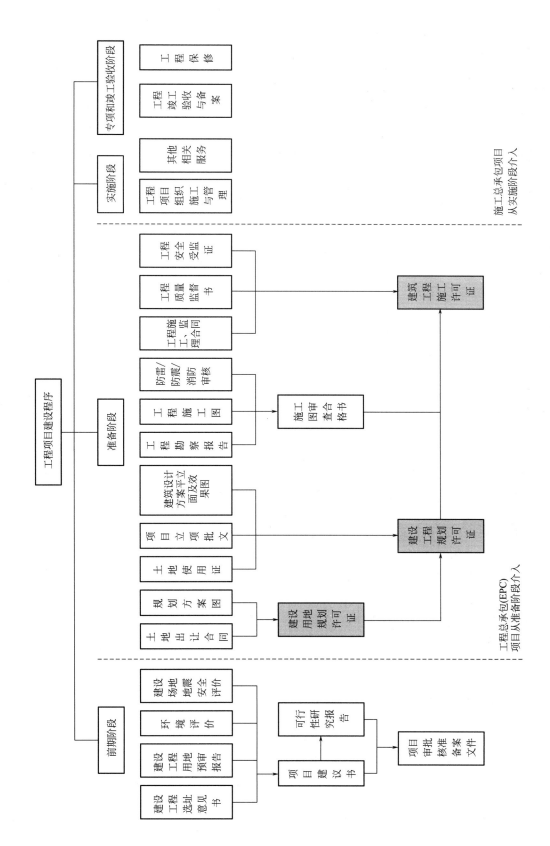

图 2.4-1 工程项目建设程序与事项示意图

（1）工程建设前期阶段

工程建设的前期阶段主要指的是在工程建设的初期，建设单位形成投资意向，通过对投资机会等的研究和决定，形成书面文件，进而上报形成立项的过程。主要包括编制项目建议书、可行性研究报告、选址意见书、环境影响评价、地震安全性评价等内容。

项目建议书是项目建设最初阶段的工作，其主要作用是为了推荐建设项目，以便在一个确定的地区或部门内，以自然资源和市场预测为基础，选择建设项目。项目建议书的主要作用是为了推荐一个拟进行建设的项目的初步说明，论述它建设的必要性、条件的可行性和获得的可能性。

可行性研究报告是指在项目决策前，通过对项目有关的工程、技术、经济等各方面条件和情况进行调查、研究、分析，对各种可能的建设方案和技术方案进行比较论证，并对项目建成后的经济效益进行预测和评价的一种科学分析方法，其目的是回答项目是否必要建设、是否能建设和如何进行建设的问题，其结论为最终决策提供依据。

（2）工程建设准备阶段

工程建设准备阶段包括为勘察、设计、施工创造条件所做的建设现场、建设队伍、建设设备等方面的准备工作，具体包括委托规划、设计，获取土地使用权，拆迁、安置，工程发包与承包等。

（3）工程建设实施阶段

工程建设实施阶段是保证项目施工顺利进行需从事相关的管理工作，可分为施工准备的管理和施工阶段的管理，其中在施工阶段的管理主要指的是做好工程建设项目的进度控制、投资控制和质量控制。

（4）工程专项验收和竣工验收阶段

工程专项验收和竣工验收阶段包括对人防、环保、消防、节能等进行专项验收，在专项验收合格后取得政府各主管部门出具的验收文件和准许使用的文件以后，再组织工程竣工验收，并编制竣工验收报告。具体内容详见本章2.8建设单位工程验收管理。

1. 建设用地规划许可证办理

（1）办理建设用地规划许可证的条件

办理建设用地规划许可证的条件：

1）以出让方式供地：

① 取得国有土地使用权出让合同；

② 取得建设项目批准、核准或备案文件（立项文件）；

③ 取得项目环境影响评价符合环保要求的批复；

④ 取得规划条件通知书。

2）以划拨方式供地：

① 取得选址意见书；

② 取得建设项目批准、核准或备案文件（立项文件）；

③ 取得项目环境影响评价符合环保要求的批复。

3）以划拨方式供地和出让方式供地以外（含临时用地）：

① 取得规划条件，根据规划条件的审批意见办理；

② 取得建设项目批准、核准或备案文件（立项文件）；

③ 取得项目环境影响评价符合环保要求的批复；
④ 审定的修建性详细规划（含总平面设计方案）。
　　由以上可见，规划条件是作为挂牌出让的情况才需办理的手续，而选址意见书则为划拨情况下才需办理的手续。
　　（2）办理建设用地规划许可证的材料
　　1）通过招标、拍卖、挂牌方式取得国有土地使用权的建设项目：
① 建设用地规划许可证申请表（在政务中心规划局窗口领取，填好后加盖申请人印章）；
② 建设单位（委托代理人）合法身份证明材料和委托授权书；
③ 建设单位法人营业执照和开发企业资质证书；
④ 国土部门土地出让合同，联合开发的项目提供经公证的联合开发协议书原件1份，联合开发协议发生变更的，需提供经公证的联合开发变更协议书原件1份；
⑤ 取得发展改革等项目审批部门批准、核准或备案的文件（按国家投资管理规定需要提供的）；
⑥ 建设项目涉及环保、国防、消防、文物保护等部门的，需提供各相关行政主管部门的书面意见；
⑦ 测绘部门测绘的规划用地地形图5份（供规划条件配套使用，若已出具规划条件，则不需提供）；
⑧ 风景名胜区内建设项目，出具风景名胜区管理部门或行政主管部门意见；
⑨ 经办人员现场踏勘、材料审查后，认为需要提供的其他资料。
　　2）以划拨方式取得国有土地使用权的建设项目：
① 建设用地规划许可证申请表（在政务中心规划局窗口领取，填好后加盖申请人印章）；
② 建设单位法人营业执照和开发企业资质证书；
③ 建设单位（委托代理人）合法身份证明材料和委托授权书；
④ 项目所涉及的批复、协议或合同等相关文件（土地预审文件），行业主管部门意见；
⑤ 经办人员现场踏勘、材料审查后，认为需要提供的其他资料。
　　3）原已取得国有土地使用权证的建设项目：
① 建设用地规划许可证申请表（在政务中心规划局窗口领取，填好后加盖申请人印章）；
② 建设单位（委托代理人）合法身份证明材料和委托授权书；
③ 建设单位法人营业执照和开发企业资质证书；
④ 国土部门新签订的土地出让合同，联合开发的项目提供经公证的联合开发协议书原件1份，联合开发协议发生变更的，需提供经公证的联合开发变更协议书原件1份；
⑤ 取得发展改革等项目审批部门批准、核准、备案的文件（按国家投资管理规定需要提供的）；
⑥ 建设项目涉及环保、国防、消防、文物保护等部门的，需提供各相关行政主管部门的书面意见；

⑦风景名胜区内建设项目，出具风景名胜区管理部门或行政主管部门意见；

⑧经办人员现场踏勘、材料审查后，认为需要提供的其他资料。

(3) 办理建设用地规划许可证流程

建设用地规划许可证流程基本大同小异，与项目所在地有关，具体流程可参考图 2.4-2 所示内容。

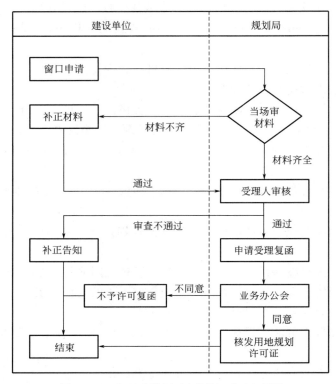

图 2.4-2 办理建设用地规划许可证流程图

1) 申请：申请单位（人）按窗口公示的建设用地规划许可证办理的要求，向规划窗口递交申请材料。

2) 受理：窗口工作人员负责核对、登录申请材料，符合要求的受理登记造册，履行交接手续；要求补正申请材料的，向申请人一次性告知需补正的全部材料。

3) 审查：①科室经办人初审（2个工作日），并提出经办意见；②科长审查（2个工作日），提出审查意见；③局领导审批（2个工作日），审核签发建设用地规划许可证或建设用地规划审查意见书。

4) 发件：经审查，同意许可的，向申请人核发建设用地规划许可证。不予许可的，出具建设用地规划审查意见书，并书面告知不予审批的理由和申请人依法享有的申请复议或者提起行政诉讼的权利。

5) 归档：经办人员将项目全部审批资料整理后，送科室负责人审查后将资料交档案室登记归档，并履行交接手续。

6) 公布：将建设用地规划许可证（涉密项目除外）在规划局门户网站和规划窗口公布。

（4）办理建设用地规划许可证注意要点

在办理建设用地规划许可证前企业必须完成房地产项目的备案/核准工作，获得当地发改委审批。同时还需要环保局进行项目环境影响评价的办理。这两项内容的相关手续在本书中并未涉及。

在办理建设用地规划许可证时，还需要注意以下几个要点：

1）办理建设用地规划许可证是具有有效期限的，逾期未申请办理建设工程规划许可证的，该建设用地规划许可证自行失效。申请人需要延续依法取得的建设用地规划许可证有效期限的，应当在建设用地规划许可证有效期限届满30日前提出申请。

2）办理建设用地规划许可证的前提条件之一是根据国有土地使用权出让合同缴纳有关土地出让金，并取得缴款证明。因涉及土地出让金巨大，应注意提前做好资金计划或是否可争取分期支付土地出让金。

3）核发的用地面积是总用地面积（包括净用地面积、道路面积、绿化面积）。所包含的市政道路用地及公共绿化用地虽不属于该地块国土证核发的权属用地范围，但属于该项目的建设用地范围，因此若有外单位出于修建公共交通等需要占用部分绿化用地的情况可要求对方给予补偿。

4）建设用地规划许可证的附件有：建设用地规划红线图；规划设计条件。

2. 建设工程规划许可证办理

（1）建设工程规划许可证办理条件

1）办理完成建设工程方案设计审查手续；

2）办理完成建设工程初步设计的审查手续；

3）取得修建性详细规划及总平面设计方案批复；

4）取得建设工程设计方案通知书批复及批复总平面图；

5）地名批复文件，办理完成项目命名与道路命名申报手续；

6）取得土地证或使用土地的有关证明（不动产权证）。

（2）办理建设工程规划许可证的材料

1）计划部门立项审批文件；

2）建设工程规划许可证申报表；

3）建设用地批准书及用地红线图或土地使用权证；

4）总平面图及与规划管理相关的施工图；

5）设计单位提供盖章的建筑分层面积表、功能分类面积核算表；

6）公司授权委托书；

7）绿色建筑评价相关资料；

8）建筑工程规划放线测量技术报告；

9）土地权属文件及建筑用地规划许可证；

10）建筑方案设计审查意见书，扩初设计批复；

11）建设工程档案登记表及建设工程档案报送责任书。

（3）办理建设工程规划许可证流程

建设工程规划许可证流程基本大同小异，与项目所在地有关，具体流程可参考图2.4-3所示内容。

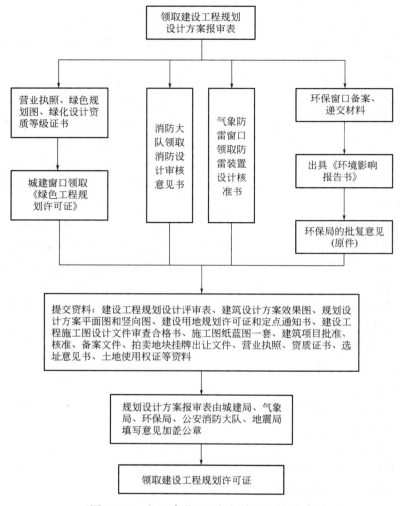

图 2.4-3 办理建设工程规划许可证流程图

(4) 办理建设工程规划许可证的注意要点

在办理建设工程方案设计审查、初步设计的审查手续和完成建筑施工图的设计之后，才可以申请办理建设工程规划许可证。上述的两项审查手续及材料在本书中未详细说明。

在办理建设工程规划许可证时，还需要注意以下几个要点：

1) 企业在取得建设工程规划许可证后，应在有效期（一般为 6 个月）内申请开工，逾期未开工又未提出延期申请的，建设工程规划许可证自行失效。

2) 在建设工程规划许可证办结取证之前要缴纳市政配套费，对于每期开发建设 20 万 m^2 的规模，市政配套费金额较大，应做好减免缓工作，节省开发成本。必要时考虑分层办理建设工程规划许可证。

3) 要注意确保现场放线与建设工程规划许可证批复的固定点保持一致。

4) 报建的图样要求符合退缩间距，开口天井、采光、通风符合建筑规范要求，要满足各专业意见要求。

5）负责去办理的部门：建设单位负责报送审查，设计单位负责进行方案设计文件的编制。

6）受理部门：去规划局办理建设用地规划许可证（黄本）、建设工程规划许可证（绿本）和建设项目选址意见书（蓝本）；去国土资源局办理土地证（红本）；去备案的图审单位办理建设工程施工图设计文件审查合格书。去消防中队办理施工图设计文件消防审查合格书。

7）办理时间点：建设用地规划许可证和建设工程规划许可证一般是在设计方案完成，初步设计前进行报建。建设工程施工图设计文件审查合格书是在初步设计、施工图设计各自完成后进行图纸审查后取得。

3. 建筑工程施工许可证办理

（1）办理建筑工程施工许可证的条件

1）依法应当办理用地批准手续的，已经办理该建筑工程用地批准手续。

2）在城市、镇规划区的建筑工程，已经取得建设工程规划许可证。

3）施工场地已经基本具备施工条件，需要征收房屋的，其进度符合施工要求。

4）已经确定施工企业。按照规定应当招标的工程没有招标，应当公开招标的工程没有公开招标，或者肢解发包工程，以及将工程发包给不具备相应资质条件的企业的，所确定的施工企业无效。

5）有满足施工需要的技术资料，施工图设计文件已按规定审查合格。

6）有保证工程质量和安全的具体措施。施工企业编制的施工组织设计中有根据建筑工程特点制订的相应质量、安全技术措施。建立工程质量安全责任制并落实到人。专业性较强的工程项目编制了专项质量、安全施工组织设计，并按照规定办理了工程质量、安全监督手续。

7）按照规定应当委托监理的工程已委托监理。

8）建设资金已落实。建设工期不足一年的，到位资金原则上不得少于工程合同价的50％，建设工期超过一年的，到位资金原则上不得少于工程合同价的30％。建设单位应当提供本单位截至申请之日无拖欠工程款情形的承诺书或者能够表明其无拖欠工程款情形的其他材料，以及银行出具的到位资金证明，有条件的可以实行银行付款保函或者第三方担保。

（2）办理建筑工程施工许可证的材料

1）施工许可证申请表；

2）建设工程规划许可证；

3）建筑施工企业资质证书、项目经理证书复印件；

4）施工图设计文件审查合格书、消防设计审核意见书；

5）招标（定标）备案书（附中标/定标通知书）；

6）建设单位开户银行依法出具的资金证明；

7）已备案的施工（建立）合同；

8）工程质量监督申请表、安全报监表；

9）建设工程项目登记证明及施工组织设计；

10）施工单位/监理单位注册备案表及工程项目部人员名单；

11）有拆迁的，提供拆迁许可证复印件。

（3）办理建筑工程施工许可证流程

建筑工程施工许可证办理的基本流程因工程所在地、区域的不同略有出入，主要有以下三步：

1）建设单位到建委领取建筑工程施工许可证申请表；

2）建设单位持加盖单位及法定代表人印签的建筑工程施工许可证申请表及上述的申请材料向建委提出申请；

3）建委在收到建设单位报送的建筑工程施工许可证申请表和所附证明文件后，对于符合条件的，应当自收到申请之日起15日内颁发建筑工程施工许可证；对于证明文件不齐全或失效的，应当当场或者5日内一次性告知企业需要补正的全部内容，审批时间可以自证明文件补正齐全后做相应顺延；对于不符合条件的，应当自收到申请之日起15日内书面通知建设单位，并说明理由。

具体步骤如图2.4-4所示。

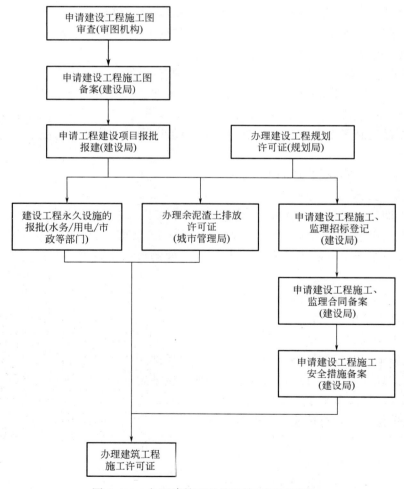

图2.4-4　办理建筑工程施工许可证流程图

(4) 办理建筑工程施工许可证的注意要点

在申请领取建筑工程施工许可证的过程中，需要注意以下几个要点：

1) 因办理建筑工程施工许可证的前提条件较多，因此要精心策划，做好同步和穿插报建工作，以尽量节省时间。

2) 为使办理中标通知书的工作顺利进行，企业开发部要与招标投标部或集团招标投标中心沟通，提醒招标投标部在对投标单位资格审查时的注意事项，以减少建筑工程施工许可证办理的麻烦或时间延续。办理招标投标手续时尽量协调缩短公示期，以早日取得中标通知书，加快建筑工程施工许可证的办理；同时，应与招标投标部门沟通，降低工程造价的标准，减少开发报建规费。

3) 提前进行施工图审查，缩短开发报建时间。

4) 对于有提前动工要求的建设工程，应及时协调质监部门和安监部门提前介入，并提前与城管部门进行协调，需要办理先行施工处罚的，要协调按已完成的投资额作为处罚依据。在质监站现场查勘时，协调形象进度的描述与城管处罚决定书相一致。

5) 为顺利办理施工许可证，现场的配合工作也很重要，开发部门应加强与施工现场的沟通，及时检查施工现场是否"三通一平"，是否建好围墙、洗车槽、施工工棚、现场安全围护设施是否已落实，施工材料、机械是否按要求规范布置，安全文明生产的管理制度是否落实，施工用电是否按规范敷设，现场查勘及发证时，建设、施工、监理、设计相关人员是否到位。

6) 对于分层办理规划许可证的项目，可以续建的方式办理建筑工程施工许可证，避开施工图审查、质监站现场勘察、缴交劳保金手续等，缩短办证时间。

7) 根据不同地区，确定消防设计审核时间顺序，一般消防审计审核在工程规划许可证办理后 7 个工作日内必须完成。

8) 建筑垃圾处置许可证在无土方外运和回填的情况下，可与有关部门沟通协商不办理此证，如需办理，一般根据土方外运或回填量计算费用，建议尽量平衡掉土方的外运和回填。

9) 受理部门：去建设局办理质量备案和安全备案、建筑工程施工许可证，去档案馆办理档案备案表。

10) 办理时间点：审图完成的施工蓝图、施工承包合同签订后，开工之前。

4. 其他相关报批报建办理

(1) 办理施工总承包合同备案需提交的资料

1) 法人代表资格证书或委托代理人的委托书（提交复印件核验原件）。

2) 施工总承包单位的资质证书、营业执照（须交复印件核验原件），实行招标的项目可免提交。

3) 实行招标的工程项目须提供招标文件、中标备案通知书（须提交复印件核验原件），直接发包的工程项目须提供发包批准文件、预算书、答疑纪要等（须提供复印件核验原件）。

4) 施工总承包合同原件。

5) 《建设工程总承包合同备案表》（一式两份）。

6) 办理了工程担保、保险的工程项目，保险公司或专业担保公司提供的支付担保、保险履约担保、保险文书（须提交复印件核验原件）。

　　7）项目管理班成员名单及有关证书（须提交复印件核验原件）。

　　（2）办理安全监督需提交的资料

　　1）建筑工程项目施工安全受监申请表。

　　2）建筑工程安全监督计划书。

　　3）中标通知书、施工合同、监理合同（已备案原件）。

　　4）建设、施工、监理单位法定代表人及项目负责人授权书及安全生产承诺书（原件）。需项目负责人本人带上有效证件在当地安全监督站签订。

　　5）施工单位的资质证书、安全生产许可证及监理单位的资质证书（提交复印件）。

　　6）项目经理、安全员、总监、安全监理的安全考核证书复印件以及原件。

　　7）安全生产文明施工措施费的凭证以及费用支付计划书（需提供银行的流水账原件）。

　　8）审查合格的开工安全生产条件审查表。

　　9）场地基本条件审查表，附工地现场的相关图片，照片内容体现以下三点要求：

　　① 施工现场设围挡，并应封闭严密、完整、牢固、美观；大门处场地要硬化并设冲洗平台，配置冲洗设备；

　　② 办公、宿舍、食堂、厕所（水冲式）沐浴用房按施工平面图布置并搭设好，施工区和生活区必须有严格隔离措施；

　　③ 未达上述两点基本条件的工地不得开工建设。

　　10）重大危险源排查清单。

　　11）建筑施工项目工伤保险参保证明。

　　12）保证现场安全生产、文明施工要求的资料，含安全文明施工措施方案、工地扬尘污染防治方案及安全生产文明施工场地平面布置图（需总监、建造师签字并加盖公章）。

　　（3）办理质量监督需提交的资料

　　1）建筑工程质量监督申请表。

　　2）建设工程规划许可证。

　　3）中标通知书、施工合同、监理合同（已备案原件）。

　　4）施工图、地质勘察设计报告及勘察、设计审查部门已审定的最终审查批准书、审查报告。

　　5）建设五方主体法定代表人授权书及五方项目负责人质量终身责任承诺书（原件）。需项目负责人本人带上有效证件在当地质量监督站签订。

　　6）施工单位人员项目经理及"八大员"岗位证书复印件及原件，监理单位总监理工程师及专业监理工程师岗位证书复印件及原件。

　　7）监理规划及监理实施细则。

　　（4）其他相关报批报建办理注意事项

　　相关注意事项见表2.4-1。

其他相关报批报建办理注意事项　　　表 2.4-1

序号	注意事项	难点
1	企业进××地备案	(1)企业进地方承接业务首要工作; (2)需开设企业资金专户缴纳民工工资保证金,开户尤为困难,需提前了解当地政策; (3)部分地区需网上申报,购买密码锁
2	建设安全监督备案	(1)设计费用较多:如安全文明措施费、风险抵押金等; (2)其中安全文明措施费需开设企业资金专户,难度同缴纳民工工资保证金; (3)创省、市标化工地安全备案登记资料要求高
3	建设工程质量备案	质量备案涉及五方责任主体承诺,资料繁多且需五方依次盖章,程序流程花费大部分时间

2.5　确定合理工期及节点

仓储工程工期较紧,合理选择开工时间,能有效地规避施工天气对施工进度的影响。对于南方夏季多雨地区项目,建议将项目开工时间确定在秋季;对于北方冬季寒冷地区项目,建议将开工时间确定在春末。

工程施工前期主要施工内容为土方与基础,对于南方项目若开工时间定在雨季或者雨季前将对前期土方、基础施工质量和进度造成严重影响。且地坪施工的工作环境对地坪的施工质量非常重要,要确保在密封的环境中进行,尽量减少外界天气环境的影响,钢构屋面必须在雨季之前施工完成。

工程结构施工期间,应考虑冬期施工的局限性,如冬期混凝土浇筑、防火涂料施工等,大面积的湿作业应避开冬期施工。

2.6　制定合理招标时间

业主方的招标主要体现在设计、施工及设施类招标。现阶段物流仓储项目一般采用公开招标及施工总承包模式。施工总承包模式需等完整的施工图纸出具后方能进行,为进度考虑施工总承包单位进场时机为10月份左右,地基与基础工程施工能够错开雨季等不利气候条件,而设计招标到施工图纸出具时间为2个月左右,设计招标定位6月份为宜,施工总承包单位招标时间是9月,如公司体系比较健全,有一套物流仓储建设模板,可考虑模拟清单招标,后期设施类的招标根据施工总进度计划定制招标时间。

2.7　选择合理付款节点

工程进度很大一部分取决于付款条件,选择合理的付款节点体现得尤为重要。一般物流仓储项目付款节点如下：

（1）基础结构施工完成支付合同价的20%；

（2）屋面檩条安装完成支付合同价的20%；

（3）主体结构验收合格支付合同价的20%；

（4）竣工验收合格支付合同价的25%；

（5）在审计结算完毕、出具审结报告且交付符合城建档案馆备案的档案资料后28d内支付至结算价的95%，剩余5%的结算价款作质量保证金，缺陷责任期为两年。

物流仓储大部分工作体现在主体结构上，人力、物力均大量投入在此施工阶段，总包单位承受的资金压力大，如资金链出现断层对施工影响极大，而此阶段的付款节点往往拉的很长，过程中没有支付节点，导致恶性循环。建议将主体阶段支付条件分解为：首层主体结构施工完成支付合同价的20%，屋面檩条安装完成支付合同价的10%，主体结构验收合格支付合同价的10%。

2.8 建设单位工程验收管理

工程验收是施工全过程项目管理必不可缺的一道程序，是检验设计和施工质量的重要环节。工程验收一般分为过程验收和竣工验收两部分，过程验收主要为隐蔽验收、分部工程验收，参加人员主要包括施工单位、监理单位、建设单位等的人员。竣工验收主要包括分部分项验收、专项验收、工程竣工验收等，参加人员除建设、监理、施工方外，还包括设计单位、勘察单位以及政府相关部门人员等。

2.8.1 开工前备案工作

（1）工程承包合同文件；

（2）设计施工图文件；

（3）国家及政府部门颁布的有关质量管理方面的法律、法规和规章；

（4）有关质量检验与控制的技术与技术管理规定、标准和规范，针对不同专业、不同性质质量控制对象制定的各类技术法规性的文件，包括各种有关的标准、规范、规程或规定。各类技术标准中，当前特别要关心、重视和认真执行的是国家和地方政府颁发的强制性标准及其条文，必须严格执行，不执行即作为违法违规行为，无论后果如何，责任者都要受到严肃的行政处罚。

2.8.2 施工过程中检查验收工作

（1）接受质量监督机构的工程质量抽查。

质量监督机构在工程建设过程中将不定期地实施监督抽查，施工企业必须认真接受监督抽查，提供资料，证明无违法转包或者分包工程的行为。

1）分包单位的资质符合要求。

2）规范执行法律法规、技术标准并按经审查合格的设计施工图文件及施工组织设计组织施工。

3）对工程施工中出现的质量事故按有关文件要求及时如实上报和认真处理。

4）特殊工序、关键工序控制到位。

5）接受实物质量检查，作业面符合强制性标准条文要求。

当工程监督人员根据强制性标准，辅以科学的检测手段，严格按监督计划进行实物质量抽查时应密切配合。

当工程质量监督机构认为实物质量、工程作业面、质量行为、质保体系不符合强制性标准或条文时，施工单位必须按监督机构意见进行认真整改，有书面答复并经监理单位验收已整改到符合国家质量标准。

（2）参与建设单位组织的主要分部工程验收。

当工程的主体结构分部、桩基基础分部等主要分部工程完成后，建设单位组织监理、施工、勘察、设计单位对桩基、基础、主体等主要分部及涉及结构安全的重要分项工程进行验收。施工单位积极参与，必须主动配合建设单位的验收工作。

认真做好企业质量自评工作，施工单位应按先是工程项目部然后上报企业的程序，自下而上做好分部质量评定工作。评定合格后，才可报请监理单位和建设单位进行配合建设单位和监理做好分部工程验收，包括如实提供质量保证资料，创造现场验收环境。如建设单位、监理单位组织验收时，质量达不到合格标准的，认真进行工程质量整改，确保质量必须按监理单位和建设单位意见整改到合格。

（3）配合建设单位填写分项分部工程质量验收证明书。

（4）当分项分部工程质量验收证明书送达质监机构备存后，保存好有关质量监督机构盖章并经经办人员签名的备存回复资料。

2.8.3 建设工程专项验收工作

竣工验收在工程施工前则需提前制订验收计划；提前策划好里程碑节点要求，结合施工部署及总体进度计划，确定合理的验收时间，并提前与政府部门沟通协调，避免验收受阻导致工期延误。现代物流仓储工程竣工专项验收虽因地方不同有所差异，但相对而言整体框架不变，建设工程在办理各专项验收时，需注意各项验收的条件和程序，专项验收内容见表2.8-1。

现代物流仓储工程专项验收表　　　　表2.8-1

验收项	验收内容	验收部门
专项验收	建设工程竣工规划验收	规划局
	建设工程电梯验收	质量技术监督局
	建设工程消防验收	公安消防支队
	人防工程竣工验收	人防办
	建设工程节能验收	城乡建设委墙改办
	建设工程防雷验收	城乡建设委
	建设工程竣工档案验收	城建档案馆

（1）规划验收

1）验收条件

建设工程主体和外立面完成，建设单位委托有资质测绘机构测绘，并出具《建设工程竣工测量成果报告书》，室外道路、管网、园林绿化已完成。

2）验收程序

① 建设单位或者个人按照建设工程规划许可证证件批准的内容，全面完成各项建设和环境建设后填写《建设工程规划验收申报表》，按规定向规划行政主管部门申请规划验收。

② 规划监督检查人员在施工现场进行查验，经验收合格的，规划行政主管部门在规划许可证件附件上签章。

（2）电梯验收

1）验收条件

电梯安装、改造、重大维修完毕并经施工单位自检合格。

2）验收程序

① 电梯使用单位持核准的开工报告和有关资料向检验机构提出验收申请检验。电梯检验检测机构应当自接到检验申请之日起 10 个工作日内安排检验。

② 电梯安装、改造完毕并经检验合格后，由安全监察机构办理注册登记手续，发给电梯安全检验合格标志。

（3）消防验收

1）验收条件

室内防火分区（含封堵）防火（卷帘）门、消火栓、喷淋（气体）灭火、消防指示灯、消防报警、电气等系统完成联动调试，室外幕墙防火构造、庭院环形路、室外接合器等完成，并自检合格。建设单位委托有资质的消防检测机构检测，并出具消防检测报告书。

2）验收程序

① 建设单位申请消防验收应当提供下列材料：

a. 建设工程消防验收申报表；

b. 工程竣工验收报告；

c. 消防产品质量合格证明文件；

d. 有防火性能要求的建筑构件、建筑材料、室内装修装饰材料符合国家标准或者行业标准的证明文件、出厂合格证；

e. 消防设施、电气防火技术检测合格证明文件；

f. 施工、工程监理、检测单位的合法身份证明和资质等级证明文件；

g. 其他依法需要提供的材料。

② 当地公安消防机构进行现场消防验收，验收合格的出具消防认可文件。

（4）人防验收

1）验收条件

地下人防工程已完成通风、灯具、人防门安装，并自检合格，如：人防工程室外及"三防设备"不具备条件，可出具缓建证明及暂不安装证明。

2）验收程序

建设单位组织竣工验收，提前 7d 书面通知当地人防工程质量监督机构或人民防空主管部门参与监督,验收合格后15d内向工程所在地的县级以上人民防空主管部门备案。

(5) 建筑节能验收

1) 验收条件

① 承包单位已完成施工合同内容,且各分部工程验收合格。

② 外窗气密性现场实体检测应在监理(建设)人员见证下取样,委托有资质的检测机构实施。

③ 采暖、通风与空调、配电与照明工程安装完成后,应进行系统节能性能的检测,且应有建设单位委托具有相应检测资质的检测机构检测并出具检测报告。

2) 验收程序

① 民用建筑工程竣工验收前,建设单位应组织设计、施工、监理单位对节能工程进行专项验收,并对验收结果负责,提前3d通知市墙改节能办到场监督。

② 验收合格后10个工作日内办理备案,备案时建设单位需提交下列材料:

a.《民用建筑节能备案表》;

b. 民用建筑节能专项验收报告;

c. 新型墙体材料专项基金缴纳凭证;

d. 新型墙体材料认定证书复印件。

(6) 防雷验收

1) 验收条件

接地、屋面、幕墙、金属门窗避雷系统完成设计内容,并自检合格;建设单位委托相应资质的防雷检测单位出具检测报告。

2) 验收程序

① 防雷装置竣工验收应当提交以下材料:

a.《防雷装置竣工验收申请书》;

b.《防雷装置设计核准书》;

c. 防雷工程专业施工单位和人员的资质证和资格证书;

d. 由省、自治区、直辖市气象主管机构认定防雷装置检测资质的检测机构出具的《防雷装置检测报告》;

e. 防雷装置竣工图等技术资料;

f. 防雷产品出厂合格证、安装记录和由国家认可防雷产品测试机构出具的测试报告。

② 许可机构办结有关验收手续,防雷装置经验收合格的,颁发《防雷装置验收合格证》。

2.8.4 工程竣工联合验收办事指南

建筑工程联合验收制度是政府各职能,如建设(含人防、质监)规划、环保、消防、气象等组织的政府性验收,实行跨部门职能的整合,授权联合验收办牵头组织对竣工验收项目进行联合审批,以提高验收流程的效率,联合验收是指由各行政主管部门实施"一窗受理、联合验收、限时办结、统一出件"的验收模式。目前在各省市均出台相关政策,对竣工验收报批报建办理做一个简单梳理。

联合验收受理机构:

牵头单位：各级建设行政主管部门（城乡建设主管部门）。

参与单位：消防、规划、民防等部门。

（1）申请条件。

1）建设工程已按设计和合同约定的内容建成，并满足《房屋建筑工程和市政基础设施工程竣工验收规定》的竣工验收条件。

2）建设工程已按规划许可文件的要求全部完成，具备建设工程竣工规划核实条件；或未按规划许可文件的要求全部完成，但具备分段、分栋竣工规划核实条件的。

3）建设工程已按审查合格后的消防设计文件和国家工程建设消防技术标准要求建成，具备消防验收条件；建设单位已组织相关单位开展消防竣工自验收，并形成消防安全质量竣工验收表；建筑消防设施检测合格。

4）结建防空地下室工程，已完成工程设计和合同约定的各项内容，满足法律法规规定的验收条件并已实施人防设施、设备检测；易地修建防空地下室工程，已按规定缴纳防空地下室易地建设费。

5）工程建设档案资料已收集齐全并整理完毕。

6）其他法律法规要求达到的验收条件。

（2）联合验收流程图，如图2.8-1所示。

（3）需准备的材料。

1）各部门共用材料

① 工程建设项目联合验收申报表7份（原件）。

② 申请人身份证明材料。

建设单位提供组织机构代码证和工商执照7份（复印件，核验原件）。申请人提供身份证7份（复印件，核验原件）。申请人委托他人代办的，还应提交申请人委托证明文件（原件）被委托人身份证明材料7份（复印件，核验原件）。

③ 工程竣工图。

有关城市规划的建筑工程竣工图1份（建施图有关规划平、立、剖部分）；有关城市规划的市政道路、桥梁、管线等线性工程（施工总平面图、纵断面图）；有关消防设施的竣工图1份（包含总平面图、标准层及非标准层建筑平面图、建筑立面图、建筑剖面图、各类消防设施平面图及系统图）；涉及人防工程的防空地下室竣工图AutoCAD文档1份；涉及建筑能效测评的提供建筑节能分部工程的竣工图1份；涉及防雷装置验收的提供防雷装置竣工图1份。

④ 工程竣工联合测量报告及附图。

原件2份，附电子文档光盘2张。建筑工程包含竣工规划核实回单、竣工比较分析表、建筑面积明细表、建筑面积汇总表、其他情况说明，以及实测1：500竣工地形管线图、1：500竣工比较图、1：500竣工地形图、建筑面积楼层实测平面图等。涉及人防工程建设的还应提供建设项目（含地上、地下）的竣工面积联合测绘报告（其中：配套修建防空地下室竣工面积需单列）；工程竣工联合测量报告（消防专篇），包括：建筑类别、总平面布局、防火分区、防火分隔、安全疏散等表图。

市政工程包含市政工程竣工核实规划回单、跟踪测量结果、竣工比较分析表、竣工测量成果表、其他情况说明等部分组成。竣工测量报告的附图包括实测竣工地形管线图、竣

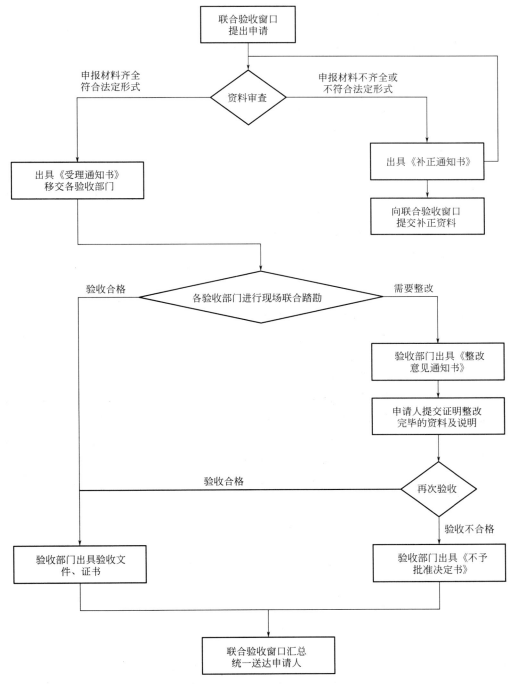

图 2.8-1 联合验收流程图

工比较图,图纸比例应与建设工程规划许可证附图一致。市政工程涉及建筑的,其竣工测量报告和附图按建筑工程要求办理。

⑤ 施工单位出具的《工程质量保修书》复印件2份,施工单位确认建设单位已按照合同支付工程款且已明确剩余工程款支付计划的证明或竣工结算文件或竣工结算纠纷已进

入司法或者仲裁程序的证明原件2份。

⑥ 工程竣工验收检查、检测报告。

包括：施工单位《单位（子单位）工程施工质量竣工检查报告》，监理单位《单位（子单位）工程质量竣工评估报告》《勘察文件质量检查报告》《设计文件质量检查报告》各2份（原件），市政基础设施工程有关质量检测和功能性试验资料2份（复印件）。《××市建筑消防设施工程质量检测报告》1份（复印件）；《建设工程消防安全质量竣工验收表》1份［原件，式样在消防网（网址：www.cqfire.com）消防便民利民服务大厅下载］。

⑦ 法律法规规定需要的其他材料。

消防方面：a.特殊消防设计文件专家评审意见，施工图审查机构出具的施工图审查意见，消防设计变更相关资料（均为复印件）。b.消防电气线路预埋、配线穿管、室外消防管网埋地等与消防相关的隐蔽工程记录（复印件）。

2) 城乡建设部门所需材料

① 建筑能效（绿色建筑）测评

a.《市建筑能效（绿色建筑）测评与标识专项表》（一式4份）。

说明：保留原《市建筑能效（绿色建筑）测评与标识申请表》中的1-3至1-9项（项目情况表，绿色建材于绿色施工情况表，资料报送清单和测评表），将1-1、1-2内容纳入《工程建设项目联合验收申请表》。

b.建筑节能施工图审查资料1份（复印件）。

c.施工图审查机构审查通过的施工图设计文件（包括建筑、暖通、电气、给水排水专业设计图及建筑节能设计模型，节能计算报告书，空调热负荷及逐项、逐时冷负荷计算书）；施工图建筑节能工程设计变更文件（包括变更图说明、建筑节能设计模型、节能计算报告书和相应的审查、备案文件）；涉及建筑环境与资源综合利用子分部工程的施工图设计文件（包括设计变更文件）、数字化模拟计算分析报告、模型，计算书（表）。

d.与建筑节能相关的设备、材料、产品（部品）进场复验报告，与建筑环境与资源综合利用子分部工程相关的设备、材料、产品（部品）质量证明文件、进场复验报告。

e.××市绿色建筑设计标识证书和建筑节能（绿色建筑）工程达标情况表。

② 建设工程档案专项验收

a.《城建档案案卷目录》。

b.一套完整的已整理成册的建设工程档案（含纸质、电子、声像档案）。

③ 质量竣工验收监督

a.工程质量保证体系审查表、工程参建单位有关责任人员名单（归档）、参建单位项目负责人法人授权书和质量终身责任承诺书各1份（原件）。

b.基础、主体、节能、防雷与接地等主要分部（子分部）工程质量验收记录各1份（复印件），住宅工程还需提供分户验收汇总表1份（复印件）。

c.工程预验收记录、会议纪要及质量问题的整改回执各1份（原件）。

说明：一般不再收集工程有关质量检测和功能性试验资料，竣工验收准备会或之前应将核查重要检测资料并记录监督报告所需信息。

④ 建设工程竣工验收备案

a.经房地产开发行政主管部门核定的《××市房地产开发建设项目手册》1份（原件）。

b.商品房工程应提供《新建商品房使用说明书和质量保证书》1份（复印件）。

c.配套费（超面积、缓缴）审核意见1份（原件）。

d.《建设工程档案报送交接书》1份（原件）。

e.工程质量竣工验收通过后5个工作日内补充提交《建设工程竣工验收报告》1份（原件）。

3) 规划部门需要的材料

纳入三维仿真系统管理的，提供建筑工程现状三维资料1份。

4) 公安消防部门需要的材料（各1份）

① 消防产品质量合格证明文件（复印件，包括：消防产品清单，纳入《强制性产品认证目录》消防产品的强制性产品认证证书、型式检验报告；未列入《强制性产品认证目录》消防产品的质量合格证明标识或产品检验合格证明；消防产品《强制性产品认证目录》可在消防网内查询）。

② 具有防火性能要求的装修材料符合国家标准或者行业标准的证明文件（法定检验机构出具的检验报告）、出厂合格证（复印件）。

5) 民防部门需要的材料

① 防空地下室项目审批文件，主要内容包括：防空地下室方案、初步设计、施工图批准备案文件复印件（各1份）。

② 结建防空地下室建设项目，还需提供《防空地下室竣工预验收记录》1份和人防工程检测机构出具的防空地下室防护功能专项检测报告原件1份。

③ 防空地下室管理使用协议复印件1份。

④ 分期建设的还需提供前面分期竣工手续。

⑤ 批准的防空地下室易地建设的建设项目，还需提供《防空地下室易地建设费审核通知书》、缴费财务票据复印件（各1份）。

⑥ 法律法规规定需要的其他材料。

（4）申请接收。

网上申请：行政相对人在"××市网上行政审批服务大厅"进行网上申请报送。

窗口收件：行政相对人在完成网上申请后，在××市城乡建设政务服务中心联合验收窗口递交申请材料。

（5）办理基本流程。

1) 对于资料齐全且符合法定形式，联合验收窗口出具联合验收受理通知书；资料不齐全或不符合法定形式，以书面方式一次告知申请人需要补正的全部内容，补正时间不计入审批时限。

2) 竣工联合验收申请材料当日通知联合验收参与部门领取；联合验收参与部门在接到通知后1个工作日内派人领取审批材料。

3) 各联合验收参与部门（机构）应当自受理之日起按照各自职责监督或组织实施相关的联合验收工作。需在施工现场实施的现场验收，由牵头部门会同相关参与部门

(机构)在受理之日起 4 个工作日内组织联合现场验收。各单项验收事项通过的,由相关部门分别出具验收合格法律文书;验收事项未通过的,一次性书面告知理由和整改要求。

4)联合验收完成后,参与部门(机构)应在规定时限内将书面验收意见反馈至联合验收窗口,到期未送达联合验收窗口的,视为该单项验收合格。联合验收事项全部通过的,进入建设工程竣工验收备案;单项验收事项需整改的,建设单位在完成整改后,重新向联合验收窗口申请该事项验收,由单项验收部门(机构)组织验收后书面反馈至联合验收窗口。

5)建设行政主管部门根据各联合验收参与部门(机构)验收意见和档案移交凭证办理工程竣工验收备案登记。《竣工验收备案登记证》及各单项验收合格法律文书由联合验收窗口统一发放建设单位。

(6)办理方式。

网上申请、现场受理、联合验收部门审批。

1)××市网上行政审批大厅填写并提交电子信息;
2)××市城乡建设政务服务中心窗口提交材料申请;
3)各参与联合验收部门实施验收、审查、出具审批结果通知。

(7)办结时限。

自联合验收受理之日起算,各单项验收办理时限为:建设工程质量竣工验收监督第 5 个工作日;建设项目消防验收第 7 个工作日;建设工程竣工规划核实第 7 个工作日;建设项目人防验收第 7 个工作日;建设工程档案专项验收第 9 个工作日;建筑能效测评第 9 个工作日;建设工程竣工验收备案第 12 个工作日。

(8)结果送达。

竣工联合验收通过的,统一发放《竣工验收备案登记证》及各单项验收合格法律文书。建设单位可至联合验收窗口统一领取。

2.8.5 竣工验收的备案登记证办理

竣工验收备案是指建设单位在建设竣工验收后,将建设工程竣工验收报告和规划、公安消防、环保等部门出具的认可文件或准许使用文件报建设主管部门审核的行为。根据《房屋建筑和市政基础设施工程竣工验收备案管理办法》,房地产开发企业在工程竣工验收合格之日起 15 日内,需要持工程竣工验收备案表、工程竣工验收报告、规划、环保、消防等部门出具的验收合格证明文件等材料报建设局审核,材料齐全且通过审核的,可以取得建设工程竣工验收备案证明。

建设单位办理工程竣工验收备案时,应当提交下列文件:

1)建设工程竣工验收备案表。
2)建设工程竣工验收报告。
3)建设工程施工许可证。
4)建筑工程施工图设计文件审查意见。
5)单位工程质量综合验收文件(施工单位的工程质量竣工报告、勘察设计单位的质量检查报告、监理单位的质量评估报告)。

6）建设工程质量检测报告和功能试验资料。
7）规划、公安消防、环保等部门出具的认可文件或者准许使用文件。
8）施工单位签署的工程质量保修书。
9）建设单位按合同约定支付工程款的工程款支付证明。
10）法规、规章规定必须提交的其他文件和备案机关认为需要提供的有关资料。

3 现代物流仓储工程施工总承包管理

3.1 总承包组织管理

现代物流仓储工程具有施工周期短、多专业集中交叉施工的特点，在总承包管理组织架构上，还必须包含机电、幕墙、电梯、消防、节能、园林绿化等各专业工程师，其组织架构根据项目规模、项目特点及合同要求建立。一般工程施工总承包组织架构如图 3.1-1 所示。

3.1.1 项目管理机构

（1）企业保障层

项目管理委员会：企业建立跨部门的项目管理机构，负责协调综合性项目管理职能，确定并贯彻企业项目管理方针与目标。

项目管理职能部门：负责项目管理工作的计划、组织、协调、检查、考核、指导等日常工作。

项目管理资源支持性部门：包括工程测量、施工技术、检验与试验、商务管理、成本管理、分包管理、财务资金、物资采购、设备管理、党群管理、行政事务等职能，上述职能能可单设或归入某个部门。

（2）项目总包管理层

企业建立的一次性组织机构，代表企业进行合同履约，并根据各项管理目标的完成情况接受考核及兑现。

项目部组织机构建立：工程中标后，企业根据项目规模、项目特点、营销策划、合同要求，进行项目策划并组建项目部，项目部组织机构设置参照图 3.1-1。

项目部人员配备：企业按照项目策划的安排，并根据项目实施各阶段的实际情况，为项目部配备具有资格的合适人员。

项目分包队伍的引进与使用：企业通过"集中招标"为项目部组织现场各种劳务分包和专业分包队伍，也可按照直营施工队的方式组建专业作业队或综合性作业队，无论是综合性或专业性的作业队或分包企业，都应该保持企业集中管理、建制齐全、管理规范、人员稳定、信誉良好、实力充分、服从指挥。

3.1.2 项目人员配备

（1）项目管理人员配备参照投标策划及合同要求确定，有关人员配备参考表 3.1-1，项目经理组织在《项目部实施计划》中编制岗位设置、定编定级方案和变更调整方案，经公司批准后实施。

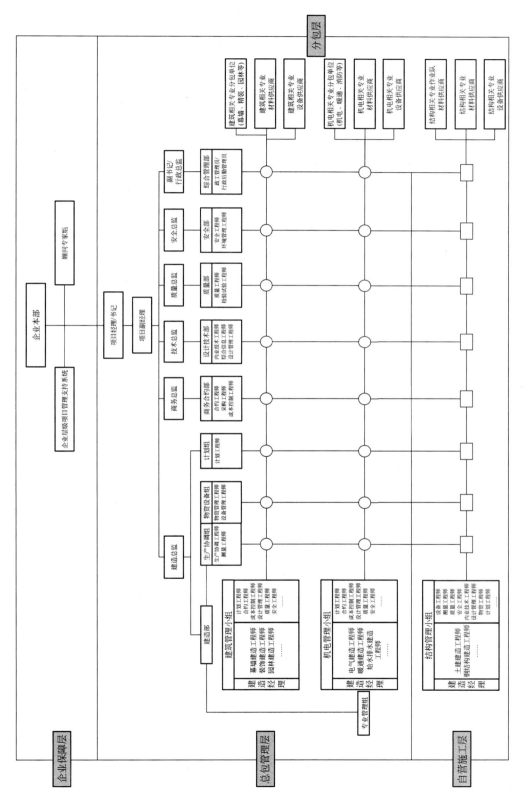

图 3.1-1 现代物流仓储工程总承包组织架构图

项目岗位人员配备表 表 3.1-1

部门	岗位名称	项目规模 大型 15≤建筑面积<50 3≤工程造价<10	项目规模 中型 5≤建筑面积<15 1≤工程造价<3	项目规模 小型 建筑面积<5 工程造价<1
项目管理层	项目经理	4~5	2~4	1~3
项目管理层	项目副经理	4~5	2~4	1~3
项目管理层	项目副书记	4~5	2~4	1~3
项目管理层	建造总监	4~5	2~4	1~3
项目管理层	技术总监	4~5	2~4	1~3
项目管理层	安全总监	4~5	2~4	1~3
项目管理层	商务总监	4~5	2~4	1~3
项目管理层	质量总监	4~5	2~4	1~3
建造部	建造工程师	9~13	6~8	4~5
建造部	生产协调工程师	9~13	6~8	4~5
建造部	物资管理工程师	9~13	6~8	4~5
建造部	劳务管理工程师	9~13	6~8	4~5
建造部	设备管理工程师	9~13	6~8	4~5
建造部	测量工程师	9~13	6~8	4~5
技术部	内业技术工程师	4~6	3~4	2~3
技术部	综合信息工程师	4~6	3~4	2~3
技术部	设计管理工程师	4~6	3~4	2~3
质量部	质量工程师	2~5	2~3	1~2
质量部	检验试验工程师	2~5	2~3	1~2
安全部	安全工程师	2~4	1~2	1
计划部	计划工程师	2~3	1~2	1
商务合约部	钢筋翻样工程师	3~4	2~3	1~2
商务合约部	采购工程师	3~4	2~3	1~2
商务合约部	合约工程师	3~4	2~3	1~2
商务合约部	成本控制工程师	3~4	2~3	1~2
综合管理部	行政后勤管理员	1~2	1	0~1
总计		27~42	18~27	11~18

注：1. 表内建筑面积单位为万 m^2，工程造价单位为亿元。
  2. 项目规模以建筑面积或工程造价其中一项，按就高不就低的原则划分。
  3. 项目管理层中的总监，需兼任对应部门负责人。

（2）根据基础设施项目特点及管理需要，检测检验试验工程师、测量工程师岗位编制可适当扩大，但不得超过本部门编制上限的10%。

（3）项目开工准备阶段、收尾阶段、停工或半停工期间岗位编制从紧，原则上只配备该阶段所需关键岗位人员，但应确保项目管理职能正常履行。

3.2 总承包履约全局规划

现代物流仓储工程主要施工在于园区内土建、钢结构、装修、幕墙、机电、消防、市政、门窗等专业，自动仓库还包括货架以及流水线的安装等，甲指分包单位较多的为设备及货架等，但也需要纳入总承包管理，以便整体进行全局规划和接口界面划分，对项目整体工期推进及前期技术接口处理起到良好疏导作用。

工程实施过程中，总承包单位和分包单位就分包工程对建设单位承担连带责任，因此所有分包工程之间的衔接对工期影响尤为重要，就此需要对项目所有专业所有分包进行清晰的界面划分，将项目所有施工内容细分到每个专业，并划分到合同，约定每个专业的施工内容，确保实施过程中能有条不紊。

3.2.1 总承包履约整体规划思路

根据现场总平面部署、各专业移交及穿插施工时间、结构断水时间、机电及设备（货架、生产线）施工搬入时间，将物流仓储工程划分为多个施工管理区域，对于中小型项目分区域划分管理，分包商流水作业施工，对于大型项目分区域分不同的分包商划分管理，各大区同步流水作业，根据各专业各大区划分，提取关键线路施工作业主线并合理安排各区施工资源投入，识别关键节点后，对项目进行统一管理，重点跟踪。

3.2.2 总承包履约全局规划

1. 分包合同界面划分

根据大区划分、专业接口，对应专业在招标前期应该就界面及合同划分进行梳理，以便有效指导现场施工。

（1）桩基、土方与土建专业界面及合同划分主要在于基础、基坑下挖标高及外运，接口部位在于虚土清底等，该部分作业纳入土建专业施工。对于物流厂房常见的承台或筏形基础，挖机作业下200mm人工清底应由土建单位施工。

（2）土建与钢结构界面及合同划分主要在于混凝土短柱、地梁、坎墙及闭水等的移交，预埋件施工划归钢结构，钢结构屋面围护完成闭水后移交土建进行地坪施工。

（3）钢结构与门窗专业界面及合同划分主要在于檩条施工完成后，门窗专业的交接及复核，钢结构檩条施工完成后移交门窗单位进行施工前的复测工作，由门窗单位进场复核。

（4）钢结构与机电、消防专业的界面及合同划分在于主结构和围护结构施工期间，在主结构上生根的支架及其碰撞等问题的复核，需在主结构前进行双方复核，钢结构专业在防火涂料施工前移交机电、消防专业做支架安装，并反移交钢结构专业施工防火涂料。钢结构专业围护结构施工完成后移交机电进行风机等设备安装。

（5）土建与机电专业界面及合同划分在于附属房及对应办公楼等施工期间，主体结构及二次结构施工期间，机电专业进入施工预留预埋事宜，结构完成后土建专业移交机电进行机电专业设备及管线安装。

（6）机电与市政专业界面及合同划分主要在于室外管网、绿化及道路施工期间；机电完成管网施工回填后，移交市政专业进行道路及绿化等的施工。

各专业之间交叉施工，在前期进行良好的界面划分及合同管理，能有效降低施工过程中产生的矛盾纠纷，确保施工生产顺利进行。

2. 建造阶段界面划分与合同管理

建造阶段的界面划分及合同管理仍体现在专业间接口管理上，即两个或两个以上专业施工移交工作面过程中要做到界面清晰、交接无疑，主要应做好项目计划管理和接口细化管理。

（1）编制《施工/安装集成进度计划》

建造总监需按合同通用规范要求分包商早于预定施工三周提交《初步施工/安装进度计划》，并分发给计划部，该计划重点说明合同范围内各工作面施工时间、复杂交叉施工工序安排、资源配置与前置假设。计划经理负责编制《施工/安装集成进度计划》，该计划必须体现出系统集成、发货、安装、测试和调试等活动，并考虑到所有已预计的接口前置、后置或迭代问题。

（2）阶段工作面移交计划于工作面移交三周滚动计划

现代物流仓储项目总承包项目应按照渐进明晰原则，建造总监应配合计划部对分包商提交的阶段工作面移交计划集成并审核。建造部负责编制工作面移交三周滚动计划，重点说明下一时间段内工作面移交时序与对应资源配置，经建造总监审批同意后实施。工作面移交时序的确定需尽量规避接口的迭代影响（即先施工工作以后施工工作为条件/前置），保证前置工序统一为后置工序提供接口条件，尽量避免后置工序对前置工序的二次污染。工作面移交三周滚动计划应尽量采用末位计划思维，计划的编制、确定需与末位计划者协商一致。

（3）工作面三级移交检查

三级移交检查：为确保某工作面移交（下一工作面使用单位插入）前完成所有接口协议和遗留工作，建造工程师组织工作面相关联所有单位（下一工作面施工单位、对当前工作面施工有接口协议需求的单位）对工作面进行的检查，相关联的建造工程师、相关分包商参加检查。

建造部组织分包商编制关键部位的工作面移交接口清单，并通过工作面三级协调会相互协调达成一致。在工作面正式移交前，建造工程师需保证（及加工施工单位/专业的）工作面移交接口清单已确定并正式发布。项目三级移交检查需要工作面移交接口清单、阶段工作面移交计划/工作面移交三周滚动计划为必备的前置条件。对于复杂接口，可以在工作面移交接口清单基础上，利用BIM或其他图形软件设计接口分工示意图，对于需要深化设计的接口部位，必须预留充足的深化设计、报审、下料和加工等时间。

（4）工作面三级移交检查内容

第一级检查：建议移交前6周的检查。工作面接收单位核对前置工作是否符合插入要求，工作面相关联单位核对清单中接口协议是否实现，并将检查结果汇总至当前建造工程师。建造工程师将汇总意见分发至深化设计管理职能部门、工作面移出单位（当前工作面施工单位），设计技术部转发设计院（如需要）。工作面移出单位根据检查结果需于指定时间内完成相关整改，若在设计上有新的变更，设计技术部/设计院需于指定时间内以设计变更的形式发出新的变更图纸，予以整改。

第二级检查：建议移交前2周的检查。根据第一级现场检查的结果，检查工作面移出单位整改的情况，若有不合格之处，需指出于指定时间内完成整改，直至符合要求为止。

第三级检查：移交当天的检查。主要对重点部位、清单中接口进行再一次检查，保证工作面顺利移交，检查需作记录，避免后期不必要的纠纷。

三级移交检查中所设定的提前时限为建议内容，对于土建等工作面移交频繁的专业可采用"二级工作面移交"或设定提前量较小的检查时间。建造工程师需监督移交单位按照《工作面三级移交检查清单》的整改工作计划整改，建造工程师确认整改完成后组织工作面接收单位确认是否符合接收条件并正式移交。

（5）接口协调三级会议机制

为满足分包商之间接口协调管理过程需要，项目部采用三级会议管理机制，第一级是建造总监或其代表主持的一周一次的分包商施工协调会议。会议中，各方就一般问题、政策和指示进行讨论并达成一致，同时对接口协调事务的总体进展进行监督。第二级是各接口相关分包商之间的一对一合同的接口专题会，土建建造经理应委派一名指定工程师作为接口问题的联络人，通过会议确认、讨论具体接口事项，解决具体问题。第三级是现场协调会或现场审查的现场协调研讨会，在安装之前，主要检验现场设施运行的可行性。二级和三级会议由建造总监授权建造工程师监督分包商召开，是对一级分包商施工协调会的补充，并解决其中产生的任何问题。

3. 全局履约管理

根据现场施工作业条件及招标文件工期、提前移交等要求，对项目多单体（多仓室）、室外设备连廊及通廊、室外综合市政等进行全局规划，整体由单个方向整体推进施工。

总承包单位进场后，立即组织主厂房施工作业以及配电房辅房的施工作业，以永临结合的思路启动室外道路部位综合管线施工，为主厂区施工作业创造良好条件，然后依次启动辅房及室外连廊等结构施工。

（1）厂区划分规划

根据总承包物流厂房施工经验，主厂房根据面积进行分包商划分，根据防火分区进行流水大区划分，塔式起重机设备等以每台塔式起重机覆盖面积 $4000m^2$ 左右为宜，能较为合理地确保现场材料的垂直运输。

（2）总平面布置规划

现代物流仓储项目涉及土建结构、钢结构、给水排水、通风、强弱电、消防、装修、室外道路以及特种设备等众多专业，厂区内施工将出现多个专业、多点位同时施工、交叉作业的局面，现场周转材料、机械设备等投入量尤为庞大，总平面布置极其复杂，厂区外市政道路不完善，材料运输及进场难度大。此外，根据地域特点，南方地区多雨，总平面布置尤其需要考虑厂区排水问题。因此，根据物流仓储工程项目建设特点，合理规划总平面布置，以减少专业间施工干扰、天气等自然因素的妨碍，加快施工进度。

1）总平面布置划分

现代物流仓储工程项目由于投产或租赁需求高，工期紧张，涉及专业众多，根据施工部署，需将现场施工划分为桩基及基础施工（含软基处理）—主体结构施工—钢结构施工—机电工程施工—装修施工—小市政施工等多个施工阶段，各阶段总平布置持续时间短、转换快，快速形成施工流水。

2）材料加工厂及堆场数量大、种类多

现代物流仓储工程结构施工阶段工程体量庞大，每层划分多个流水段同时施工，节奏紧、进度快，周转材料一次性投入消耗极大，现场对钢筋加工场、钢筋原材堆场、钢筋半成品堆场、木工加工厂、周转材料堆场、钢结构堆场、机电加工场、砌体堆场等需求量巨大。

3）单体塔式起重机、汽车式起重机置数量多

主厂房占地面积大、楼层高，为确保现场材料垂直运输的要求，需采用塔式起重机或汽车式起重机全覆盖施工。厂房主体结构屋面一般为钢结构屋面，钢梁跨度大、自重大，塔式起重机不仅需要考虑土建材料垂直运输，还需考虑钢梁的质量，并且考虑塔式起重机拆除的问题。此外，由于物流仓储工程的结构大多有坡道及平台，可上大型货车，也可根据部署考虑汽车式起重机上楼板进行二层钢结构吊装。因此，造成现场垂直运输的机械设备种类型号众多。

4）厂区车辆出入口设置数量多

物流仓储项目占地面积大，各专业工程量巨大，每日进出场车辆众多，尤其主体结构施工高峰期阶段，每日进出物流需求量极大，需要保障足够的出入口，确保场地内外交通满足要求。

(3) 物流交通规划

1）交通管理分阶段

依据厂区施工整体部署，以及主体及小市政施工等阶段道路情况，将现场物流交通划分为多个阶段，每个阶段制订相应的交通管理措施。

2）车辆进场申请制度

物流仓储项目主结构施工高峰期，每日车流量巨大，周转脚手架、模板、钢筋、钢结构、机电材料、混凝土泵车、汽车式起重机等大型车辆众多，材料周转及倒运卸车时间长，道路使用频繁。需严格控制项目进场车辆，每天申请材料及设备进场，合理安排车辆进出场时间。

(4) 厂区排水规划

总承包单位进场后，应根据当地往年雨水情况进行规划项目总平面部署阶段厂区排水，完善市政雨污水接驳工作，确保施工阶段，雨水下排畅通，天气转晴后能及时恢复施工生产。

(5) 厂区堆场规划

总承包单位进场后，根据施工阶段部署，合理规划各分包商分阶段堆场，在满足施工进度及交通运输的条件下，确保各专业材料满足现场施工，且不影响各阶段施工。此外，各阶段堆场规划应根据进度、专业交叉实施调整。

3.3 总承包公共资源管理

公共资源，顾名思义是大家都可以用的资源。在施工过程中往往有一些施工生产所必需的，多家分包单位共同使用的，总承包单位统一管理的生产资源。从不同的角度进行分析，公共资源分为"有形公共资源"与"无形公共资源"。第一种"有形公共资源"指施

工建造过程中2家及以上共同使用的道路、围墙、场地库房、临建、操作平台、卸料平台、塔式起重机、临边防护等可视的资源。第二种即为"无形公共资源",如采购资源、材料运输资源、当地行业资源等。本节主要从"有形公共资源"角度对公共资源管理进行分析。

3.3.1 总平面管理

现代物流仓储工期紧张,各阶段施工内容变化大,分包单位交叉施工多,为确保施工顺利进行,必须制订科学、合理的总平面布局,将总承包、各分包有机联系在一起,按照合理分工有序地进行施工,保障人流、机械流、物流的畅通,保障工程施工效率,使总控计划得以实施,同时实现良好的社会效益和经济效益。

1. 总平面管理原则

总承包单位根据总平面部署,全面负责施工现场管理,分阶段做好现场总平面规划,提供满足工程施工需要的临时设施、临时用水、临时用电、临时场地、垂直运输等设施,统筹安排现场各种施工资源与工作面的使用,做好现场安保和综合治理等各项工作,为分包单位提供及时有效的服务与支持。

完善总平面部署后,按照动态管理、统一布局、统一调度、统一标识的原则,严格规定各分包单位总平面使用权,以保证项目整体运行平稳。在总平面投入使用过程中,诸多不可预见或不可控因素总平面管理难度增大,总承包单位应加大过程动态协调管控,服务关键线路为主,以此进行总平面的总体安排。

2. 总平面管理思路与制度

总平面管理主要从桩基与基础施工阶段开始,以阶段施工为主,对各专业插入施工等多个阶段进行总平面的动态布置和调整,制订程序性申报、变更流程以规范场地规划。施工场地管理由总承包项目副经理(建造总监)总体协调、管理,由建造部的公共资源部门具体实施组织、监督,由总平面管理工程师进行现场布置、协调。总承包将按总平面布置图划分分包单位责任区,协调独立施工单位、设备物资供应单位在总平面的施工、运输和临时用地。各分包单位、独立施工单位等负责责任区内的各种设施维护及场地的安全、文明、整洁。

各分包单位对垂直运输机械使用和临水临电接驳提出书面申请,由总承包统筹,负责安排解决。各分包单位有申请调整场地的权力。由于工期、工程变更等方面的要求,需要调整场地的分包单位,必须经总平面管理总协调人签字认可,由公共资源管理部门统一调整部署。各分包单位需根据各自施工内容、施工阶段和材料进退场时间,提出合理的临时用地申请,并提前1d填写用地申请表,报总承包公共资源管理部审批批准后方可使用。

3. 施工现场总平面布置计划方案

根据现代物流仓储工程实际情况设置临建设施,包括但不限于以下方面:

(1) 现场临时围墙、大门出入口以及临建施工道路布置

现场临时围挡:尽量以设计图纸正式围墙做法为基准做法,尽量做到永临结合;如工程情况特殊,可考虑砖砌围墙或者PVC材质围挡,以提高企业形象。

大门出入口:根据业主提供的总平面图并根据工地周围交通设置大门出入口,并根据实际情况结合企业CI规范标准布置宣传牌,以提升企业形象。

临建施工道路：根据物流厂房的特性，大多厂区内室外道路都属于环形道路，可沿各栋建筑物外边线四周铺设封闭的循环道路，施工中结合设计做法修建临时道路，使用完毕后可直接施工正式道路，同时在施工前应尽可能地提前施工室外小市政部分的给水排水系统的管道预埋、预留工作，在施工使用过程中应注意成品保护，避免损坏道路基层以及管道的预埋出现返修，造成不必要的成本支出。

（2）办公及生活、临时加工区、堆场等临时设施

1）应优先考虑现场办公室在施工空地处进行布置，避免项目后期收尾无办公地点的情况出现。

2）临时房屋、辅助设施、生产临时设施及施工场内临时道路、供电、供水等线路的布设均按照工程施工场地、发包人提供的条件以及现场地形状况进行规划。

3）各材料加工区以及生活、办公区均设置或配置足够可靠的环保设施及消防设施，达到国家和发包方关于安全生产、文明施工和环境保护的要求，避免施工对公众利益的损害。

（3）临时给水排水以及临电设施布置

现场的雨水、地表水，采用明排水沟排放的措施。根据工程现场实际情况，沿区主干道设置排水沟。场内其他排水沟则作为次排水沟，沿场内施工次干道和硬化场地堆场周边设置，所有排水可通向沉淀池，经沉淀后，可排入市政雨水井，如施工场地需要基坑排水，由集水坑、潜水泵、管网组成的排水系统，潜水泵抽出的水，通过管网排入沉淀池再排入市政雨水井。施工时，明排水沟要经营性的有专人清理、疏通。

现场给水分三个部分：生活给水、生产用水、消防用水。布置力求合理、紧凑，节约用地，利于生产、方便生活。

临电设施布置：采用三级配电、二级保护的制度，根据工程实际情况合理地配置电线电缆规格大小以及光源的设置。

在实际使用过程中，为确保不因临水临电的损坏而影响正常施工的情况出现，应安排专人管理、维护以及维修等事宜，以确保工程的各项工作正常开展。

3.3.2 垂直运输管理

总承包建造部设立资源保障组，统筹垂直运输管理，由总承包项目副经理（建造）直接指挥。配备具有多年大型机械设备管理经验的管理人员，分工负责，负责对现场所有垂直运输和水平运输设备的调度和协调管理，建立《机械设备使用、维修保养管理制度》《机械设备运行检查管理制度》等，以保证施工现场施工设备的有效管理和高效运行。

根据现场需求，布置合理的塔式起重机、汽车式起重机及施工电梯等垂直运输设备，以满足现场施工需求。垂直运输设备的具体使用由总承包建造部根据公共资源管理、工序交接管理计划对塔式起重机使用进行分配。各分包单位严格按照此计划执行。各分包单位需在每日16：00向总承包建造部申报塔式起重机使用计划，建造部根据各分包单位上报的申请并结合现场实际施工生产需求排出塔式起重机使用计划（计划时间为当日18：00—次日18：00），各施工部严格遵照塔式起重机使用计划组织当日的垂直运输工作。

对于大面积群塔作业，在布置施工现场多台塔式起重机时，保证塔式起重机作业中低位塔臂端部与高位塔身之间的距离不少于2m，高位塔式起重机钩与低位塔式起重机垂直

距离不小于2m,使低位塔式起重机与高位塔式起重机错开,旋转时绝不允许碰到相邻塔式起重机起重臂变幅钢丝绳和主钩钢丝绳。在每台塔式起重机上安装安全监控装置,并在总承包资源保障组部设置大屏幕显示器进行即时的监控。当两台塔式起重机的任何运动部位之间的距离小于其安全距离时,两台塔式起重机驾驶室的报警装置便会报警,且监控屏显示出危险点,从而引起塔式起重机司机注意,起到警示作用。

3.4 总承包进度管理

现代物流仓储工程涉及交叉专业多,同步施工,点多面广,总承包商应成立计划部或指定专人进行进度管理,在项目成立阶段制订项目进度管理的原则与基本要求。

根据业主对工程关键节点(结构封顶、围护断水、设备进场、办公区移交等)的工期要求、整个物流流水线对各仓库竣工先后的需求,安排主厂房先行开工,并根据总平面布置需求,安排附属结构、办公楼结构等精准插入施工。总承包对工期进度计划的编制,应着重考虑后续分包商的工作界面需求,尤其是土建向钢结构、机电、精装及工艺设备等单位的及时移交,当然还涉及部分工序需要向土建反移交才能进行下一步交接,下一级专业对界面需求的计划则是总承包进度管理的重点。

进度管理的主要要点在于:
(1) 制订项目总进度计划,完成审批流程后作为进度控制基准;
(2) 审查、集成、批准分包商提交的进度计划,并整合入《项目总进度计划》进行统一管理,进一步形成项目二、三级计划;
(3) 定期召开进度计划专题会,确保能及时进行进度延误纠偏;
(4) 调整相关进度计划并处理工期延长申请事宜;
(5) 建立项目进度计划数据库。

现代物流仓储工程进度管理重点在于:
(1) 工程优化与工艺融合

工程优化与工艺融合能很大程度上加快进度推进,有效解决大面积施工过程中专业穿插及流水、工作面移交与提前插入等问题。

(2) 永临结合

物流厂房的永临结合施工能解决大面积施工、排水等问题,在施工过程中提前完成总平面部署与设计总图的切换,降低项目在进度管理实施过程中的管理风险。

3.4.1 工程优化与工艺融合

(1) 设计优化与进度融合

将施工工艺与设计优化相结合,能有效缩短施工工期,为项目进度管理提供保障。

1) 选用PHC预制管桩

物流仓储工程一般施工周期短,设计根据勘察报告确定桩型时尽量采用PHC预制管桩,避免采用灌注桩。PHC管桩较灌注桩施工简便,无湿作业,效率高,单位承载力造价低,可缩短工期20d以上。当项目地勘报告中存在厚度>2m的中密以上砂层时,不宜采用静力压桩,存在厚度>4m的中密以上砂层时,应采取改变桩尖形式或引孔辅助等方式施工PHC管桩。

2)主体结构形式选择

多层仓储中心特别是双层库顶层结构设计主要有两种分类,如图3.4-1所示。图3.4-1(a)形式在施工过程中能有效加快施工速度,二层梁板浇筑完成后即可进行钢柱、钢梁的吊装,能对二层一次成型耐磨地面的成品保护进行有效防护。建议采用该形式,以减少专业穿插,提高施工效率,大大节省工期。

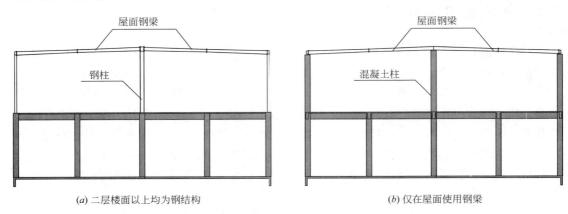

(a) 二层楼面以上均为钢结构　　　　　　　(b) 仅在屋面使用钢梁

图3.4-1　双层仓储工程主体钢结构形式分类

多层仓储工程楼面面积较大,结构形式简单、标高一致,建议可在设计阶段采用无梁楼盖,将大大缩短架体、模板、钢筋的施工工期及难度,减少模板的裁剪量,节约材料用量的同时大大缩短了施工工期。

3)墙体类型选择

仓储工程墙体分为外墙、储存区防火墙以及少量内部隔墙。

外墙一般兼具围护和视觉效果双重功能,一般设计有彩钢波纹板或ALC板等形式,对于外墙建议采用彩钢波纹板,与ALC外墙板相比,其拥有优秀的防水效果、更轻的质量、更便捷的加工方式,施工速度更快,且成型后表面平整。对比ALC板因为安装偏差导致的外观凹凸感,视觉效果提升明显。

储存区防火墙,其要求优秀的防火效果,一般物流仓储工程为丙二类仓库,要求防火墙耐火极限为4h,而ALC板具有的优秀的防火效果、较轻质的密度和预制化的作业能够很好地满足使用功能与施工的要求。建议将储存区除办公区、卫生间外的内墙均采用ALC板,安装施工简单,没有湿作业,可以竖装,节省工期,特别是大面积、结构形式简单的内墙,如储存区防火墙,不仅可以减少高架体搭设、高空二次结构任务量,还缩短了工期,减少安全风险。

内部隔墙建议将普通砌块调整为精确砌块,减少传统粉刷层的厚度、降低墙体的自重、减少材料的用量、解决墙体粉刷的裂缝。同时,内墙装修层不要设计为石膏抹灰,建议改为砂浆,降低成本的同时受下雨影响小。

4)机电桥架

全自动智能仓储工程因其特殊的无人作业仓储区和超高的结构高度,其储存区的桥架可设计为沿地面敷设（或设置落地支架），在降低施工成本的同时，有效地降低施工难度、缩短工期。

5）管网线路优化

仓储工程室外管网施工与储存区施工存在极大交叉，在大面积施工管网时，厂区道路阻断，储存区施工材料无法及时供应，导致储存区关键线路施工工期受到影响。从现场施工总平面布置要求上，建议将室外管网主管道避开永久道路，在施工过程中，可有效避免室外管网与道路施工的冲突，提前插入室外管网施工，缩短工期。

仓储工程室内防火分区的配电间之间可设计成一条直线的主干线桥架，避免经过分拣等作业区，既方便施工又可大幅降低电线电缆等成本。

(2) 设计优化与质量融合

1) 地面质量通病防治

在现代仓储的建设过程中，地面是建筑组成最重要的部分。因为物流中心内部的物流操作：如货物的搬运、分拣等十分频繁，平整的地（楼）面将会大大提高运输货物工作速度。

① 地基处理

物流仓储工程多位于城市郊区，建设用地原址多为农田、池塘回填或其他淤泥较多的软弱土质场地，场地地质条件复杂，承载力较低。在这种场地环境上建造物流仓储工程，地基处理是地面质量好坏的基础。地基处理的一般方式详见11.1章节，处理后地基原则上承载力特征值 $f_{spk} \geq 100$ kPa，变形模量 $E_0 \geq 10$ MPa。

② 混凝土面层

混凝土面层上部还需施做耐磨层，一般要求面层混凝土不低于C25，厚度不低于200mm。地面质量问题中，混凝土面层开裂是最直接的原因，为了解决混凝土开裂的问题，建议在混凝土面层中设置单层双向的钢筋，钢筋设置在混凝土中部，同时在地面浇筑完成后采取切缝的形式防止混凝土面层开裂。

③ 耐磨材料选择

耐磨材料的选用直接关系后期运营的效率、维修的成本等，目前市场上物流仓储工程主流耐磨材料选择是金刚砂骨料，但金刚砂地面不具备密封性，油渍、污渍、溶剂等可以轻而易举地渗入，地面使用年限为3～8年。根据物流仓储工程的品牌与定位，建议物流规划作为区域核心节点的仓储工程，地面耐磨设计采用金刚砂＋固化剂做法，即在做完金刚砂地面后，使用混凝土固化剂，该做法提升地面的密封性，同时提升了地面的耐磨性、硬化性，极大地提高了后期运营的效率。

2）屋面防水系统

金属屋面的做法直接关系到屋面的防水效果，在仓储工程中属于施工控制重点，常见的屋面构造做法如图3.4-2所示。部分建设单位在考虑工程造价时，将部分金属屋面结构层取消以节约工程建设成本，这种做法是不可取的。施工过程中，施工单位应按照设计图纸逐层进行施工，最大程度降低后期运营过程中的质量风险。

① 面层压型钢板

面层压型钢板一般无装饰色彩要求，板型建议采用小波纹钢板，如常用的470型。采用这种板型锁边效果比大波纹的要好，而且两块钢板之间咬合的间距为470mm，屋面上

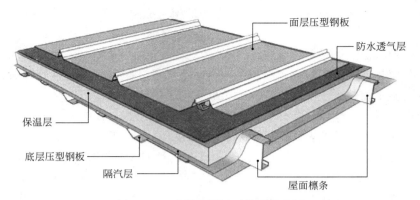

图 3.4-2 常见金属屋面构造做法图

锁边支座数量多,对屋面板抗风非常有利,特别适用于有抵抗台风需要的沿海一带。常用的形式为 0.6 厚镀铝锌钢板(原色),镀锌量不小于 165g/m,材料屈服强度不小于 345MPa,采用 360°直立锁缝形式。

② 防水透气层

常用形式为 0.5mm 防粘聚乙烯膜或 0.49mm 防粘聚乙烯膜和聚丙烯膜。

③ 保温层

屋面保温层通常采用质量轻、可压缩的玻璃丝棉,下部设置加筋贴面,保证保温层有一定的跨越能力。保温层的厚度可根据工程环境温度确定,常用的形式为 75mm 厚玻璃丝棉保温层,表观密度不小于 $12kg/m^3$,进口聚丙烯贴面(WMP-VR)。

④ 隔汽层

隔汽层通常与防水透气层同时设置,用于保护保温层不受潮湿而导致性能降低,在南方气候潮湿环境下应设置隔汽层,常用形式为 0.3mmPE 膜。

⑤ 底层压型钢板

底层压型钢板主要用于装饰作用,在无隔汽层时用来作为保温层的防护,因此钢板涂层颜色需要根据建筑功能确定,钢板厚度通常较面层压型钢板薄。常用形式为 0.5mm 厚彩涂热镀锌钢板。

⑥ 屋面檩条

屋面檩条一般按照连续檩条设计,优先采用 Z 形截面,最边跨一根檩条的位置及朝向应结合围护节点综合考虑。

⑦ 屋面采光板

金属屋面漏水是整个金属屋面系统最大的质量风险,而金属屋面施工最易发生漏水的位置就是屋面金属板开洞处,如屋面采光板、风机洞口等。屋面采光带布置形式通常为点式采光和条式采光,根据施工经验建议采用通长条式采光带,采光带从屋脊到檐口,通过尽量减少采光带和金属屋面的接驳口,能有效减少金属屋面的漏水点。其布置形式如图 3.4-3 所示。

⑧ 屋面天沟

在年降雨量较小的地区,屋面优先考虑做自然排水。从施工与长期防水效果来看,自然排水施工最简单,长期防水效果最好;外天沟排水次之,内天沟因其施工节点复杂,与

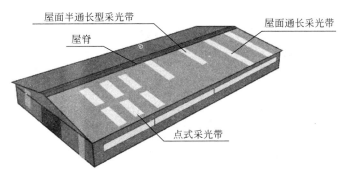

图 3.4-3 屋面采光带布置形式

屋面系统节点在室内相连，施工最为复杂，漏水点隐患最大。从建筑外观效果来看，自然排水在下雨天雨水直接从屋檐滴落，配合大风天气，对室内环境有侵蚀，效果最差；外天沟次之；内天沟因其完全隐蔽在女儿墙内侧，对建筑外观无影响，效果最好。屋面天沟选择方式还应根据建设单位对物流园的功能与定位进行选择。

3）外墙系统

在仓储工程中常用的外墙做法如图 3.4-4 所示。外墙结构基本同屋面结构层，但其兼具防水和外观功能，所以设置上有部分不同。

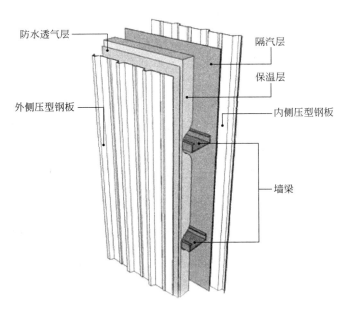

图 3.4-4 常见外墙构造做法图

外侧压型钢板设置应综合考虑外观效果，建议采用横板方式，颜色根据建设单位统一要求，内侧压型钢板考虑安装方便，建议采用竖板方式。墙面檩条一般按照简支考虑，优先采用 C 形截面。若墙面檩条必须采用连续檩条，则优先选用 Z 形截面。

4）安装工程

① 喷淋头设置

单层仓库在屋面一般按照 3m×3m 设置喷淋头,喷淋头的连接部位不宜长时间受到阳光直射,会加速喷淋头老化或频繁启动。对于仓储结构,屋面采光板布置均匀,喷淋头不可避免出现在采光板正下方。通常采光带位置不做调整,对喷淋头位置进行适当调整,通过缩短喷淋头间距,使其避开采光带。

② 提升门

单层仓储工程在建筑物两侧设置提升门装置,用于加速货物吞吐效率。提升门装置安装对单层仓库结构提出一定的要求,需增加额外的节点、构件,甚至要求提高部分构件强度。但提升门部分的施工内容一般在施工的后期,且不同的提升门厂家对结构的要求也不同,前期设计阶段应充分考虑提升门的形式,明确提升门的各项参数,在主体结构施工过程中,将提升门的辅助结构同步施工完成。

(3) 施工优化与管理融合

提高物流厂房施工过程中的管理优化,能有效加快施工进度。

1) 工程开工时间选择

详见 2.5 章节。

2) 施工临建位置选择

施工临建,如临时办公区、生活区宜设置在厂区外,如果场外没有临建场地,宜在管网少的位置选择临建、办公区的布置,且提前完成此部分区域管网施工。厂区内有预留后续标段施工的场地,应复核后续标段施工时间,临建的使用时间宜包含考虑整个项目的施工周期。

3) 临电布置

物流仓储项目一般占地面积较大,部分物流中心工程占地面积超 30 万 m^2,现场临时用电考虑经济性、电压降等因素,宜设置多个用电接驳口,建议一级配电箱的间距按照不超过 350m 进行配置。

4) 预制装配式道路

临时道路除采用"永临结合"做法外,还可参考构件预制工艺,采用预制道路进行施工,如图 3.4-5 所示,适用于现场路面硬化时间要求紧,场地土层坚实的工程。项目临时道路施工时,采用预制道路拼装,节省现浇混凝土强度等待时间,后期直接调运周转,提高预制道路使用率,且避免建筑材料浪费及环境污染。降低质量风险,提高材料中转利用率。

图 3.4-5 预制装配式道路

该道路体系可由预制混凝土路缘石、水泥稳定碎石层和钢板路面三部分组成。混凝土路缘石为矩形,分别排布于道路两侧,用于限制钢板侧向位移,每隔 10m 放置一块可排水路缘石,用于路面积水的排除。水泥稳定碎石层为 200mm 厚,以级配碎石作为骨料,采用一定数量的胶凝材料和足够的灰浆体积填充骨料的空隙,按嵌挤原理摊铺压实的水稳层，用以承受路面荷载。钢板路面采用4000mm×2000mm×20mm厚的钢板铺设，钢板接缝处在两侧打螺栓孔，放置连接片，再拧进螺栓，通过螺栓和连接片固定钢板之间的连接。钢板之间缝隙采用橡胶垫填塞，每隔20m设置一条减速带。

5）仓库内平面布置

仓储工程施工关键线路一般向储存区倾斜，库内地坪、机电消防施工占据关键线路。施工过程中，所有专业的加工和堆放不能入库（防止地坪施工时冲突），库内一直要保持整洁的操作面，必须保证库内关键线路的正常连续施工。

6）模板支架材料选择

混凝土施工模板材料根据工程特点，混凝土柱宜采用铝模板，梁板采用木模板。根据防火要求，单个多层仓储工程最大占地面积不得超过19200m²，根据仓储工程经验，柱网轴距12m，柱截面尺寸一般为800mm×800mm，每个库区共计约200根混凝土柱。工程柱数量多，截面尺寸一致，可极大程度地发挥铝模高周转、安拆快的特点，从安全、便捷和经济性上均优于木模板，对比钢模，铝模质量轻，特别适合工期短、起重设备紧张的仓储项目。梁板为大跨度混凝土结构，养护拆模时间长，使用定型模板周转次数有限，施工成本太高，而木模板可满足其长周期占用，是经济可行的方式。

混凝土模板支架材料根据工程施工工期紧张、材料消耗大、大面积施工导致堆场面积小的特点，建议采用盘扣式模板支撑体系。在主体结构施工阶段高支模架体搭设过程中，新型盘口架搭设较普通钢管架搭设有着速度快、安全系数高的优势，搭设速度约为钢管架的3倍。

施工采用盘扣式支撑，盘扣材料单根钢管支撑力可能超过60kN，对地基承载力有严格的要求。根据工程特点，仓储工程运营期间，地面承载能力要求较大，基础处理后的地面基本能够满足盘扣施工要求。因此，在设计阶段建议在地面基层和面层之间增加70mm厚C15混凝土垫层作为支架的基础承力层，如图3.4-6所示，同时混凝土有良好的自防水能力，能有效避免雨水对盘扣基础的浸泡。

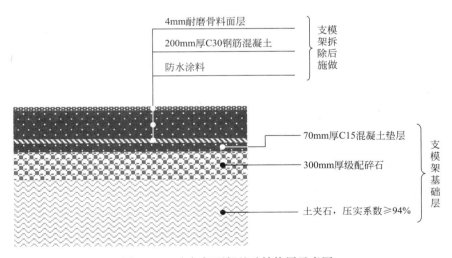

图3.4-6 盘扣架下部基础结构层示意图

7) 钢结构屋面整体吊装

仓储工程面积大,主体结构构件较多,钢柱安装完成后,屋面钢架梁、檩条、隅撑及拉条等吊次多,耗时长且均为高空作业,危险性较大。基于单层物流仓储中心工程厂房结构特点,建议采用整体吊装施工方法进行施工,如图 3.4-7 所示。

根据现场平面布置,钢梁、檩条、拉条及隅撑的构件卸车期间即安排到相应拼装场地,按照钢梁→檩条→拉条→隅撑的施工顺序进行地面拼装,将高空作业转移至地面作业,减少工人高空作业时间,降低安全生产施工难度。采用整体吊装方法,可有效结合机电专业、消防专业及防火涂料施工,大大提高施工生产效率,将空间穿插作业简化至平面穿插作业,优化工序,节省工期。

图 3.4-7 厂房主结构整体吊装

3.4.2 永临结合与进度计划管理

永临结合,是指正式建筑中的一部分(属于永久性质),同时在施工时需要该项工作所具备的功能,为避免重复设置,将此项工作优先完成,在施工阶段发挥临时使用功能代替施工措施投入,达到减小消耗、绿色建造、提高效率的作用。仓储工程施工中,可考虑在施工道路、围墙、室外管网、临水临电、绿化等方面进行永临结合,实现缩短工期、降低成本、绿色施工的要求。

1. 道路与堆场

(1) 案例简述

新建工程在开工初必须优先规划临时道路与永久道路的结合,设计单位要确定永久道路的布置及做法,如图 3.4-8 所示。施工平面布置时,将施工现场所需的临时道路与永久道路相结合。物流仓储工程项目室外除绿化面积外,地面做法一般与道路做法一致,施工部署中的堆场、加工场等区域设置,须按照道路的永临结合做法实施。使得永久道路代替临时道路,实现减少临时措施资源投入的目的。

(2) 做法概述

室外道路主要由碎石层、水稳层以及面层三部分组成,进场后,首先对临时道路范围

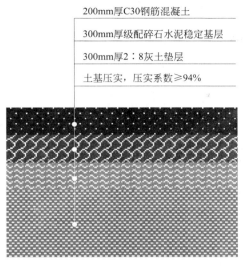

图 3.4-8 设计永久道路做法结构图

内的基础及碎石层进行施工，完成施工后采用 C20 等级混凝土按照水稳层厚度及标高进行施工，最终形成场地内的临时道路，如图 3.4-9 所示。施做正式道路时，将临时道路面层经过凿毛，作为水稳层使用，最后在其上方施工永久道路的面层。

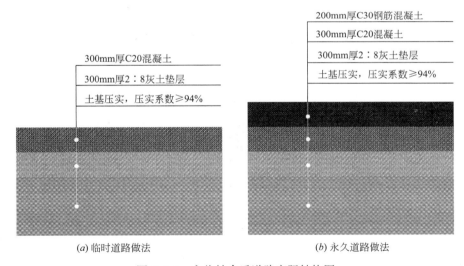

(a) 临时道路做法　　　　　　　　　　(b) 永久道路做法

图 3.4-9 永临结合后道路实际结构图

　　正式路基替代临时道路施工前，需要对临时道路定位进行确定，临时道路与正式道路不宜对中设置，如正式道路为两幅路面，临时道路应占据一幅，避免后期道路转换时厂区内交通中断。同时道路定位需研读室外管网图纸，并与机电安装紧密结合，保证所有雨污水管网、给中水管道、弱电线管全部施工完毕，避免后期在路面开槽，机电施工和正式路基的提前插入施工，为项目后期施工节约了工期，并减少后期路面破除造成的人力物力投入，同时避免了破碎混凝土对环境的污染，达到节材、节能、绿色、环保的效果。

单层仓库基本完成围护结构、配套附属楼基本完成砌体工程施工后，场地内对大宗材料的需求基本结束，临时道路根据施工部署，由距离场地大门的远端进行倒推式施工，最大程度地降低道路施工对场地内交通的影响。

2. 施工围墙

（1）案例简述

施工过程中需要建设临时围挡，工程量巨大且工程后期需拆除后方可进行正式围墙施工。项目部在进场后，第一时间对临时围挡进行深化设计，结合设计图纸中正式围墙做法，如图 3.4-10 所示，进行临时围挡的施工，可有效降低浪费，节约工期。

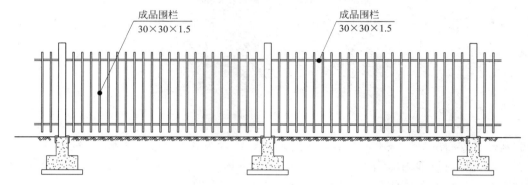

图 3.4-10　设计永久围墙做法图

（2）做法概述

项目部进场后，根据施工蓝图及当地建设管理部门规定，最大程度结合正式围墙对临时围挡进行深化设计，如图 3.4-11 所示，包括临时围挡与正式围墙基础、柱连接节点以及临时围挡 PVC 板模数划分等。

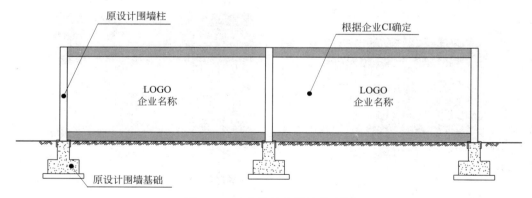

图 3.4-11　永临结合围墙做法图

完成深化设计后，立即组织劳务队对正式围墙基础及柱进行施工，临时围挡及时插入施工，第一时间完成施工场地的封闭。

3. 室外管网

（1）案例简述

利用工程自身配套的室外管网，如雨、污水管网等，提前实现厂区内给水排水等管网功能，减少临时管道的投入。

（2）做法概述

在施工前，熟悉雨污水管网的施工规范和施工图纸，编制详细的永临结合施工方案，严格把控施工过程中的各道施工工序质量，保证雨污水管网能达到现场使用需求和后期验收要求。最后，进行市政雨污水管网的施工，并与市政管网联通，作为施工期间雨水排除现场管网，现场施工的临时排水沟经沉淀池与现场雨污水管网相连，保证现场的雨水能顺利排到场外。由于施工期间正式道路未施工，现场雨污水井盖改用20mm厚钢板替代，保证可开启的同时最大限度地保证路面的通行质量。

利用正式雨污水管网作为雨水排除场外的主要管道，减少了临时排水沟的修建长度。虽然仓储的占地面积较大，但是通过正式管网和临时水沟的高差，可以排水沟分段修筑，降低排水沟找坡难度。正式管网埋深按照规范设置，相对深度较深，施工中基本不会对管网造成损毁，减少了排水系统在施工期间的维护费用。

4. 临时消防

（1）案例简述

布置现场临时消防给水系统时，将建筑物永久消防给水系统作为临时消防设施，使用永久消防立管和消火栓（箱）。室外消防给水系统利用市政水的压力不需设置消火栓泵，节约用电，室内消防给水系统按照规范规定设置消火栓泵。既符合施工消防要求，同时减少措施投入，优化施工工序。

（2）做法概述

临时消防水池采用预制玻璃钢制作，便于后期周转使用，同时临时消防水池及泵房设置在正式消防水池及泵房附近，在保证工程进度质量的前提下优先施工消防水池和泵房，并提前把正式消防水池和泵房投入使用替代临时消防水池和泵房。根据设计图纸，按照规范要求，提前施工部分消防的主干网络，兼做临时消防网络施工。当消防设置需要设在工作面时，采用临时管道从正式管网中引出。

所有临时管网严格按照正式管网规范和要求施工，严格控制施工质量，减少了后期的维修和拆改费用。临时消防管网的主要管网和部分支管均采用正式管网，减少临时管网后期拆除费用，节约了消防材料的投入，同时节约了后期消防管网的施工工期。

5. 施工临时用电

（1）案例简述

结构施工过程中提前与安装专业融合，对地下室以及楼梯间永久电路工程提前介入施工，利用永久电缆作为施工过程的照明。

（2）做法概述

启用正式应急照明线路，在每层建筑楼板拆除模板以后，电工及时跟进按照规范要求进行扫管、穿线施工，并在穿线完成后进行相关检测，以保证线路安全；采购带防护罩的灯具在每层公共走廊安装，以保证施工安全；采购应急照明灯灯安装在每层楼梯间和公共走廊处，以保证施工安全。

施工过程中穿线时颜色的选择需参照正式工程照明图纸，根据回路选择电线的颜色，且一次性将电线都穿好备用。穿线过程中注意管口部位套塑料护口保护，防止管口锋利处刮坏电线绝缘层。

安装灯具时，注意灯具安装高度以紧贴梁底高度为宜，防止后期施工破坏灯具。把灯具按回路编号，方便后期维护。后期临电撤出时，注意不要破坏电线接头及回路编号。后期直接把灯具换成正式工程相应灯具就可直接投入使用，免去了临时照明的拆除及相应区域的电气照明安装。

6. 室外绿化

（1）案例简述

物流中心类工程具有场地面积大的特点，施工场地内闲置大量裸土，根据目前环保相关要求，现场需采用密目网进行覆盖等方式以达到控制扬尘的效果。正式绿化的提前插入施工，可以有效减少因控制扬尘投入的密目网等物资，同时也可降低反复苫盖密目网的人工费，达到节材、绿色、环保的效果。办公区和生活区内临时采用正式绿化，后期移植，可充分利用正式植被进行造景，达到花园式办公和生活环境。

（2）做法概述

施工场地内绿化一般为野草，夹杂少量乔木，项目部可对闲置场地进行绿化土换填，在正式工程施工之初完成绿化的施工。对于办公区和生活区区域的绿化可采用正式绿化的树种和草皮进行施工，待办公区和生活区的临时设置拆除时，直接把相应区域内的绿化植物移植到相应的位置，可达到花园式办公区、生活区的环境。

3.4.3 项目总进度计划的制订

现代物流仓储项目，根据业主投入运营需求，建立施工生产关键线路，以主线带动附属专业同步插入施工的原则，进行总进度计划的编制，确保工程的顺利竣工。

项目总进度计划的制订前期，应严格考虑项目总体施工部署。

《项目总进度计划》的编制应由项目计划部或者技术部牵头，联合所有专业进行编制，避免错漏专业工序，特别是关键工序的施工，对整体工期造成延误。特别应围绕总进度计划，梳理各专业施工的精确施工插入时间点及其前序工作的时间安排。

《项目总进度计划》应包含各专业施工界面划分及接口移交时间点，比如土建向钢结构移交工作面时间节点（即钢结构开始施工时间），室外管网向市政道路移交节点（即市政道路开始施工时间）。

《项目总进度计划》中还需要重点突出关键节点（里程碑节点），如主厂房结构封顶、主厂房围护结构断水、室内地坪完成、机电调试完成等各专业需求较大的关键节点。

3.4.4 专项进度计划的制订

《项目总进度计划》编制完成后，应根据总计划分解各分包商各专业的《专项进度计划》，也就是本工程各专业的全周期进度计划，包括专业分包商的材料、劳务、设备等的招标、采购时间、深化设计及其审批完成时间等，围绕总进度计划，通过合理布置人机料法环，综合考虑施工过程中各项不利因素（包括不限于冬季、大雨、台风及春节等）的影响，围绕关键线路时间节点，进行编排《专项进度计划》。

桩基、土建等专业需为项目施工前期需打好基础，施工需快速插入并为后续专业创造有利条件，其《专项进度计划》开工前的方案审批等需考虑有效时间，并在施工前需桩基单位招采、土方单位招采、周转材料的租赁招标采购等各项工作，确保施工进度。桩基为土建移交工作面，专项进度计划中为重点接口部位，土建为后续专业（钢结构、机电）等移交工作面，专项计划中也应重点编制。

主体结构《专项进度计划》中应重点编制各分项工程完成即移交时间，为机电、装修提供作业面，接口部位重点编制，考虑移交部位的时间节点，根据总进度计划关键线路上的移交部位作为优先施工区域，为下一级施工单位创造进度计划完成的先决条件。

3.4.5 进度计划的监控与调整

项目建造部门根据《项目总进度计划》及细分的《专项进度计划》编制每月、周进度计划，监控进度偏差，分析进度产生偏差（滞后）的原因，在每周/月的进度计划专题会上根据月度计划采取措施进行相应调整。项目部根据每周及每月进度计划完成情况进行分包商进度管理评价，对进度完成较好的分包商予以奖励激进措施，对偏差较大的分包商予以处罚，以确保进度计划纠偏的顺利推进。

建造部负责督促分包商按合同要求提交年/节点/月/周进度计划，根据《项目总进度计划》和《专项进度计划》年/节点/月/周进度计划的审查，确保不脱离《项目总进度计划》的总体规划，并提交项目建造总监进行审批，审批完成后严格按照进度计划进行建造，确保项目履约。

项目计划部或建造部根据细分的周进度计划，在每日巡场及每周的进度计划专题会上，分析本周进度计划完成情况，各专业人机料投入情况，总结周进度计划完成情况及月进度计划对比，对未完成的分项或专业提出下周改进计划，对下周进度计划进行调整，确保月进度计划的完成。后续在月度计划专题会上同样根据此办法进行纠偏，保证年度进度计划及总进度计划的完成。

建造部在负责督促分包商在制订周计划时考虑延误补救措施，计划部负责督促分包商在制订月计划时考虑延误补救，当上述延误未能补救且造成分包商《专项进度计划》甚至是《项目总进度计划》关键节点产生了重大延误时，计划部负责在取得相应进度计划审批者同意后，组织相应进度计划调整。对于施工过程中出现的自然灾害及不可控因素造成的工期延误，项目部应及时调整工期计划，并报业主、监理方确认，确保施工工期合理。

3.4.6 合同工期延长申请及其审批

（1）总承包合同工期延长申请

建造部、设计技术部应进行工期影响原因、责任分析，并做好过程资料收集，每月提交《工期延误影响分析表》至计划部。当总承包合同规定的关键工作出现非总承包方责任的延误时，项目经理负责召集建造总监、技术总监、商务总监及其他相关成员讨论总承包合同工期延长申请事宜。项目经理负责组织项目团队按业主及合同要求，在规定时间内向业主方发出工期延长的通知，编制、提交合同工期延长的申请报告。此外，项目经理应密切跟踪业主方反馈的意见，并与业主方进行沟通，直至双方就总承包合同工期延长事宜达成一致意见。

工期延长申请报告中包含工期影响及工期延长申请的概述、工期延长申请的论证、工期延长申请的计算以及证明支撑性材料。

（2）分包商合同工期延长申请的审批

技术部负责接收、登记和分发分包商提交的工期延长申请，并与计划部共同初步审查该申请的提交时限、格式、内容等是否符合合同规定。计划部负责召集项目经理、建造总监、技术总监、商务总监及其他相关项目成员对分包商提交的工期延长申请进行审查和评估，并明确回复意见，直至与分包商就工期延长达成一致意见。当建造部/设计技术部发现分包商存在可申请的总工期延长，而分包商未主动提出申请时，建造部/设计技术部应关注并记录该事项，并通知计划部和商务合约部进行相应的风险评估。

3.5 总承包技术管理

现代物流仓储工程主要特点是施工作业面广，专业穿插多，技术管理多且繁琐。总承包单位在进场之后应立即组织项目技术策划管理工作，从设计与深化设计、测量、施工方案、图纸会审、技术交底、检验试验、资料及其归档等统筹协调，以便顺利为仓储整体实施理清思路，做好准备。

3.5.1 设计协调

总承包单位自项目开工，技术总监应组织参与设计阶段（深化设计阶段）的有关工作，从施工管理及施工工艺的角度对设计提出优化建议，做好设计及施工的衔接、协调。

根据物流仓储工程总进度要求，总承包单位负责协调设计单位按时提交施工图纸。现代物流仓储工程一般建设周期短，因此，对设计图纸要求较高，总承包单位应在短时间内将设计蓝图消化并与设计单位形成联动，确保各项设计工作与现场施工紧密衔接。

总承包单位负责组织各分项工程的技术交底，负责进行设计、施工方面的工程技术协调。技术交底完成后，由于总承包单位造成纰漏及错误的，由总承包单位承担相应经济责任。

总承包单位负责督查和落实本工程各专业施工承包单位严格按施工图的设计要求进行施工，所有因总承包单位指导失误造成的对施工图的误解或疏忽而导致的施工错误，由总承包单位承担相应责任，并不得因此影响工期。

总承包单位负责及时向发包方及设计单位书面提出就施工图设计发现的疏漏缺陷，或尺寸差异，或资料不足，并及时报请设计和发包方确定并按设计单位修正或补充指导施工承包单位进行施工。

对工程变更包括增减的指示、施工修改要求等任何修改必须以设计图纸为依据，工程完工后根据指挥部档案管理有关要求汇总编制竣工图，在工程竣工验收前交付发包方。

3.5.2 技术协调

技术协调需着重以预控为主，强调技术综合协调能力，它主要体现在以下几个方面：

1. 技术协调预控的全面性

作为总承包单位除对自身承包范围内的工程技术管理外，更重要的是对其他指定专业承包商的技术协调管理，具体如下：

混凝土（独立、条形）基础/厂房结构施工与钢结构安装的技术协调；

钢结构（门式刚架）安装与钢结构加工制作的技术协调；

钢结构（门式刚架）安装与围护结构施工的技术协调；

主体结构与二次结构（坎墙、功能房等）施工的技术协调；

主体结构施工与机电（含消防等）、内外装修工程施工的技术协调；

机电（含消防等）安装工程与内外装修工程施工的技术协调；

机电（含消防等）安装工程内部各专业协调；

装修工程施工与货架的技术协调。

2. 强调技术管理的前伸与后延，重视综合协调能力

在现代物流仓储工程施工过程中，技术协调工作应通过技术准备协调向前延伸到其技术思想的领会，向后延续到其使用功能和寿命的保护，通过技术的综合协调，确保物流仓储工程达到其应有的功能和寿命。

3. 重视新技术、新工艺、新材料的应用与推广，增加科技含量

现代物流仓储工程应积极推广和应用"四新"技术，通过这些新技术的应用，工程将取得明显的经济效益和社会效益。

3.5.3 施工图深化设计管理

1. 深化设计对于现代物流仓储工程实施的重要性

物流仓储工程根据功能定位及其储存，风格新颖独特，结构形式复杂，涉及专业多，可以预见，施工图深化设计的顺利及时与否，将是影响本工程能否顺利施工的一个关键。为此，要充分发挥自有设计力量，在总承包项目经理部下设置设计协调部，承担施工图深化设计及设计协调等工作，进一步深化设计施工图，并提交业主、监理、设计院认可，对不属于自营范围的工作，担负起设计协调、审核的职责，以保证工程的顺利实施。

2. 本工程深化设计主要工作内容

1) 自营承包范围深化图纸设计与其他专业协调配合图纸设计：施工缝位置及细节；预应力结构深化设计、防水节点图；各类不同装饰之间的接口大样；已协调的综合机电施工图和土建配合图；其他按合同技术规范、图纸及业主、工程监理要求制作的详图及大样图。

2) 负责总体协调和安排所有指定分包商进行施工图和大样图纸绘制和报批工作；审核指定分包商的施工图和大样图纸，并上报业主、工程监理、设计单位审批。

包括幕墙工程深化设计；装饰装修深化设计；机电工程的深化设计；钢结构工程的深化设计；总体深化设计协调等。

3) 总承包单位负责检查和审阅业主提供的图纸和文件以及经业主、监理、设计单位审批的施工图、大样图和协调施工图。

总承包单位在检查业主提供的各类图纸和文件时，一旦在这些图纸或文件中发现任何不一致的地方，需立即以书面形式将此类差异报告给业主、监理人并请求澄清。

3. 深化设计各专业管理重点

（1）与设计单位的配合与交流

由总承包设计协调部具体负责与业主和设计方的沟通和交流，理解掌握设计意图，获取项目图纸供应计划并掌握供图动态。

(2) 钢结构安装详图设计管理

钢结构工程具体包括钢结构深化设计、供应、加工及安装，总承包单位督查专业施工单位按照合同要求进行钢结构深化设计，并获业主、监理人、设计单位和政府有关部门审批通过。

总承包单位应协调向深化设计单位提供整套施工图及相关技术要求，包括：钢结构施工图，土建施工图，钢结构各部分的预调值，钢屋架（门式刚架）、斜支撑和钢柱的准确对接，钢梁上檩托板位置和大小尺寸等；深化设计单位则需提交详细的深化设计方案及深化设计图纸，主要包括：设计依据、设计说明、总平面图、构件图、节点图、安装图（包括构件安装定位点坐标，预调值大小等）、节点设计计算书等。

总承包设计协调部负责协调审核深化设计图纸，发现问题及时通知修改。经审核的深化设计图纸提交业主、监理人、设计单位和政府有关部门审批，如审批不能通过，则要求深化设计单位按照审批意见进行修改，直至审批通过。经审批后的深化设计图纸才可用于工程的施工。

(3) 外幕墙工程（外围护工程）施工图设计管理

在分包商进行幕墙（围护结构）深化设计之前，首先提供与之有关的基础条件，使其在进行设计时能够提前考虑，避免后期不必要的修改。幕墙深化设计完成时间要保证不影响结构施工期间的预留预埋工作。

幕墙（围护）深化设计完成后，总承包方将对其进行审核，重点考虑幕墙（围护）深化设计是否准确实现了原设计的意图，与土建、钢结构及其他专业分包之间在实施过程中是否存在矛盾，如果存在矛盾，则协调各专业提出解决方案。审核合格的图纸交业主、监理人、设计单位审批，并按照反馈回来的审批意见责成幕墙分包商进行设计修改，直至审批合格。

(4) 机电工程施工图设计管理

在进行机电工程各专业施工之前，施工总承包单位应责成各专业分包按照图纸深化设计及送审计划中的时间安排，将其所属专业的图纸及施工详图报送总承包单位，总承包单位应选派具有丰富现场施工经验的专业技术人员，根据各专业设计规范及施工验收规范对图纸进行审核，及时发现设计中的错误，把意见反馈给相关专业分包，责令其再次调整修改图纸，直到符合国家标准规范的相关要求及项目本身特点的需要。而后把经审核后的图纸报送给业主、监理人、设计审核。

深化图纸得到批复后，机电二次深化设计组着手绘制综合机电协调图、综合机电土建配合图及大样图，经总承包技术负责人审核后，加盖审核章，提交业主、设计单位、监理审批，若未得到业主方批准，二次深化设计组将根据批复意见，再次修改，直至业主方审批通过。而后，将相关有效图纸（综合机电协调图、综合机电土建配合图、大样图）回馈各相关分包商，让其以经过综合后的管道、设备及设施位置进行施工图的最终绘制。

(5) 预应力结构深化设计

预应力结构深化设计主要涉及各层有（无）粘结预应力筋细化平面图、框架柱有粘结预应力筋定位支架大样图、框架梁、次梁预应力筋定位支架大样图、曲线预应力筋垂直标高图、预应力筋定位支架大样图、框架柱有粘结预应力筋张拉节点大样图、框架梁、板预应力筋张拉节点大样图、后浇带外露预应力筋张拉节点大样图、梁及板面凹入张拉节点（变角张拉）大样图等。

4. 施工图设计管理办法

在物流仓储工程实施过程中，总承包单位需制订符合工程实际的工程设计文件管理办法，确定设计管理流程，保证本工程的深化设计工作始终处在总承包项目经理部的受控之下，并在实施过程中不断完善，以便适时、完美地实现设计单位的设计意图。

总承包单位可采用分阶段管理的办法，有计划有步骤地组织深化设计工作，并根据前述各专业设计协调重点，进行全过程的技术监督，总承包单位将依据工程总进度计划组织各分包单位进行深化图绘制，并协调相关专业相互配合，报请业主、监理人、设计单位批准，再行施工。

3.5.4 图纸会审及设计变更、洽商管理

1. 图纸会审管理

图纸是反映设计师对工程设计理念的重要手段，是工程师的语言。欲达到优质工程的质量目标，总承包单位必须充分理解、掌握设计意图和设计要求。

在工程准备阶段，总承包单位应在业主的组织下参加图纸会审与设计交底工作，将图纸中的不明确的问题尽量解决在施工之前。

2. 工程洽商及变更管理

物流仓储工程面积大、分包商多，设计变更由总承包单位统一接受并及时下发至各分包商，并对其是否共同按照变更的要求调整等工作进行评议处理。同时各家分包商的工程洽商以及在深化图中所反映的设计变更，亦需由总承包单位汇总、审核后上报，业主/工程监理/设计单位批准后由总承包单位统一下发通知各专业分包商。工程变更管理过程中，总承包单位负责对变更实施跟踪核查，一方面杜绝个别专业发生变更，相关专业不能及时掌握并调整，造成返工、拆改的事件发生，另一方面还要监督核实工程变更造成的返工损失，合理控制分包商因设计变更引起的成本增加。

3.5.5 施工组织设计（方案）管理

各分包商编制的分项工程施工组织设计后施工方案首先由总承包方进行审核，审核合格后遵照监理工作规程进行报审，经监理审批同意后方可执行。落实执行可采用交底会、书面等形式。施工组织设计、方案一经同意，总承包单位必须严格遵照执行。作为最后交工资料，施工组织设计、方案、技术交底将统一安排专人管理，总承包单位项目经理部将制订《施工组织设计、施工方案施行管理办法》，对所有施工组织设计加盖"受控""有效"图章，遇到与原来施工方案不同时，总承包单位将及时督促分包商制订、修改或补充方案，并履行审核、审批程序。建立施工方案调整变更索引表，明确变更的有关内容、章节、变更人、日期以及批准单号并有备注说明。

3.5.6 技术交底管理

凡是有详细方案和严格落实技术交底的分项工程，施工质量都能得到很好的保证；凡是没有详细方案，技术交底不严格的工程质量就容易出问题。基于这样的认识，总承包单

位应狠抓技术交底管理落实工作，从分包商一进场开始就重点落实技术管理的力度，建立三级交底制度，即技术负责人向项目全体人员进行施工组织设计的交底，方案编制人员向现场施工管理人员交底；现场施工管理人员向分包施工负责人交底，分包施工负责人向施工操作人员交底，并由现场责任工程师监督执行。

技术交底必须以书面形式进行，填写交底记录，审核人、交底人及接受交底人应履行交接签字交接手续。

3.5.7 技术检验、材料及半成品的试验与检验管理

现场检验、试验管理工作由总承包单位统一进行组织，按施工区域和专业划分，各区域、各专业分包商负责其自身的所有施工试验及进场原材料的复试，总承包单位相关专业工程师或物资设备部的材料工程师对所有试验和材料复试进行见证监督。

1. 监理人和总承包单位的见证检查

各专业分包单位负责其施工范围内的试验及进场原材料的复试，总承包单位及监理人对所有试验和材料复试进行见证监督。对于需要有见证取样和送样规定要求的试验项目，在取样和制样过程中，总承包单位相关专业工程师或物资及设备部的材料工程师将遵照"总承包项目检验、试验管理程序"的规定，邀请监理工程师到场检查。

2. 根据工程进度计划，制订试验取样和送检计划

总包技术负责人负责组织各个分包单位的项目技术负责人和监理单位共同制订整个工程的施工试验和原材料复试的有见证取样和送检计划。总承包单位将按照现行规范、业主及监理工程师的要求，监督分包单位进行所有的施工试验和原材料复试工作，及时汇总、整理有见证试验报告，将结果通知业主和监理工程师，并检查分包商的试验原件存档情况；同时，建立"检验、试验工作记录表"，计算机自动存储试验记录，以便随时备查。

3.5.8 技术资料及档案的管理

技术管理资料是工程建设和工程竣工交付使用的必备条件，也是对工程进行检查、验收、管理、使用、维护的依据。技术资料的形成与工程质量有着密不可分的关系。

在技术资料的组织协调管理工作中，总承包单位将严格按照当地建委、监督站及档案馆的规定以及国标系列工程质量验收标准的要求进行。

1. 明确技术资料的管理职责

根据合同规定和管理范围的要求，总承包单位在施工技术资料的协调管理中负责汇总整理各分包单位编制的全部施工技术资料。从工程施工准备阶段开始，总承包单位即进行竣工资料和竣工图组织协调管理体系的建设；在和各分包单位充分协商的基础上，统一竣工资料的格式和形式，明确竣工资料和竣工图的技术标准和要求，明确各分包单位资料管理责任制度和责任人。建立项目经理部技术资料管理职责，明确管理办法和奖惩条例。

2. 项目技术资料管理的实施办法

总承包单位负责提出统一的施工技术档案立卷规则，负责对工程技术档案进行汇总，负责对各施工单位档案管理工作进行检查；联系档案管理部门，组织对工程档案进行中间检查和竣工前验收；督促各施工单位进行档案整改，组织办理档案移交。

总承包单位负责施工文件及竣工资料的管理，建立总协调及管理责任总承包单位收、

发文管理体系。

总承包单位负责督促和检查其他承包人整理各类施工及竣工（包括竣工图）的工程技术资料，并负责整理、汇编本工程进度过程中的各类合同文件、图纸、技术资料和其他各类工程档案文件资料。

总承包单位应迅速将发包人、监理人等发给其的工程指令、通知、联系单中有关总承包单位负责工程的部分送达相关其他承包人，并督促其他承包人迅速执行该指令、通知、联系意见。

总承包单位负责做好图纸保密工作，并不得在本工程范围之外未经发包方允许利用本工程各阶段的设计图纸、技术资料和有关专利，并遵守发包方对某些图纸资料提出的特殊保密要求。

（1）督促分包单位进行技术资料自查

根据工程需要，总承包单位将督促分包单位按照工程需要分阶段、定期指定资料自查计划，在分包单位自查的基础上进行内部检查。内部资料检查由总承包技术负责人和分包单位技术负责人共同负责，组织总分包双方工程、技术、材料部门主要责任人工作及项目所有施工技术资料、质量保证资料、分包商资料进行全面检查，出现问题及时整改。工程在进行分段验收及竣工验收前必须先对施工技术资料进行项目内部自查，由总承包技术负责人组织审查工作。

（2）技术资料管理要求

工程施工技术资料应随施工进度及时整理，按专业系统归类，认真进行填写，做到字迹清楚，项目齐全，记录准确、真实，且无未了事项，所有技术资料必须由各分包单位技术负责人审核。

（3）竣工阶段的技术资料管理

工程竣工前总承包单位将根据规范规程的要求，进行工程竣工资料的预检工作；总承包单位编制工程预检计划，按计划组织项目各个分包单位进行竣工工程预检，预检通过后方可进行"四方"验收及当地质量监督站的核验。

3.5.9 工程竣工验收、备案

总承包单位协助验收，提出竣工验收专项检测方案，统筹组织专项检测，取得检测报告；组织设备系统联合和综合调试；组织各施工单位提出验收报告，并汇总提交总体验收报告；组织对各施工单位进行现场验收查验，听取发包人和运行单位的验收意见，督促各施工单位进行整改，并组织复验，向监理和发包人提交整改和复验情况报告。

3.6 总承包质量管理

现代物流仓储施工过程中总承包应建立完善的管理体系，对自行施工及所属分包商、甲指分包商所施工质量负责监督和管理，如此，才能在专业交叉和工序控制以及抢工期间做到质量管控优良，创造精品工程。

现代物流仓储总承包施工阶段性的质量控制措施主要分为：事前、事中、事后三个阶段。事前控制是在正式施工活动开始前进行的质量控制，是先导。事中控制是指在施工过程中进行的质量控制，是关键。事后控制是指对施工过的产品进行质量控制，是弥补。总承包通过这三阶段来对分部分项工程的施工进行有效的阶段性质量控制。

3.6.1 质量管理的组织机构

总承包项目部建立质量保证体系，成立质量管理领导小组，由项目领导班子成员、分包商项目经理等相关人员组成，明确项目相关部门和岗位的质量职责。

3.6.2 质量管理的运行控制

（1）质量缺陷的预防

总承包项目部对设计、采购、施工、试运行等不同阶段的工作界面实施控制，实施一体化质量缺陷的预防。

1）设计与采购工作界面的质量控制重点

报价的技术评审和供货商图纸的审查、确认等，在合同中明确施工质量要求，如混凝土强度及外观要求、钢结构焊缝及油漆质量、门窗洞口尺寸及防水质量要求、外墙颜色等要求。

2）采购与施工工作界面的质量控制重点

混凝土坍落度，钢结构、机电、市政等进场原材料验收，设备开箱验收，玻璃及门窗等进场验收等。

3）采购与试运行工作界面的质量控制重点

设备材料质量对试运行结果的影响、货架及传送带等试运行质量情况等。

4）施工与试运行工作界面的质量控制重点

各种设备的试运转及施工缺陷修复的质量等。

（2）样板引路

项目部应编制《样板引路方案》并实施。质量样板（含专业分包）经项目部、业主、监理单位三方联合验收后方能展开大面积施工；项目部质量工程师及时填写《样板质量验收记录表》。

总承包自行施工的主体结构部分应设置脚手架及其支撑体系样板、地坪（环氧、自流平、钢纤维等）浇筑质量样板、钢结构连接节点样板等，机电专业应设置各项材料样板及施工工艺样板；围护、幕墙应设置实体样板（外立面）等，现场以样板了解施工工艺及质量标准，切实可行地指导现场实地施工。

（3）质量通病的防治

项目部根据《质量管理计划》中"质量通病防治措施"的内容，将易出现的质量通病及治理措施做成宣传牌，张挂于施工现场明显部位并监督落实；项目部质量工程师应每月对检查中发现的通病进行统计分析，并将通病产生原因及应对措施要求在项目进行通报，避免相同的问题反复出现。

（4）特殊关键部位质量控制

项目质量部编制《特殊过程及关键工序控制计划》；各工区或作业面建造工程师应再次对各作业队进行技术交底或培训，并加强对特殊和关键工序的质量重点控制。质量部按计划进行监督。

项目把控特殊部位质量，除控制自行施工界面的质量外，还需要重点把控接口部位施工质量，以下为现代物流仓储中心工程施工特殊关键部位控制点：

1）土方开挖后，地基土质量，与勘察报告结构不一致的将影响结构安全；
2）土建施工的基础或结构轴线、标高及振捣质量，直接影响钢结构安装及机电设备安装后续施工质量；
3）主结构自身混凝土浇筑质量，对结构安全影响重大；
4）钢结构主结构焊缝质量，影响结构安全；
5）次结构门洞口施工质量，影响围护结构及门窗、玻璃幕墙施工质量；
6）屋面防水施工质量，后期修补难度大，且已造成室内设备及材料泡水等风险；
7）货架及传送带基础及预埋施工质量，影响后期设备安装等；
8）室外管网施工质量，对厂区排水等影响较大，影响使用期间用户感受；
9）市政道路施工质量，特别水稳层施工质量对道路后期使用影响大，影响厂区内车辆行驶及道路维护。

3.6.3 总承包商质量过程控制

（1）实测实量

项目质量部应编制《工程实体实测实量方案》，项目建造部按照方案进行实测实量，质量部按照方案进行抽查，并在施工现场做好标识记录；质量部要做好实测实量结果的统计分析，建造部负责对不合格项整改落实，设计技术部负责制订针对性措施加以改进；质量部应会同建造部将实测实量结果作为对分包商的考核依据之一，同时与分包商月度工程款结算挂钩。

在界面划分部位，各专业接口点位，应作为实测实量重点部位，特别是主结构施工过程中的实测实量，对后期围护结构、玻璃幕墙、装饰装修、门窗等专业施工，影响较大，因此在主结构实测实量过程中应与下一级交接单位做好实测实量复核工作，多专业之间重点复核接口部位实体偏差，确保整体工程质量优良。

（2）成品保护

项目质量部应编制《成品保护方案》，建造部下达施工计划时，同步下达成品保护计划和措施。建造部各建造工程师进行技术交底时，向班组或作业人员提出成品保护要求，质量工程师根据成品保护方案中的要求，对进场原材料和半成品、中间产品、已完工序、检验批、分项工程、分部工程及单位工程的保护工作进行监督检查，发现问题即督促责任单位整改。

施工现场，除各专业原材料、构配件及设备的成品保护外，总承包单位有专人负责协调现场所有施工单位所施工完成的成品保护工作。土建专业的耐磨地坪、装修单位的墙体及门窗、钢结构单位的彩板外墙和顶棚、市政沥青或混凝土路面等，应作为成品保护重点对象。

（3）质量验收

验收计划：项目质量工程师按设计技术部对项目工程技术资料交底的要求，编制《工程检验批划分及验收计划》，经质量总监、技术总监、建造总监审核，项目经理批准，报监理单位认可后实施。

过程验收：项目建造部和质量部应对工序质量进行验收，按要求填写《施工质量自检、互检、交接检、专检记录表》。

工程竣工预验收：根据《质量内部预验收方案》，由质量总监按照工程竣工内部预验收工作流程组织开展单位工程内部预验收工作。

（4）不符合项管理

项目部对过程中发现的不符合项，建立《不合格品（不符合项）台账》，并按不符合项控制程序规定进行标识、记录、评价、隔离和处置，以防止其非预期的使用或交付。

对不合格报告，项目管理团队应传递到相关部门，其责任部门应进行不合格原因的分析，制订纠正措施，防止今后发生同样的不符合项。

针对不符合项采取的纠正措施，如果经验证效果不佳或未完全达到预期的效果，应重新分析原因，开始新一轮循环。

（5）质量分析与改进

项目部质量工程师应根据《不合格品（不符合项）台账》，定期或按节点对不合格品进行分类和统计分析，对同一类别反复出现的质量问题，制订纠正和预防措施；对出现较严重的质量缺陷，组织相关人员进行评审，评估对工序的影响，确定处置方案，填写《质量缺陷评审记录》。

QC 活动：项目部应按照《质量管理（QC）小组活动指南》开展质量管理（QC）小组活动，参加各级 QC 成果发布。

质量会议：项目部应定期召开质量会议，对前一阶段的质量进行分析、总结，提出改进措施，部署下一阶段的质量控制重点；当质量管理体系出现异常或施工质量出现突变时，还应组织质量专题会议，对出现的问题进行分析、解决。

项目部对收集的质量信息应采用统计技术进行数据分析。数据分析应提供以下方面的有关信息：相关方满意度、与项目质量管理要求的符合程度。

3.6.4 分包商全面质量管理

物流中心总承包项目技术复杂，涉及专业较多，对各分包商在合同执行过程中的全面质量管理将直接影响整个工程交付质量的优劣。分包商全面质量管理的目的在于：①提高对分包商的全面质量管理水平；②促进项目质量管理的科学化、规范化和法制化；③推动项目全面质量管理与精益建造管理理念接轨。

（1）分包商质量管理的过程控制

1）施工前，建造工程师/质量工程师监督分包商按项目要求进行过程控制。

a.建立完善的质量管理组织机构，规定相关人员的质量职责，特别是专职质量人员的设立。

b.施工前编制《物资（设备）进场验收计划》《工程检验批划分及验收计划》《工艺试验及现场检（试）验计划》《检查与测试计划》，报总包质量部审核。相关计划根据项目实际进展定期更新。

c.组织向相关施工人员进行各类专项方案交底，确保其技术要求和质量标准交底到每位相关的施工人员。

2）施工中，建造工程师/质量工程师监督分包商按项目要求进行过程控制。

a. 工序报验：分包商自检合格后，根据已批准的《检查和测试计划》《工程检验批划分及验收计划》填写《检查/测试报验单》，提出现场工程报验请求。

b. 实测实量：分包商开展实体实测实量工作，并对检查结果进行统计分析，统计分析结果上报项目部。

c. 场外工厂制造：在涉及场外或外地制造或装配过程时，分包商负责提供产品的检验和测试合格完成记录，及所有材料的合格证书，如钢构件、PC构件、门窗、风机等。

d. 材料进场：分包商对进入施工现场的材料检验合格后，根据《物资（设备）进场验收计划》向总包质量部提出进场验收申请，审批通过后，分包商组织材料进场，并在现场进行适当标示，如钢筋原材、钢板原材、电缆电线、混凝土、沥青等。

e. 分包商根据《工艺试验及现场检（试）验计划》对取样和送检数量进行核实，收集试验结果。确保受检的材料按计划送检，且检验和测试报告时间不影响工程进度。

f. 样板管理：分包商结合专业工程特点编制样板方案并报项目部审核。分包商根据项目要求提供样板（包括材料、成品、半成品、自制产品及工艺样板）后，向项目部提出验收申请。

g. 成品保护：分包商结合专业工程特点编制分包成品保护方案并报项目部审核，依据"谁施工谁保护"原则，做好成品保护，对进场原材料和半成品、中间产品、已完工序、分项工程、分部工程及单位工程的保护工作进行监督检查。

（2）分包商质量考核

1）项目部成立质量管理考核组，由业主代表、监理、项目领导班子、分包商项目经理等相关人员组成。

2）质量考核内容：根据合同约定、工程建设特点、项目部的规定、考核指标，把各项指标分解、量化，确定各项考核标准及权重，质量管理考核标准由项目部制定，经过考核组会议通过。

3）分包商自我考核：分包商每月进行一次质量考核，形成书面报告，连同分包商月度报告提交。

4）考核组对分包商考核：质量管理考核组每月对分包商进行一次考核，在分包商自评的基础上，对指标的真实情况和执行情况进行复核，形式书面报告，报业主、监理、项目部和分包商。

5）缺陷整改：在质量关键指标方面存在任何不足之处，质量工程师应要求分包商提出相应的整改措施以纠正问题。

6）采购工作小组确保在分包商合同中将分包商质量考核结果和质量抵押金制度、合约进度款挂钩。

7）分包商质量考核结果应纳入企业的供应商系统记录，便于日后合格分包商的选择，从而逐渐培养出有良好的合作伙伴关系的分包商。对于质量管理差，整改落实不及时的单位应及时进行考核结果应用，落实不合格分包商名列的实施。

（3）分包商质量奖罚

1）分包商质量抵押金制度组成质量奖罚的资金池，由质量管理绩效考核组进行统一管理。绩效考核组根据质量管理考核结果，每季度进行一次质量评比活动，对于优秀分包商进行奖励，对于排名靠后的分包商进行处罚，处罚金额计入资金池。

2）项目质量部参加项目部对分包工程质量的月度考核评价工作，将工序质量与分包单位的经济利益挂钩；工程完工后应出具综合考核评价报告。

3）项目部应将实测实量的检查结果与分包月度工程款结算挂钩，并接受上级检查考评。

4）项目质量部应对分包单位施工的每道工序进行检查，对于发现的问题签发整改通知单，督促分包单位落实整改，对出现的违规行为及质量缺陷可依据合同及协议条款进行处罚。

5）出现奖罚事项时，质量工程师应填写下发《质量奖罚通知单》，按照质量奖罚工作流程，进行奖罚，做好奖罚台账。

3.7 总承包安全管理

物流仓储工程施工周期短、工期压力大、施工交叉作业多、短期内工人数量多、机械设备使用复杂，施工安全隐患风险不断增大，如何加强总承包安全隐患的预防和排查，降低和杜绝安全事故的发生，是总承包安全管理的重要内容。

3.7.1 项目安全及环保管理体系

项目安全环境管理委员会：项目安全环境管理委员会的主要职责是监察项目健康与安全，环境政策是否执行，安全环境表现的确认，确定须改善之处，和各方保持联络。

（1）职业健康、安全及环保的组织机构

1）项目部主导成立项目安全环境管理委员会。项目安全环境管理委员会由业主代表、监理、项目部领导班子和主要分包商项目经理等相关人员组成。

2）项目安全环境管理委员会每周组织对现场进行检查，召开定期会议和紧急会议处理现场的职业健康与安全事宜。

（2）职业健康、安全及环保的风险管理

1）项目经理及安全总监在项目初始阶段识别项目职业健康、安全及环保的风险，进行风险管控，常见的风险有施工现场距离建筑设施太近、采用高风险的施工方法、对环境造成影响、扬尘环保影响等。

2）对于施工过程中的职业健康、安全及环保的风险，由安全环保工程师组织分包商编制《危险源清单》《项目环境因素清单》，制订相应的应对措施。在编制《危险源清单》时，各分包商应清晰地认识本专业及相互交叉作业的专业间的危险源，避免错漏。

3.7.2 总承包安全管理

主要管理活动包括：危险源识别与评价、安全与职业健康管理计划、安全生产责任制、危大工程专项方案、安全技术交底、安全验收等。

（1）危险源识别与评价

1）项目开工前，项目技术总监（安全总监）组织对项目施工现场、办公、生活等场所的危险源进行辨识、风险评价，形成《危险源识别与风险评价清单》，梳理评定出重大危险源，制订防控措施，发布《项目重大危险源及其控制计划清单》，按规定报上级安全部门。

2）施工生产活动场所设置重大危险源公示牌，每日公布前五项重大危险源，如基坑土方开挖、临时用电、脚手架安拆、钢结构吊装高空坠落、动火作业、物体打击等。

（2）安全生产责任制

项目应成立包括总承包单位项目经理、班子成员、各部门负责人、专职安全生产管理人员，以及分包单位现场负责人组成安全生产领导小组，每月召开一次安全生产领导小组会议，研究解决项目安全问题。

（3）危险性较大工程专项方案

1）专项方案编写要求。

针对表3.7-1所列的危险性较大的分部分项工程，项目需单独编制安全专项方案。方案必须有设计计算、详图和文字说明，根据建办质〔2018〕31号关于实施《危险性较大的分部分项工程安全管理规定》有关问题的通知的要求，现代物流仓储工程危险性较大工程主要包含内容见表3.7-1。

危险性较大的分部分项工程一览表 表3.7-1

分部分项工程	备注
基坑支护、降水工程	开挖深度超过3m或虽未超3m但地质条件和周边环境复杂
土方开挖工程	开挖深度超过3m的基坑（槽）
模板工程及支撑体系	包括大模板、滑模、爬模、飞模等；搭设高度5m及以上；搭设跨度10m及以上；施工总荷载10kN/m²及以上；集中线荷载15kN/m²及以上；高度大于支撑水平投影宽度且相对独立无联系构件的混凝土模板支撑工程；用于钢结构安装等满堂支撑体系
起重吊装及安装拆卸工程	采用非常规起重设备、方法，且单件起吊重量在10kN及以上；采用起重机械进行安装；起重机械设备自身的安装拆卸
脚手架工程	搭设高度24m及以上的落地式钢管脚手架；附着式整体和分片提升脚手架；悬挑式脚手架；吊篮脚手架；自制卸料平台、移动操作平台
新型及异型脚手架工程	拆除、爆破工程建（构）筑物拆除；采用爆破拆除
其他	建筑幕墙安装；钢结构、网架和索膜结构安装；人工挖扩孔桩；地下暗挖、顶管及水下作业；预应力工程；采用新技术、新工艺、新材料、新设备及尚无相关技术标准的危险性较大的分部分项工程；达到一定规模的施工现场的消防安全管理

2）危险性较大的分部分项工程安全方案内容。

a.工程概况：危险性较大工程概况和特点、施工平面布置、施工要求和技术保证条件；

b.编制依据：相关法律、法规、规范性文件、标准、规范及施工图设计文件、施工组织设计等；

c.施工计划：包括施工进度计划、材料与设备计划；

d.施工工艺技术：技术参数、工艺流程、施工方法、操作要求、检查要求等；

e.施工安全保证措施：组织保障措施、技术措施、监测监控措施等；

f.施工管理及作业人员配备和分工：施工管理人员、专职安全生产管理人员、特种作业人员、其他作业人员等；

　　g.验收要求：验收标准、验收程序、验收内容、验收人员等；

　　h.应急处置措施；

　　i.计算书及相关施工图纸。

　3）专项安全技术措施及方案的编制和审批，见表3.7-2。

专项安全技术措施及方案的编制和审批一览表　　　　　　表3.7-2

安全技术措施及方案	编制	审核	审批
一般工程的安全技术措施及方案	项目技术人员	项目技术总监	项目经理
危险性较大工程的安全技术措施及方案	项目技术总监（或企业技术管理部门）	企业技术、安全、质量等管理部门	企业总工程师（或其授权）
超过一定规模的危险性较大工程的安全技术措施及方案	项目技术总监（或企业技术管理部门）	企业技术、安全、质量等管理部门审核并聘请有关专家进行论证	企业总工程师（或其授权）

　4）危险性较大分部分项工程监管。

　① 项目安全部建立《危险性较大分部分项工程安全监管台账》，对危险性较大分部分项工程进行汇总、分析，报项目部建造总监、技术总监、安全总监，传达到相关部门，每月定期报上级安全部。

　② 危险性较大的分部分项工程按方案实施时，项目安全工程师（环保工程师）应旁站监督。

　（4）安全技术交底

　1）安全技术交底必须按工种分部分项交底。施工条件发生变化时，应有针对性地补充交底内容；冬、雨季及台风季节施工应有针对季节气候特点的安全技术交底。工程因故停工，复工时应重新进行安全技术交底。

　2）安全技术交底必须在工序施工前进行，逐级交底到作业人员。

　3）安全技术交底内容必须有针对性、指导性及可操作性，交底双方书面签字确认，并各持安全技术交底记录。

　（5）安全验收

　1）项目建立安全验收制度，各类安全防护用具、架体、设施和设备进入施工现场或投入使用前必须经过验收，合格后方可投入使用。

　2）经专家论证的超过一定规模的危险性较大工程，先由项目组织验收，报请公司复核验收。

　3）验收范围。

　① 安全防护用具：脚手杆、扣件、脚手板、安全网、安全带、漏电保护器、电缆配电箱以及其他个人防护用品；

　② 各类脚手架：落地式脚手架、悬挑脚手架、满堂红脚手架、爬架、挂架、井架、大模板插放架、马道及其他危险性较大的脚手架；

　③ 各类临边、孔洞、护头棚、安全网等防护设施；

④ 现场临时用电工程；
⑤ 塔式起重机、施工升降机、龙门架和其他机械设备；
⑥ 现场的各类消防器材；
⑦ 防水、防毒作业的材料；
⑧ 上级安全管理部门或企业要求需要验收的其他用具、设施。
4）项目使用的各种劳动防护用品应提供合格检测报告及出厂合格证。
5）安全验收种类，见表 3.7-3。

安全验收种类一览表　　　　表3.7-3

安全验收种类	项目	分公司
一般防护设施,各类临边、孔洞、护头棚、马道、安全网等	建造工程师组织验收,项目安全人员和分包商相关人员参加验收	
中小型机械	项目专业建造工程师组织,项目安全人员、分包单位参加验收	
24m以上落地式脚手架、悬挑脚手架、满堂红脚手架、吊篮、爬架、挂架、卸料平台、物料提升机、基坑等	现场建造总监组织验收,方案编制人、项目技术总监、项目安全总监及搭设班组参加验收	技术部、工程部、安全部派人参加(或委托授权)
临时用电工程	项目专业建造工程师组织,设计技术部、安全部、施工班组参加验收	工程部、安全部派人参加(或委托授权)
现场大型机械设备、起重设备、施工电梯	安拆单位负责组织验收,项目建造工程师、设计技术部、安全部参加验收	工程部(设备部门)、安全部派人参加(或委托授权)
劳动防护用品、消防器材	项目建造工程师组织,项目安全、消防人员参加验收	安全部抽检

6）各类验收应填写验收记录表，各方签字确认后交项目安全部门存档。

3.7.3 分包商安全管理指南

项目部通过建立、实施安全管理体系，对项目进行全方位的健康与安全管理，从而使项目建设中的危险降低到最低点，本指南的目的在于：①提高对分包商的施工安全管理水平；②促进项目施工安全管理的科学化、规范化和法制化；③推动分包商施工安全管理在项目部有效监控下得以规范化。

（1）安全管理体系的总体要求

1）项目经理应在安全总监的协作下，建立文件化的全面安全管理体系。安全总监负责项目相关部门的协调。

2）安全总监督促分包商建立相应的安全管理体系，并形成文件，接受项目安全部的考核，同时接受业主、监理的监督和考核。

3）采购工作小组应在合约中明确分包商的安全管理体系建立、运行和考核等约定条款。

（2）危险源辨识与风险评价

1）工程项目的危险源，具体可以从如下几个方面辨识：

a. 项目的常规活动，如现场土方开挖，钢结构施工，脚手架安拆等。

b. 项目的非常规活动，如夜班抢工、夜间混凝土浇筑等。

c. 所有进入作业场所人员的活动，包括项目部成员，分包商人员，监理及业主代表和访问者的活动。

d. 作业场所内所有的设施，包括项目自有设施，分包商拥有的设施，租赁的设施等。

2）项目安全部督促分包商在项目初始阶段编制《危险源清单》。清单的内容一般包括：危险源名称、性质、风险评价、可能的影响后果，应采取的对策或措施。

3）项目安全部参与或组织对施工过程、人员活动、设施设备中可能存在的危险源进行识别、风险评价，制订相应的风险控制措施，主要包括以下内容：

a. 对危险性较大的分部分项工程，要求分包商按规定编制单独的专项安全施工方案，制订专项安全技术措施。

b. 对其他危险源，要求分包商在施工组织设计中制订安全技术措施、明确相关的安全生产规章制度、操作规程。

c. 指定要求、工程设计或施工条件变化时，建造工程师和安全环保工程师应及时评价安全管理目标、风险控制措施以及资源配置计划的充分性与适宜性，进行必要的修订和调整。

（3）分包商《职业健康安全技术措施计划》的运行

1）分包商《职业健康安全技术措施计划》的编制及审批。

2）分包商《职业健康安全技术措施计划》的更新如项目发生重大变更，安全环保工程师应督促分包商对《职业健康安全技术措施计划》进行更改，经相关方批准后，报项目安全部备案。

（4）分包商职业健康与安全管理过程控制

建造工程师/安全环保工程师监督分包商按项目的要求进行过程控制。

1）组织机构：分包商应组建安全生产工作小组，规定人员的职责。

2）安全生产技术：分包商按照要求编制安全技术措施与方案、进行安全技术交底、安全验收管理。

3）安全教育培训：分包商建立分级职业健康安全生产教育制度，实施分包商所在企业、项目部和作业队三级教育，未经教育的人员不得上岗作业。分包商每月按时提交《分包商安全培训记录》。

4）现场防护标准化管理：分包商施工现场安全防护必须执行《企业施工现场安全防护标准化图册》。

5）危险性较大的分部分项工程监管：分包商建立《危险性较大的分部分项工安全监管台账》，并对危险性较大分部分项工程监管情况进行汇总、分析，并形成分析报告上报项目部。

6）危险作业许可：分包商进行动火作业、吊装作业、土方开挖作业、管沟作业、受限空间等危险性较大作业应编制危险作业控制计划并填写《危险作业申请表》，报项目审批。

7）安全生产检查：分包商编制《现场安全检查日期计划表》，安全生产工作小组按时对施工现场进行职业健康、安全检查，并进行隐患整改，并留有记录，分包商参与总承包商组织各类安全检查、安全月活动等安全管理活动并履行相应职责，对安全检查发现的问题及时处理并整改回复。

8）现场重大事故管理和应急预案：分包商基于《危险源清单》编制并执行工地处理危急情况（及职责）的流程和应急预案程序，报项目安全部审核，并在现场保持充足的资源来执行风险消减措施。分包商负责定期演习，并形成应急演习评价报告。

9）危险情况、意外及事故调查：分包商负责报告与项目相关的一切事故和紧急情况，编制的补救措施计划提交建造经理和安全总监审批。

（5）分包商安全管理考核

1）安全管理考核内容：根据合同约定、工程建造特点、项目部的规定、绩效考核指标，把各项指标分解、量化，确定各项考核标准及考核权重，考核标准为项目部定制，同时经过项目安全环境管理委员会同意。

2）分包商自我考核：分包商每月进行一次安全考核，形成书面报告，连同分包商月度报告提交。

3）考核组考核：项目安全环境管理委员会每月对分包商进行一次考核，在分包商自评的基础上，对考核的真实情况和执行情况进行复核，形成书面报告，报业主、监理、项目部和分包商。

4）隐患整改：在安全管理方面存在任何不足之处，安全环保工程师应要求分包商提出相应的整改措施以纠正问题。

5）采购工作小组应确保在合同中将安全管理考核结果和安全抵押金制度、合同进度款挂钩。

6）分包商项目安全管理考核结果应纳入企业的供应商系统记录，便于日后合格分包商的选择，从而逐渐培养出有良好的合作伙伴关系的分包商。

（6）分包商安全奖罚

1）由分包商安全抵押金组成安全奖罚的资金池，由项目安全环境管理委员进行统一管理，项目安全环境管理委员会根据安全管理考核结果，每季度进行一次安全评比，对于优秀分包商进行奖励，对于排名靠后的分包商进行处罚，处罚金额计入资金池。

2）组织安全行为之星和平安班组评选活动，作为对一线工人和班组安全履约的奖励。

4 土建工程施工管控要点

4.1 土建工程设计与深化设计

4.1.1 土建工程设计

仓储是指利用仓库存放、存储商品的行为，它是一个动态过程，具有商品进出、库存、分拣、包装、配送及信息处理六大职能。根据建筑、结构情况的不同，对土建工程设计从单层、多层及全自动智能仓储工程进行逐一说明。

（1）单层物流仓储工程

单层物流仓储工程以储存物品为主，分拣作业为辅，按现行国家标准《建筑设计防火规范》，属于单层物流仓库。

普通单层物流仓储工程多由 2～4 个单层仓库、单个或多个多层配套设施楼以及门卫等建筑单体组成，典型工程效果如图 4.1-1 所示。其中单层仓库作为仓储中心使用，配套设施楼作为生活楼或办公楼使用。

图 4.1-1　某物流产业园项目效果图

1）建筑特点

单层仓库多采用金刚砂地坪，室内外一般存在 1.3m 左右高差，作为内月台，能适应大型运输车辆的适配尺度。每个端部各配备一个办公区。主体结构多为单层门式刚架。普通单层仓储中心工程中配套附属楼属于多层或二类高层民用建筑（24m＜建筑高度≤50m）。

2）结构特点

① 地基基础

仓库基础根据地质条件选用独立基础或桩基础，桩基形式根据岩土特征和地下水土的腐蚀性要求确定，优先采用预应力混凝土管桩。基础埋深不小于建筑物高度的 1/15，承台埋深不小于建筑物高度的 1/18，且需满足冻深要求。

基础或承台混凝土等级根据地下水或土的腐蚀性确定，不小于C30，垫层混凝土强度等级不小于C15，基础钢筋采用Ⅲ级钢，独立基础最小配筋率0.15%（折算配筋率），承台最小配筋率0.20%。地基基础最小厚度250mm，承台最小厚度700mm，且需满足柱纵筋锚固长度要求。

当地基不满足地坪承载及变形要求时，需进行地基处理。主要处理方式包括换填垫层法、预压地基、压实地基和夯实地基以及复合地基等，需根据施工场地地质情况、设计要求等选择施工。

② 单层仓库

普通单层仓储中心工程中仓库多用于快递、物流等的中转、存放，无起重机结构，仓储结构安全等级为二级，抗震设防类别为丙类。地面一般为金刚砂耐磨地坪。电商仓储地基基础及主体结构设计使用年限为50年，易于替换的结构构件为25年。

③ 配套附属楼

配套附属楼抗震设防烈度为丙类，结构安全等级为二级。地基基础及主体结构设计使用年限一般为50年。一般采用钢筋混凝土框架结构体系，无地下室结构。

（2）多层物流仓储工程

多层物流仓储工程是指两层及两层以上建筑的仓储工程，多采用双层卸货平台，货物车辆通过坡道直接运送到二层卸货平台，使二层仓储进出库流程与首层一样，所以双层库在市场上得到了大量的推广应用。采用多层化结构设计方式会越来越深入地发展并在更大范围内得到推广运用。

1）建筑特点

根据建筑设计防火规范要求，多层物流仓库最大允许占地面积为19200m²，见表4.1-1，故建筑平面尺寸多为240m×80m。建筑高度每层10m左右，空间宽敞，视野开阔，有利货物的分拣与运输。每层设置4个防火分区，每个防火分区楼层之间设置2～3台垂直运输设备；为方便各个厂房及库房里存储货物的运进和运出，多层仓库一般设置多层卸货平台。

多层仓库防火分区及占地面积规定 表4.1-1

物流仓库	多层物流仓库		多层仓库	
	分拣区	存储区		
耐火等级	一级	一级	一级	二级
仓储物品类别	丙类	丙类2项	丙类2项	丙类2项
最大防火分区面积(m²)	6000	4800	1200	1200
最大占地面积(m²)	不限	19200	4800	

2）结构特点

目前市场上多层仓储工程仓库仓储区基本为两层，结构大多采用钢筋混凝土结构，柱网轴距12m，柱截面尺寸一般为800mm×800mm，混凝土主梁截面尺寸为600mm×1100mm，次梁截面300mm×900mm，楼板厚度150mm。顶层通常采用门式刚架结构，屋面多采用钢结构轻钢屋面，防水等级为Ⅱ级。

（3）全自动智能仓储工程

全自动智能仓储库，也叫自动化立体仓库，是物流仓储中出现的新概念。自动化立体仓库的主体由货架、巷道式堆垛起重机、入（出）库工作台和自动运进（出）及操作控制系统组成，如图4.1-2所示。货架是钢结构或钢筋混凝土结构的建筑物或结构体。

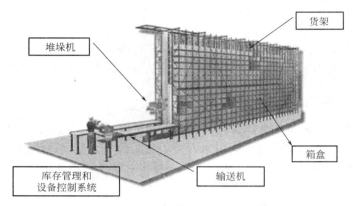

图4.1-2　自动化高架仓库系统示意图

1）建筑特点

立体库的空间利用率与其规划紧密相连。一般来说，自动化高架仓库其空间利用率为普通仓库的2~5倍，这是相当可观的。全自动智能仓储设计按建筑形式可分为整体式和分离式两种；按照货物存取形式，分为单元货架式、移动货架式和拣选货架式；按货架构造分类，可分为单元货格式、贯通式、水平旋转式和垂直旋转式。

2）结构特点

区别于单层物流仓储工程及多层物流仓储工程，全自动智能仓储工程主要结构特点之一在于超平地坪设计。

在全自动智能仓储库设计过程中，自动化立体仓库往往会划分多个区域，如货架区、收发货区、重物区、狭窄巷道区等，而这些对地面材料的承重载荷要求都不同，不同重量的储存品对地坪的要求也不同。因此，在进行地坪设计时要具体区域具体分析，以满足不同区域的受力要求。

自动化立体仓库采用机械作业形式，对地面的压力相当大，且磨损严重，要求地面具备较强承载与耐磨损等性能。如仓库中比较常见的巷道堆垛机，对地面的磨损比较严重，这就要求计算叉车满载时的车轮压力，可在叉车车轮围成面积内计算该运输范围内地面所要承受的较大压力值。

在高架仓库地坪施工过程中，超平地坪是目前世界上高规格和高标准的地坪施工工艺，它是为了提高地面的平整度、耐磨度及延长地面使用寿命而设计的，特别是在物流仓储地面方面发挥出极大的优势，可以满足13m及以上高度多层存储货架、设备安装及满负荷状态下对地面水平度及平整度的要求，使得货架、设备安装简易，无须反复调整平衡，满足高叉正常作业对平整度的要求，延长高叉的使用寿命，大大降低了设备维修率，地面平整光洁，垂直度感光明显。

比较常见的窄巷道货架系统是限定叉车永久性使用的巷道区域（即限定交通区域），通常归类为"超平地坪"。一个典型的例子就是应用VNA通道以及高层货架的配送中心地坪。

这类装备先进的仓库地坪必须具备有超高的平整度和水平度，其要求远远高于常规地坪，才能够充分发挥 VNA 系统的功能。巷道地坪的落差必须采用 F-number 系统和专用仪器进行检测。

4.1.2 土建工程深化设计

土建工程深化设计一般从主体结构设计即混凝土结构及施工过程中的永临结合两个角度进行。

1. 混凝土结构

按照国内混凝土结构设计现状，设计院下发的施工图基本可满足现场施工需求，混凝土结构深化设计的内容相对较少，主要包括底板钢筋排布深化图、结构预留预埋综合图、填充墙二次结构深化图及屋面综合排版深化图等。

（1）底板钢筋排布深化图

1）底板基坑标高深化

① 要点说明

为尽量减少底板钢筋加工、绑扎难度，底板标高应尽可能保持一致，减少变标高面。

② 审核要点

底板标高相近处（如电梯基坑、集水井、承台等），是否可调整为同一标高。

2）底板钢筋定位

① 要点说明

为清晰表现底板各层钢筋的位置关系，需绘制各标高钢筋剖面分布图，并对每层钢筋进行统一编号，明确规格。

建议采取总体尺寸参考施工图、局部尺寸实测实量的方式，将底板基坑尺寸通过 REVIT、3Dmax 等三维软件进行钢筋建模，施工时随时抽取所需剖面的二维图纸，准确定位。

② 审核要点

各层钢筋位置关系是否清晰，编号是否齐全（尤其是变标高处、加强处等特殊节点）。

基坑尺寸是否经过现场实测实量，尤其是基坑、承台等钢筋密集处，基坑的坡度、标高、尺寸是否精准。

是否明确底板钢筋绑扎分段及顺序，尽可能减小累积误差。

是否预先标注钢筋连接接头类型、定位等，现场是否具备弯折大直径钢筋拧入套筒的操作空间。

3）钢筋支架

① 要点说明

底板钢筋数量多、自重大，需同步设置独立的钢筋支架用于支撑面层及中间层钢筋，并准确定位。

② 审核要点

支架竖向与水平定位是否清晰，材料、规格等是否明确。

支架与底板钢筋位置关系、连接节点、安装顺序是否明确。

支架是否有计算书，各节点连接形式是否明确。

（2）结构预留预埋综合图

1）深化图纸说明

① 要点说明

预留预埋综合图应确保所有一次结构预留预埋的及时、准确、合理，同时也为相关专业深化设计提供条件图。预留预埋的项目可分为本体类（如机电洞口、钢结构埋件、楼承板埋件、幕墙埋件、楼板钢筋预留、电梯井道及分隔梁埋件等）和措施类（如模架承力件预埋孔、模板对拉螺杆预留孔、塔式起重机埋件、施工电梯埋件等）。

② 审核要点

是否包括全部本体类和措施类项目所需的预留预埋。

各本体、措施类项目预留预埋的分布范围、构件规格是否明确（如埋件尺寸、布置楼层、位置等）。

各本体、措施类项目预留预埋的碰撞处理原则是否明确。

2）预留预埋综合图

① 要点说明

获取各本体、措施类项目预留预埋初版图后，需统一汇总至同一底图中，形成综合图，核对各项目是否碰撞，并按深化图纸说明中的原则进行统一调整，直至互不影响。

② 审核要点

各本体、措施类项目预留预埋构件是否齐全、位置清晰且互不影响。

3）各项目预留预埋终版图

① 要点说明

形成综合图后，需从中抽取各本体、措施类项目的预留预埋图，并核对是否仍可满足各项目的预留预埋需求，并形成终版图。

② 审核要点

各本体、措施类项目预留预埋是否能满足各自要求。

各本体、措施类项目存在共用情况时，是否注明相应范围、原则等。

4）竖向结构预留水平结构钢筋深化图

① 要点说明

特别的，超高层建筑竖向结构通常先于水平结构施工。在施工核心筒、柱时，需提前预埋楼板钢筋，或预埋供楼板钢筋焊接的搭接板。当楼板采用无支撑体系的楼承板施工时，需考虑预留钢筋和楼板分布筋、楼承板的搭接需求。因此，该部分内容单独列出。

② 审核要点

预留钢筋水平、竖向定位。

端部固定方式。

与楼承板铺板方向、上下弦钢筋间距模数的对应。

预留钢筋与钢筋桁架楼承板桁架钢筋规格不一致时，采取的措施是否合理（如等强代换原则等）。

长期放置的防锈措施。

预埋深度不足情况下的处理。

与各预埋件位置冲突时的节点处理。

(3）填充墙二次结构深化图

1）深化图纸说明

① 要点说明

二次结构总说明应参照施工图总说明中的相关内容，结合相关规范、图集要求，对二次结构深化设计中相关原则、材料信息、做法要求等进行总体说明，为现场提供施工原则。

② 审核要点

材料信息是否齐全（如砌体填充墙的钢筋、砌体、水泥、砂浆、混凝土等规格等级和板材填充墙的轻钢龙骨、板材、填充料规格、耐火要求等）。

各区域、各部位做法要求是否明确。

砌体填充墙膨胀螺栓和植筋等要求，砌体砌块排列组合方式，板材填充墙与一次结构连接节点，与机电等专业接口部位的处理说明等。

超高超宽构造措施。

2）构件布置

① 要点说明

砌体填充墙二次结构深化图中最主要内容为二次浇筑构件的布置，国家规范、图集中对此类构件布置有通用要求，但少数项目要求可能更高。

板材填充墙二次结构深化图中最主要内容为轻钢龙骨，轻钢龙骨布置位置应注意与一次结构的衔接、与其他构件的避让等。

② 审核要点

砌体填充墙构造柱设置（在T字形、十字形、L形转角等墙体交接处，砌体墙端部位置，长度超过5m连续墙体，是否均设置构造柱；在门窗等洞口边是否设置构造柱或边框；构造柱是否有详图索引）。

砌体填充墙构造梁设置（高度超过4m墙体设置水平系梁；门窗上部设置过梁）。

防水反坎、上翻梁设置（有防水要求区域）。

板材填充墙的横竖龙骨（含沿地龙骨、沿顶龙骨）位置、规格等，支撑卡间距要求，板材墙体开洞构造大样及附加龙骨等。

3）节点详图

① 要点说明

砌体填充墙二次结构深化图中，节点详图主要包括与一次结构拉结节点、二次构自身节点、与其他专业接口节点详图等。审核时应重点关注与电梯、机电等单位的接口处理。

板材填充墙节点详图内容与砌体填充墙类似，差别在于将二次结构梁柱替换为轻钢龙骨，填充砌体替换为板材和轻质填充料。

② 审核要点

砌体填充墙与主体结构连接节点（二次结构梁柱、墙体拉结筋与一次结构连接要求，包括拉结筋的规格、位置、长度、根数等的标准和要求；二次墙体与一次结构交接处抗裂措施）。

砌体填充墙二次结构节点［二次结构柱配筋、立面详图、门窗洞口过梁详图、墙顶斜砌砖节点、圈梁详图（包括马牙槎要求等）］。

机电机房需预留后砌部位的墙体预留搬运孔洞、后期封堵措施（需根据机电专业设备安装计划，确定搬运路线、预留洞口布置、后期封堵处理等）。

（4）屋面综合排版深化图

1）平面图

① 要点说明

屋面平面图应明确屋面排水布置、构造做法等信息，同时尽可能满足屋面砖铺贴的美观。

② 审核要点

是否注明分水线、地漏位置、排水坡度（需考虑完成面后的排水坡度来反推施工面的起坡坡度）排水方式，以及屋面构筑物（如机房、烟道、排气管、女儿墙、落水管、设备基础、支架支墩、排水口、幕墙等）。

是否标注分隔缝设置原则、做法。

铺贴起点及方向是否标注，是否可优化。

2) 节点详图

① 要点说明

应包括所有节点的做法详图，需注意与屋面排水等原则的一致性。

② 审核要点

是否包括屋面剖面详图。

是否包括与天沟及防水收头处理的交接面详图。

是否包括与屋面构筑物（如机房、烟道、排气管、女儿墙、落水管、设备基础、支架支墩、排水口、幕墙等）的交叉处理。

2. 永临结合

永临结合是土建工程施工前期及过程中的重点深化内容之一，能够达到减小消耗、绿色建造、提高效率的作用。具体内容详见 3.4.2。

4.2 土建工程采购与施工准备

4.2.1 材料采购

（1）模板、脚手架等周转材料采购

现代物流仓储工程中模板、脚手架等周转材料主要运用于基础、配套附属楼主体结构及多层物流仓储工程中的厂房主体结构，其中高大支模是周转材料采购、管控的重中之重。

高大支模区域施工周转材料需用量大，施工作业面积大，想要在有限的时间内完成施工作业内容，施工材料的选择是保障工程进展的第一步。

1) 梁板柱模板的选择

根据防火要求，单个多层仓储工程最大占地面积不得超过 19200m^2，根据一般工程经验，单体工程控制在 19000m^2 以下，柱网轴距 12m，柱截面尺寸一般为 800mm×800mm，共计约 200 根混凝土柱；混凝土主梁截面尺寸为 600mm×1100mm，次梁截面 300mm×900mm，楼板厚度 150mm。施工按照每个分区不大于 2000m^2 的要求，每个分区柱数量约为 19 根。多层仓储中心工程梁、板、柱模板选择按照"安全可靠、装拆方便、经济适用"的原则，建议方式为：柱采用铝模板，梁板采用木模板。

2) 模板支撑形式选择

目前施工行业常用的高大模板支撑有：扣件式钢管、盘扣式钢管和碗扣式钢管。其各自特点和要求见表 4.2-1。

各种模板支撑形式对比表 表 4.2-1

产品性能	扣件式	碗扣式	盘扣式
杆件形式	钢管、扣件	立杆、横杆	立杆、横杆、斜杆
受力方式	摩擦力、剪切力	轴力	轴力
节点可靠性	节点性能不均衡、差异性较大、可靠性低	各节点性能相对均衡、抗扭能力较低,可靠性一般	节点性能比较好
灵活性	形式和尺寸比较灵活	受定型杆件和节点性能限制,灵活性低	可组配成独立塔架形式,灵活性好
立杆许用荷载(t)	1.2	1.8	6
立杆材质	Q235,48×3.5	Q235,48×3.25	Q345,60×3.2
防腐处理	油漆	油漆	热浸镀锌
搭设工效(m^3/工日)	25～35	40～55	100～160
拆除工效(m^3/工日)	35～45	55～70	130～300
市场质量现状	差	差	好
材料损耗率	10%	5%	1%
造价	造价低	造价较高	造价高
结论	架体灵活,节点稳定性差,支架承载力受节点影响大,损耗大,施工工效低	架体灵活性低,节点稳定性一般,架体承载力受节点影响大,整体可靠性一般,损耗较大,施工功效低	架体灵活,节点稳定性好,支架,损耗小,施工工效高

根据物流仓储工程施工工期紧张、材料消耗大、大面积施工导致堆场面积小的特点,建议采用盘扣式模板支撑体系。

(2) 混凝土采购

混凝土原材料涉及结构安全,对工程质量影响巨大,在采购过程中需要进行规范化管理。

1) 采购管理制度规范化

招采管理部门应组织工程质量、技术、商务、安全等部门,对混凝土生产企业、场站进行资格审查和实地考察;考察重点应包括企业资质、经营范围、生产规模、质量管控、试验室、履约能力、企业信誉等,考察结束后应形成考察报告并出具明确的考核意见。

混凝土采购合同中应明确原材料的质量要求、验收标准及各方质量职责,混凝土首次进场前完成合同交底。

招采管理部门每年至少应开展一次对混凝土生产企业、场站的评价,评价指标包括注册资本金、企业资质等级变更、纳税人资格、资金技术实力、诚信经营及社会责任履行、质量和数量及交货保障、售后服务等。最终通过评价指标对混凝土采购进行管理。

2) 原材料采购管理规范化

加强对混凝土生产企业、场站原材料采购、验收、检验、贮存、计量管理,监理使用台账,确保原材料使用的质量保证和可追溯性,杜绝使用不合格或未经检验的原材料。

加强对机制砂、混合砂、再生骨料等非传统原材料的使用管理,严格控制相应的技术指标和检验指标。

建立健全试验室管理制度,确保生产企业、厂站试验室正常使用并配备足够试验管理人员，为混凝土质量保驾护航。

严格执行出厂检验制度，确保产品质量满足设计要求；相关的试验资料、检测报告、合格证应随混凝土运送车辆同步进场。

4.2.2 施工准备

在启动及准备阶段，项目部应对施工现场进行摸排，建立征拆协调问题库。项目经理牵头制定销项制度。项目部组建进场 7d 内，由项目经理根据业主移交的施工场地及图纸情况，组织制订临建计划、进场计划，确定施工准备方案，审批后实施，具体如图 4.2-1 所示。特大型项目开工前，组织召开项目施工准备启动会。

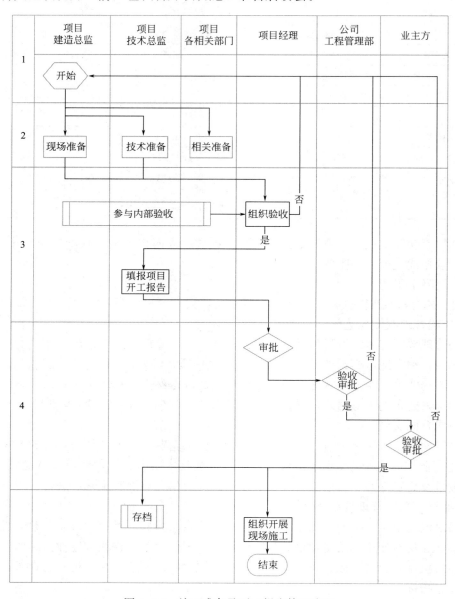

图 4.2-1 施工准备及开工报告管理流程

项目部按施工准备计划组织现场施工准备工作,当现场道路、临水、临电、生活设施、办公设施、现场布局、现场征拆及安保设施等全面达到开工条件,对开工准备工作验收通过后,正式向业主申请开工。

4.3 土建工程与其他专业工序交接

(1) 耐磨地坪与围护结构工序交接

耐磨地坪与围护结构工序交接主要体现在工序安排及成品保护方面。

耐磨地坪施工需要断水环境以避免雨水等对地坪在浇筑、养护过程中的破坏,要求围护结构优先启动屋面围护施工,为耐磨地坪浇筑提供条件。

同时,若不考虑断水影响,提前施工耐磨地坪,那么就需要考虑后期围护结构乃至机电工程、消防工程在材料运输、安装过程中对耐磨地坪的污损和破坏。

(2) 基础施工与钢结构预埋工序交接

钢结构预埋与基础工程交叉作业,首先要考虑的是设计的合理性问题,其次是施工管理过程中的精细化问题,因此在施工前期需考虑这些问题。以以往总承包管理经验来讲,多为钢结构专业工程配合土建工程从设计、插入时间等几个方面进行工序管理。

钢结构预埋与基础工程主要冲突点在于基础钢筋与预埋件的碰撞、与基础工程设计冲突或不合理及成品保护几个方面。

1) 基础钢筋与预埋件的碰撞问题。往往通过钢结构工程深化设计,结合基础工程钢筋设计,通过与设计沟通,取消基础短柱钢筋的弯锚要求,或与总承包单位沟通,在深化设计过程中对柱筋弯锚避开预埋件,同时在施工过程中严格控制钢筋绑扎解决碰撞问题;部分碰撞问题也可通过调整施工顺序进行解决,如施工过程中出现局部碰撞,则可通过优先施工预埋件,待钢筋绑扎完成后,再对预埋件进行精度复核;此外,如基础短柱顶面往往设置有钢柱抗剪键的槽口,最易出现由于施工后期凿除造成钢筋损坏的情况,一方面要求钢结构专业分包在深化设计中考虑周全,更重要的是在施工过程中,总承包单位与钢结构专业分包间应及时沟通,避免返工。

2) 与基础工程设计冲突或不合理中的典型现象是预埋件锚杆长度与基础短柱高度冲突,即预埋件锚杆插入承台中,而实际施工中往往承台与基础短柱分开施工,造成预埋件定位、精度控制等问题。在这种情况下,多在图纸会审中提出,通过与业主、设计等沟通,及时调整设计。

3) 成品保护方面,预埋件施工完成后,后续土方回填、级配碎石回填等工序施工,易对已经施工完成的预埋件破坏。为保证地面施工质量及施工进度,回填、碾压等施工作业采用夜间加班作业,夜间加班作业过程中,经常会出现大型机械碰撞或碾压,导致预埋件弯曲或断裂。因此,为保证施工质量,首先应对已安装完成的预埋件进行成品保护,采用围护反光标识等,反光标识能在任何时间段起到警示作用,起到良好的保护作用。

(3) 配套附属楼工序交接

根据《中建三局住宅工程精益建造实施指南》,将配套附属楼视为较为简单的住宅工程单体进行精益建造管理。典型配套附属楼施工工序示意如图 4.3-1 所示。

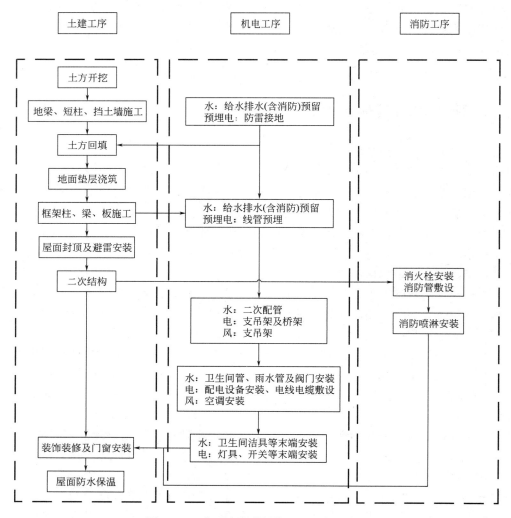

图 4.3-1 典型配套附属楼施工工序示意图

1)室内工序作业时间

以一个10层单层面积1434m² 的配套附属楼为例,结构施工工艺采用木模+落地式脚手架施工工艺,脚手架一次到顶,考虑2层及以上楼层为标准层,木模支撑体系采用满堂架搭设,主体结构标准层按7d一层结构不等步距安排 N 层级 N 层以下楼层室内和外立面各工序合理穿插,工序作业标准时间见表4.3-1。

工序作业标准时间表 表 4.3-1

楼层	工序	标准作业时间(d)
N	主体结构施工	7
$N-1$	技术间歇	10
$N-2$	拆模及楼层清理、混凝土养护	7
$N-3$	测量放线、消防立管施工	7

续表

楼层	工序	标准作业时间(d)
N-4	反坎浇筑、植筋	7
N-5	结构验收、砌体施工	7
N-6	二次结构施工	7
N-7	室内外门窗安装;砌体抹灰	7
N-8	厨卫结构蓄水试验、室内水电管线安装	7
N-9	室内防水及地坪施工、机电立管安装	7
N-10	墙面、地面、吊顶施工	7

2) 室内工序穿插节点

室内工序穿插无论采用何种施工工艺,底线要求是做到段间大循环,并实现控制性关键节点,努力追求在各段内部每层的小流水施工;不局限于具体到每层在施工某个工序,可以是一个工序在多层同时穿插施工。如"外门窗扇安装",根据到货情况,既可以分层安装,也可以同时安装。室内工序穿插节点要求见表4.3-2。

室内工序穿插节点要求　　　　　　　　　　　　　　　　表 4.3-2

工序名称	节点要求	最迟完成时间	备注
外架施工方案完成	施工图出图	配套附属楼开工后30d内完成	
机电、门窗深化及招采	施工图出图	配套附属楼开工后30d内完成	
其他各专业、材料招采	—	标准层施工前完成	
外架搭设	主体结构施工至3层	随楼层施工进度进行	落地式脚手架
施工电梯启用	主体结构施工至4层	主体结构施工至6层时完成	
样板层施工	4层	主体结构施工至8层时完成	
电缆敷设、配电箱柜安装	防火门安装完成后施工	开始插入施工后90d完成	

3) 屋面及外立面工序作业时间

采用木模+落地式脚手架施工工艺,其外立面为 N-10 工序穿插流程。考虑木模支撑体系和结构验收情况,按 N-10 模型进行外立面流水施工,屋面及外立面工序作业标准时间见表 4.3-3。

屋面及外立面工序作业标准时间表　　　　　　　　　　　　表 4.3-3

楼层	工序	标准作业时间(d)
N	主体结构施工、一次预埋	7
N-1	技术间歇	10
N-2	外墙拆模、结构养护、打磨	7
N-3	外墙雨水立管安装	7
N-4	幕墙龙骨定位(若有)	7
N-5	室外窗框/栏杆安装及收口	7
N-6	外墙第一道腻子施工	7

续表

楼层	工序	标准作业时间(d)
N-7	外墙第二道腻子施工	7
N-8	幕墙龙骨安装(若有)	7
N-9	外墙底层涂料/底漆施工	7
N-10	外墙装饰(面层施工)	1.5d/层

4) 屋面及外立面工序穿插关键节点

外立面及屋面工序穿插无论采用何种施工工艺,底线要求是做到在一个段间循环内实现外墙底层涂料或底漆施工完成,避免后期外立面存在大量未完工序占用吊篮施工周期过长;同时要实现控制性关键节点见表 4.3-4。

屋面及外立面工序穿插关键节点表　　　表 4.3-4

工序名称	节点要求	最迟完成时间	备注
外架拆除	—	主体结构封顶后 60d 内完成	
屋面电梯机房砌体及粗装	—	主体结构封顶后 40d 完成	
屋面工程	—	主体结构封顶后 60d 内完成	
外墙装饰(面层施工)	—	按照 1.5d 一层速度完成	
塔式起重机拆除	—	主体结构封顶后 70d 内完成	
施工电梯拆除	—	主体结构封顶后 90d 内完成	

4.4　土建工程专业分包配合

建筑工程在施工过程中会涉及多专业的配合,即土建、电气、给水排水、暖通等专业的配合。在整个施工过程中各专业之间的协调与配合是至关重要的,如果协调得不好,不仅影响施工进度,更直接影响工程的质量与品质。因为每一个专业既有自己特定的位置空间和技术要求,同时又必须满足其他专业施工的时间顺序和空间位置的合理需求。如果在技术上不能充分全面考虑,特别是在一些交叉部位的细节,极易产生问题,将出现误工、返工等情况,影响工期和建筑质量,造成工程投资的浪费,严重的还会造成安全隐患。土建工程作为建筑工程中总承包单位的主要施工内容,与其他各专业的协调配合是非常重要的。

1. 建筑工程施工中常见的各专业间协调问题

土建专业与电气专业:经常出现电气进户管与楼层梁和地梁相冲撞的情况,以及电气开关设计在自来水管的管后等情况。另外,电气线管在土建施工中被堵塞的现象也经常发生。

土建专业与给水排水专业:经常出现给水排水管与梁和板相冲撞的情况,还有卫生间的给水排水管线预留孔洞的位置与施工后卫生洁具的安放位置不相对应的情况等。

土建专业与暖通专业:经常出现暖气管道与楼层梁和地梁相碰撞的情况。另外,在施工中没有预留空调管线的出墙预留孔,出现入住后砸墙,破坏墙体结构的情况。

建筑外表面、功能与结构:各种预制构件、预埋件、装饰与结构的关系,如在施工中没有考虑预留位置,将造成二次施工的后果。

各辅助专业之间的协调:各种消防、通风管线穿梁时,楼面净空是否影响结构及使用功能的要求,另外,大型设备的安装通道,附件的预埋深度,以及弱电系统、控制系统等之间的协调问题。

2. 产生问题的原因

从施工技术方面分析在施工过程中,每一个专业既有自己的特定位置空间、技术要求,同时又必须满足其他专业施工的时间顺序和空间位置的合理需求。如果在技术上不能充分全面考虑,特别是一些交叉部位的细节,则极易产生问题。因此,对施工人员的素质和水平提出了更高的要求。另外,由于新技术、新产品的不断出现和应用,施工人员未能及时掌握,或者施工人员没有经过专业知识培训和上岗培训,看不懂施工图纸,将增加各专业之间出现矛盾和问题的可能性,造成各专业协调上的混乱情况。

从施工质量方面分析工程项目施工涉及面广,是一个极其复杂的过程,影响质量的因素很多,我们常说的有五个大的方面:人、材料、机械、方法和环境——参与施工建设的人员主要来自建设、施工、设计、监理等单位;施工所用材料也种类繁多,有时受特殊环境制约甚至使用非标材料和设备;施工用机械的设备性能和操作者熟练程度;施工建设过程的管理思路、设计方案、施工组织等。要提高工程项目的质量,就必须狠抓施工阶段各专业的质量控制。因此,要在设计、材料、机械、地形、地质、水文、气象、施工工艺、操作方法、技术措施、管理制度等各方面,严把质量关。

从施工管理的角度分析,如果施工组织管理不健全,存在着人员责任不明确,或者是专业人员思想麻痹,认为工程项目中返工是正常的,加之施工人员、管理人员的水平参差不齐,都会给施工中各专业的协调工作带来困难,也是产生问题的重要原因。另外,由于各专业的分工协调不尽人意,每一个专业的技术管理人员,对其他专业的工作、工序及技术、质量要求很难全面了解和掌握。即使是本专业的问题,也由于新产品、新技术的使用,对其性能与施工工序不太熟悉,这无疑给协调工作带来更多问题。

3. 做好协调工作的方法

从理论上讲,协调工作并不复杂,只要在施工中能严格按规范要求做好每一道工序,也许就不会出现上面所说的矛盾,至少会大大减少问题的出现。但在实际工作中,由于上述人为的、技术上、管理上的因素,各专业之间存在的问题和矛盾是非常突出的,也是很伤脑筋的,我们究竟应该如何处理和解决这些问题呢?

(1)充分认识协调工作的重要性

工程中各专业的交叉部位多数都是一些小的东西,一般情况下对工程影响不大。但有时也会出现一些较大问题,让我们很难补救,甚至无法挽救。即便是这些小的问题,如果事先不考虑解决,事后处理起来很麻烦,有时甚至要花几倍的代价,而且还会影响工程的质量,造成经济损失。作为工程的建设者、管理者,从设计、监理到施工的各单位首先要从对业主、用户负责的角度认识问题。同时,从提高行业标准,施工和管理水平上讲,做好各专业的协调工作也是十分必要的。作为有关的技术管理人员,首先要认识到协调工作的重要性,才有可能真正做好协调管理工作。

(2)加强管理,建立科学的管理模式

一直以来我们的施工管理,更多地趋于表面形式。办公室的各种图表,给人的感觉是管理得井井有条，而实际问题解决得怎么样，却要打个问号。虽然这些工作也很重要，对施工有重要的指导作用，但如果过于追求这些，势必有纸上谈兵之嫌，反而束缚了施工管理人员的手脚，无益于工程管理工作的改进和提高。

这里所强调的加强管理，是指在现有管理水平的基础上，针对影响工程质量品质的一些关键问题，从技术上、人事制度上建立更有效的、更加科学的管理体制，明确每一个施工人员的目标责任，从而达到进一步提高管理水平的目的。

（3）加强协调管理的具体措施

1）技术协调

提高设计图纸的质量，减少因技术错误带来的协调问题。设计图纸的好坏直接关系到工程质量的优劣。图纸会签又关系到各专业的协调，设计人员对自己设计的部分，一般都较为严密和完整，但与其他人的工作界面就不一定交圈。这就需要在图纸会签时找出问题，并认真落实，从图纸上加以解决。同时，图纸会审与交底也是技术协调的重要环节。图纸的会审应将各专业的交叉与协调工作列为重点。进一步找出设计中存在的技术问题，再从图纸上解决问题。而技术交底是让施工队、班组充分理解设计意图，了解施工的各个环节，从而减少交叉协调问题。

2）管理协调

协调工作不仅要从技术上下功夫，更要建立一整套健全的管理制度。通过管理以减少施工中各专业的配合问题，建立以甲方、监理为主的统一领导，由专人统一指挥，解决各施工单位的协调工作，作为甲方管理人员、监理人员，首先要全面了解、掌握各专业的工序，设计的要求。这样才有可能统筹各专业的施工队伍，保证施工的每一个环节有序到位。

建立问题责任制度。建立由管理层到班组逐级的责任制度。建立奖罚制度，在责任制度的基础上建立奖惩制度，提高施工人员的责任心和积极性。建立严格的隐蔽验收与中间验收制度。隐蔽验收与中间验收是做好协调管理工作的关键。此时的工作已从图纸阶段进入实物阶段，各专业之间的问题也更加形象与直观，问题更容易发现，同时也最容易解决和补救。通过各部门的认真检查，可以把问题减到最小。

3）组织协调

建立专门的协调会议制度，施工中甲方、监理人员应定期组织举行协调会议，解决施工中的协调问题。对于较复杂的部位，在施工前应组织专门的协调会，使各专业队进一步明确施工顺序和责任。这里要强调的一点是，不论是会签、会审还是隐蔽验收，所有制定的制度决不能是一个形式，而应是实实在在，或者说所有的技术管理人员，对自己的工作、签名应承担相关责任。这些只有在统一的领导基础下，并设立相关的奖罚措施，才有可能落到实处。

（4）以往经验教训

施工中会出现各种各样的问题，协调管理也不例外，作为技术管理人员，要善于不断地总结前人或者以前工作中的经验教训。施工中协调部分的常见问题：电气部分与土建的协调：各种电气开关与门开启方向之间的关系，暗埋线管过密（配电箱出线处等）对梁板的影响，线管在施工中的堵塞等。给水排水与建筑结构的协调：卫生间等地方给水排水管线预留孔洞与施工后卫生洁具之间的位置，以及管线标高，部分穿楼板水管的防渗漏。建筑的外表、功能与结构的关系：各种预制件、预埋件、装饰与结构的关系，施工的特点、要求。各辅助专业之间的协调：各种消防、通风管线穿梁时，楼面净空是否影响结构与使用，大型设备的安装通道，附件的预埋精度，以及弱电系统、控制系统等。

(5) 提高专业管理人员、施工人员的业务水平、综合素质

产品质量的好坏与从业人员的素质高低密不可分。在做好管理的同时，应加强施工管理人员的技术培训，专业水平的提高，以及对新技术产品的了解掌握。培养施工人员的敬业精神与细致的工作作风，施工中不遗琐碎，不留后患。施工中的协调工作，牵涉面广且又琐碎。只有认识各专业协调对施工的重要性，加强这方面的管理，同时做好每一部分的工作，才有可能把问题、隐患消灭在萌芽状态，保证工程质量。

4.5 土建工程施工措施

4.5.1 大型机械设备

1. 桩基工程机械设备

现代物流仓储工程中桩基工程中主要桩基类型为预应力高强度混凝土管桩（PHC桩），以下以管桩为例说明桩基工程设备选型及相关要点。

(1) 机械设备选型

对于桩基用机械设备，目前选用较多的是锤击式打桩机，如图 4.5-1 所示，一般情况下静压式打桩机使用频率较低，如图 4.5-2 所示，主要考虑到静压式打桩机对场地要求较高，而物流仓储工程一般位于城市郊区，场地多为农田、池塘等，地质条件较差，较难满足静压式打桩机对场地的要求，同时郊区人员稀少，锤击式打桩机噪声、振动大的缺点也可以接受，故目前项目采用锤击式打桩机较多。

图 4.5-1 锤击式打桩机

图 4.5-2 静压式打桩机

但考虑到静压式打桩机施工低噪声、无振动且施工效率高的特点,在场地允许的情况下,综合成本、效率等多方面条件进行考虑,建议选用静压式打桩机。

(2) 注意事项

PHC管桩主要施工方法分为锤击法和静压法,其中锤击法噪声、振动大、挤土效应大、施工效率低,但施工机械较小,对场地适应性强,静压法环保(低噪声、无污染、无振动),高效、节能(压桩速度快、人工劳动强度低、成桩质量高),由于自重原因对于施工环境有较高要求。应根据项目实际情况选择相应的施工方法,但考虑到锤击法的特点,一般工程建议优先选用静压法。

2. 垂直运输设备

垂直运输设施为在建筑施工中担负垂直运(输)送材料设备和人员上下的机械设备和设施,它是施工技术措施中不可缺少的重要环节。随着高层、超高层建筑,高耸工程以及超深地下工程的飞速发展,对垂直运输设施的要求也相应提高,垂直运输技术已成为建筑施工中的重要技术领域之一。

凡具有垂直(竖向)提升(或降落)物料、设备和人员功能的设备(施)均可用于垂直运输作业,种类较多,可大致分以下几类:

(1) 塔式起重机

塔式起重机具有提升、回转、水平输送(通过滑轮车移动和臂杆仰俯)等功能,不仅是重要的吊装设备,而且也是重要的垂直运输设备,用其垂直和水平吊运长、大、重的物料仍为其他垂直运输设备(施)所不及。塔式起重机的分类见表4.5-1。

塔式起重机的分类 表 4.5-1

分类方式	类别
按固定方式划分	固定式、轨道式、附墙式、内爬式

续表

分类方式	类别
按架设方式划分	自升、分段架设、整体架设、快速拆装
按塔身构造划分	非伸缩式、伸缩式
按臂构造划分	整体式、伸缩式、折叠式
按回转方式划分	上回转式、下回转式
按变幅方式划分	小车移动、臂杆仰俯、臂杆伸缩
按控速方式划分	分级变速、无级变速
按操作控制方式划分	手动操作、电脑自动监控
按起重能力划分	轻型($\leqslant$80t·m)、中型($\geqslant$80t·m,$\leqslant$250t·m)、重型($\geqslant$250t·m,$\leqslant$1000t·m)、超重型($\geqslant$1000t·m)

(2) 汽车式起重机

汽车式起重机是装在普通汽车底盘或特制汽车底盘上的一种起重机，其行驶驾驶室与起重操纵室分开设置。这种起重机的优点是机动性好，转移迅速。缺点是工作时须支腿，不能负荷行驶，也不适合在松软或泥泞的场地工作。

汽车式起重机由于它的灵活性和方便性，在钢结构工程安装中得到了广泛应用，成为中小钢结构工程安装中的首选吊装机械。为满足现代建筑业的安装需求，随着工业及科学技术的不断发展和应用，又催生了多种规格型号的吊装机械投入使用，从几吨到几百吨的汽车式起重机随处可见。

(3) 施工电梯

多数施工电梯为人货两用，少数为仅供货用。电梯按其驱动方式可分为齿条驱动和绳轮驱动两种：齿条驱动电梯又有单吊箱（笼）式和双吊箱（笼）式两种，并装有可靠的限速装置，适于20层以上建筑工程使用；绳轮驱动电梯为单吊箱（笼），无限速装置，轻巧便宜，适于20层以下建筑工程使用。

(4) 物料提升架

物料提升架包括井式提升架（简称"井架"）、龙门式提升架（简称"龙门架"）、塔式提升架（简称"塔架"）和独杆升降台等，它们的共同特点为：

① 提升采用卷扬机，卷扬机设于架体外；

② 安全设备一般只有防冒顶、防坐冲和停层保险装置，因而只允许用于物料提升，不得载运人员；

③ 用于10层以下时，多采用缆风固定；用于超过10层的高层建筑施工时，必须采取附墙方式固定，成为无缆风高层物料提升架，并可在顶部设液压顶升构造，实现井架或塔架标准节的自升接高。

塔架是一种采用类似塔式起重机的塔身和附墙构造、两侧悬挂吊笼或混凝土斗的、可自升的物料提升架。

此外，还有一种用于烟囱等高耸构筑物施工的、随作业平台升高的井架式物料提升机，同时供人员上下使用，在安全设施方面需相应加强，例如增加限速装置和断绳保护等，以确保人员上下的安全。

(5) 混凝土输送泵

它是水平和垂直输送混凝土的专用设备，用于超高层建筑工程时则更显示出它的优越性。混凝土输送泵按工作方式分为固定式和移动式两种；按泵的工作原理则分为挤压式和柱塞式两种。目前我国已使用混凝土输送泵对高度超过300m的电视塔进行施工。

(6) 采用葫芦式起重机或其他小型起重机具的物料提升设施

这类物料提升设施由小型（一般起重量在1.0t以内）起重机具如电动葫芦、手扳葫芦、捯链、滑轮、小型卷扬机等与相应的提升架、悬挂架等构成，形成墙头吊、悬臂吊、摇头把杆吊、台灵架等。常用于多层建筑施工或作为辅助垂直运输设施。垂直运输设施的总体情况见表4.5-2。

垂直运输设施的总体情况　　　　　　　　　　表4.5-2

序次	设备(施)名称	形式	安装方式	工作方式	设备能力 起重能力	设备能力 提升高度
1	塔式起重机	整装式	行走	在不同的回转半径内形成作业覆盖区	60~10000kN·m	80m内
1	塔式起重机	整装式	固定	在不同的回转半径内形成作业覆盖区	60~10000kN·m	80m内
1	塔式起重机	自升式	固定	在不同的回转半径内形成作业覆盖区	60~10000kN·m	250m内
1	塔式起重机	自升式	附着	在不同的回转半径内形成作业覆盖区	60~10000kN·m	250m内
1	塔式起重机	内爬式	装于天井道内、附着爬升	在不同的回转半径内形成作业覆盖区	3500kN·m内	一般在300m内
2	施工升降机（施工电梯）	单笼、双笼	附着	吊笼升降	一般2t以内，高者达2.8t	一般100m内，最高已达645m
3	井式提升架	定型钢管搭设	缆风固定	吊笼(盘、斗)升降	3t以内	60m内
3	井式提升架	定型钢管搭设	缆风固定	吊笼(盘、斗)升降	3t以内	可达200m以上
3	井式提升架	定型钢管搭设	附着	吊笼(盘、斗)升降	3t以内	100m以内
4	龙门式提升架（门式提升机）		缆风固定	吊笼(盘、斗)升降	2t以内	50m内
4	龙门式提升架（门式提升机）		附着	吊笼(盘、斗)升降	2t以内	100m内
5	塔架	自升	附着	吊盘(斗)升降	2t以内	100m以内
6	独杆升降台	定型产品	缆风固定	吊盘(斗)升降	1t以内	一般在25m内
7	墙头吊	定型产品	固定在结构上	回转起吊	0.5t以内	高度视配绳和吊物稳定而定
8	屋顶起重机	定型产品	固定式、移动式	葫芦沿轨道移动	0.5t以内	高度视配绳和吊物稳定而定
9	自立式起重架	定型产品	移动式	同独杆提升机	1t以内	40m内
10	混凝土输送泵	固定式	固定并设置输送管道	压力输送	输送能力为30~50m³/h	垂直输送高度一般为100m，可达300m以上

续表

序次	设备(施)名称	形式	安装方式	工作方式	设备能力 起重能力	设备能力 提升高度
11	可倾斜塔式起重机	履带式	移动式	为履带式起重机和塔式起重机结合的产品，塔身可倾斜		50m 内
		汽车式				
12	小型起重设备			配合垂直提升架使用	0.5～1.5t	高度视配绳和吊物稳定而定

3. 自动高架库施工机械

针对 20m 以上的超高空作业，除常规各种垂直运输机械外，自动高架库还使用了直臂车作为现场高空作业的主要机械，如图 4.5-3 所示。

图 4.5-3　高空作业直臂车

高空作业直臂车比其他类型的高空作业平台具有更好的水平伸展能力，是接近现有限制的建筑业及工业应用的完美之选，其出色的承载能力和多项轮胎选项能满足特殊及恶劣的工况环境。直臂车提高了工作效率，它们的牵引力和运行速度可协助快速前往工地或在施工区域轻松移动。这些机型的水平伸展能力为 9.65～27.43m，工作高度为 14.2～43.15m。

与其他曲臂型高空作业平台相比，该产品的伸缩短臂具有极出色的水平延伸能力。伸缩短臂在高度和向外伸展能力方面实现了完美平衡，能够满足日益增长的市场需求。直臂车承载能力从 227～567kg 不等，伸展能力达到 27.43m，处于业内领先水平。因此可依据现场实际情况进行小型构件的垂直运输。

向上提升能力达到 43.15m，直臂车高空作业平台可以满足市场对重负载状态下人员高空作业安全性方面的要求，提供充分的作业空间。

此外，直臂车还可以长距离行驶到达高空作业地点，不受地形或障碍物的影响。

图 4.5-4 为各个型号的直臂车对应的起升高度及作业半径。

型号	工作高度		机器宽度		水平延伸		承载能力	
	公制	英制	公制	英制	公制	英制	公制	英制
直臂型 S™-系列								
S-40	14.20m	46 ft	2.30m	7 ft 6 in	9.65m	31 ft 8 in	227kg	500lb
S-40 TRAX	14.20m	46 ft	2.31m	7 ft 7 in	9.65m	31 ft 8 in	227kg	500lb
S-45	15.72m	51 ft	2.24m	7 ft 4 in	11.18m	36 ft 8 in	227kg	500lb
S-45 TRAX	15.72m	51 ft	2.31m	7 ft 7 in	11.18m	36 ft 8 in	227kg	500lb
S-60	20.30m	66 ft	2.49m	8 ft 2 in	15.48m	50 ft 10 in	227kg	500lb
S-60 TRAX	20.30m	66 ft	2.59m	8 ft 6 in	15.48m	50 ft 10 in	227kg	500lb
S-65	21.80m	71 ft	2.49m	8 ft 2 in	17.10m	56 ft 2 in	227kg	500lb
S-65 TRAX	21.80m	71 ft	2.59m	8 ft 6 in	17.10m	56 ft 2 in	227kg	500lb
S-80 XC	26.38m	86 ft	2.49m	8 ft 2 in	20.80m	68 ft 4 in	227kg /454 kg **	500lb/1000lb**
S-85 XC	27.91m	91 ft	2.49m	8 ft 2 in	22.71m	74 ft 6 in	227kg /454 kg **	500lb/1000lb**
重载型 S™-系列								
S-100 HD	32.48m	106 ft	2.49m*	8 ft 2 in *	22.26m	73 ft	340kg	1,250lb
S-120 HD	38.58m	126 ft	2.49m*	8 ft 2 in *	22.26m	73 ft	340kg	1,250lb
超级直臂型 S™-系列								
SX-105 XC	34.00m	111 ft 2in	2.49m*	8 ft 2 in *	24.38m	80 ft	300/454kg**	660/1000lb**
SX-125 XC	40.1m	131 ft 2in	2.49m*	8 ft 2 in *	24.38m	80 ft	300/454kg**	660/1000lb**
SX-135 XC	43.15m	141 ft	2.49m*	8 ft 2 in *	27.43m	90 ft	300/454kg**	660/1000lb**
SX-150	48.33m	158 ft	2.49m*	8 ft 2 in *	24.38m	80 ft	340kg	750lb
SX-180	56.86m	186 ft	2.49m*	8 ft 2 in *	24.38m	80 ft	340kg	750lb

*车轴收回状态时的宽度
**最大外伸区域/最大承载区域

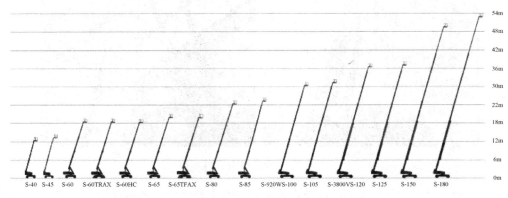

图 4.5-4　直臂车性能表

针对自动高架库的各个专业的施工，进行简单说明。

土建专业：自动高架库基础一般为混凝土结构，其他部分有少量的砌体等；垂直运输机械较常规，基本无超高空作业。

钢结构专业：自动高架库主体结构一般为钢结构，因此存在大量的超高空作业。一般主结构、屋面围护等材料垂直运输主要使用汽车式起重机，高空作业直臂车主要作为人员的操作平台，可另行运输少量螺栓、角钢等辅助材料。

机电消防专业：存在大量的超高空作业，因机电材料一般较轻，因此可将直臂车作为材料垂直运输的主要机械。对于部分较重的构件材料，主要使用汽车式起重机进行运输。

装饰装修专业：基本垂直运输与机电专业相同。

4.5.2 施工平面布置及管理

"短""平""快"是物流仓储工程的特性，临建设施布置的投入是一把双刃剑，投入过多对于当前的建筑市场环境来说企业风险大，投入过少则无法体现企业的品牌价值以及管理水平，在策划总平面管理时，则需尽可能地考虑永临结合，既要体现企业的形象价值也要考虑企业间接成本的支出，同时也需根据各工程的实际情况策划出切实可行的方案。而物流仓储工程施工过程中以土建工程为主，涉及钢结构、机电、小市政等多个专业，因此其施工现场的管理就体现出较强的综合性，需要基于土建工程，从宏观的角度对整个工程施工的各个环节进行监控、协调。典型物流仓储工程总平面布置如图4.5-5所示。

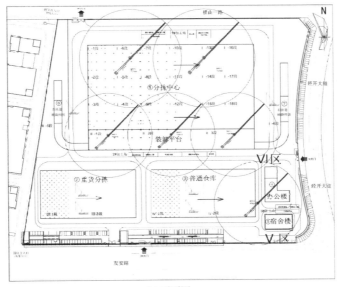

(a) 平面图

(b) 3D效果图

图4.5-5 典型物流仓储工程总平面布置图

1. 施工总平面布置的依据

根据工程所处的地理位置、工期要求、施工合同文件以及施工图纸并结合工程的实际特点，充分利用现场自然条件，以注重环境保护、减少水土流失、降低成本、减少浪费为原则，综合考虑施工规模、方案、工期等因素，按照企业 CI 标准和本工程合同要求及设计文件需求，因地制宜，切合实际，科学规划施工临时加工区、生活区、场内施工道路、供水、供电等临时设施。

2. 施工总布置原则

（1）所有的生产临建设施、施工辅助及施工道路布置均按合同文件要求及业主提供的各种条件，在指定的施工场地内进行规划布置。

（2）临建设施的规模和容量按施工总进度及施工强度的需要进行规划设计，布置力求紧凑、合理、方便使用，规模精简、管理集中、调度灵活、运行方便、节约用地及安全可靠。以期降低工程造价，并尽量避免施工过程中各专业施工流水作业的相互干扰和影响。

（3）根据施工工序、施工强度、施工安全和交通条件综合考虑，合理地布置施工水、电管线及排水等临时工程与设施。

3. 施工现场总平面布置计划方案

参见 3.3.1 总平面管理中"3.施工现场总平面布置计划方案"。

4. 施工现场总平面管理

要求各分包单位开工前，编制文明施工方案，有针对性地从现场管理、环境保护、生活卫生等各方面进行阐述，着重阐明文明施工保证体系、文明施工岗位责任制，该文件经项目部审批后，作为分包单位文明施工的指导性文件；同时各分包单位在开工前应将施工部位、材料、设备以及半成品的数量和需要的场地面积上报至项目部，项目部对施工现场全面规划后，统一布置、协调，各分包单位则需按规划要求堆放材料设备。

项目部则需指派建造总监牵头负责统筹安排，根据工程实际情况对现场总平面进行协调与调整，日常工作期间项目工程部则需要与各分包单位间紧密沟通协调，确保工程正常运行。

项目安全部则需每天组织由各分包单位安全员组成的小组进行检查，检查内容为现场施工工作中存在的安全隐患，违规作业、不文明施工，办公区、生活区等，检查结果用书面形式发放整改通知单，并限期整改，同时启动奖罚机制，以确保检查不流于形式，把措施落到实处。

现场入口处设门卫室，挂出入制度、场容管理条例、工程简介、安全管理制度、质量方针、管理机构图等图牌。所有人员凭出入证出入，无关人员禁止入内，警卫全天候值班，特别加强夜间巡逻，防止偷盗现场材料的行为发生，维持良好工作秩序和劳动纪律。

凡出入现场的设备、材料需出示有关部门所签放行条，保安进行登记方可，所有设备、材料必须按平面布置图在指定的位置堆放整齐，不得任意堆放或改动。

施工现场的水准点、轴线控制点、埋地线缆、架空电线应有醒目标识，所有材料堆放区也必须做好标识，并加以保护。

现场施工垃圾集中放入分类垃圾站内，专人管理、统一搬运，并及时运出场外。

各个场区均安排固定的施工管理人员和相关的专业分包队伍负责人负责该区的材料堆放和文明施工。

4.6 土建工程施工质量

4.6.1 耐磨地坪工程质量控制

1. 裂缝防治技术

现代物流仓储工程地面多采用耐磨地面。耐磨地面一般会在钢结构施工完成后进行。地面基础土层需要进行夯实和碾压，垫层施工后进行钢筋的绑扎。

根据对大面积厂房地面承载力的要求，对配筋设计有很大的区别，有单层网片配筋，也有双层双向配筋，地面混凝土保护层厚度与钢筋排布的复杂程度息息相关，保护层的厚度或大或小都会造成耐磨地面裂缝的产生。

由于耐磨地面进行初步收面时需要使用平板镇流器，因此需要在垫层上固定支座，支座的高度误差直接决定耐磨地面平整程度，最后是进行耐磨地面侧模板支撑。当钢筋和平板镇流器支座进行隐蔽验收且满足合格标准要求后才可以进行混凝土的浇筑。

在混凝土初凝前进行耐磨粉的压光，通常激光整平仪进行收面所需时间比较长，大约在 6~8h。对于地面的边角处需要进行人工揪面，此过程施工温度宜控制在 18~22℃。

大面积耐磨地面属于一次成型地面，因此地面的养护时间不应小于 14d。表面还需要用塑料布覆盖，进行浇水养护。当同条件试块强度达到 75% 后才可以上人。最好不要在地面上堆积荷载，以免由于应力集中而出现地面开裂。

耐磨粉一般有很多种颜色，物流仓储工程比较常见的是混凝土本色，即灰色。进行分块施工后在对接部位会有一定色差，因此整平仪的施工顺序、次数应尽量保持一致，还要对混凝土的坍落度和和易性进行严格控制，添加剂和含水率过高不但会造成颜色的不均匀，而且还会出现地面裂缝。

(1) 设备基础振动、建筑物沉降等对耐磨地面的影响

很多大面积厂房耐磨地面施工完后，在短时间内其观感质量非常好，但在厂房使用一段时间后，在钢柱周围、机械设备基础周围会沿四角出现不同程度的裂缝，在主要干道上顺着地下沟道边缘也会出现通长裂缝。研究裂缝出现的原因，在大面积厂房内，其动力设备基础多、构件多、沟道多、重型车辆、检修次数多，随着时间的推移大面积厂房会有不同程度的沉降，然而施工单位在工期比较紧张的情况下，没有对所有因素进行综合考虑，忽略了由于这些因素而造成的应力集中，耐磨地面便会顺构件四角及沟道边缘发生开裂。

1) 防治技术

钢柱、设备基础及柱基础四周和楼地面接触面处在面层施工过程中留下 10mm 的伸缩缝，缝内采用油膏嵌填；

在进行大面积地面分格缝切割前，在设备基础角部设置适当数量的分格缝用来释放由于设备振动而产生的应力。

2) 对顺地下沟道边缘产生的通长裂缝的处理技术

沿沟道两边缘设置通长的分格缝，可在一定程度上避免由于地基沉降的不同而产生的裂缝；

沿沟道方向宽出沟道 500mm 处满铺防裂网，增强沟道区域的整体抗裂性；

沟道盖板的固定应牢固，且盖板顶面标高必须在粗地平标高以下。

（2）大面积地面分格缝施工对耐磨地面的影响

1）开缝时间掌握不好，分格缝间距过大。对于大面积工业厂房，其柱网柱距一般为8m的方格，由于考虑到地面的美观，通常会将大面积地面分格为8m见方留缝切开，这样做会使地面的分块过大，超过了规范规定的6m分缝，则每块就会出现过大的变形和内部应力集中。

2）基层混凝土垫层留缝和面层混凝土留缝很难做到上下对缝。

3）混凝土地面进行切缝时，错过了最佳的切缝时间。

4）后切缝留下死角，没有切到根部，切缝深度不够。

5）防治技术。大面积耐磨地面施工完成5～7d后就应进行切割缝施工，以防出现不规则的龟裂，切割缝间距宜控制在36m，对于大面积厂房来说，其柱距一般都很大，不宜将厂房的柱距作为大面积耐磨地面的切割缝间距。切割应统一设置，确保切割缝整齐顺直，切割深度应至少为大面积耐磨地面厚度的1/5，填缝材料采用弹性树脂等，配合使用密封胶。

大面积耐磨地面施工前就应对分格缝进行布局，切割缝间距控制在3～6m。规划时应综合考虑基础、柱子、动力设备、地下沟道、主要运输通道。对于主要动力设备基础周围、地下沟道两边缘建议设置分格缝。

（3）温差引发耐磨地面裂缝

大面积混凝土地面施工完成后，由于混凝土内部热能不易散发，而外部的热量能够快速散发，导致混凝土地面出现内外温差，内部出现压应力，外部出现拉应力。一旦应力差超过了混凝土抗拉强度限值，就会导致混凝土表面出现裂缝。

防治技术：在进行混凝土地面施工时，宜选择温度、风速较低的时间，防止风使混凝土表面水分过快蒸发而开裂，及时进行浇水养护，并保证地面的养护时间不小于7d。另外对混凝土的原材料进行控制，采用抗裂性较好的水泥，如粉煤灰水泥。水灰比应尽量的小，可以掺加合适的减水剂，在施工过程中严禁加水。

（4）大面积耐磨地面基层要求

大面积耐磨地面基层应具有很好的承载能力，因而基层的压实度应达到最佳，具有足够的强度和稳定性、防水性，并且表面平整。基层的裂缝对混凝土的胀缩产生一定的约束力，混凝土强度不足或表面不平整等会导致地面应力集中。因此，在进行大面积耐磨地面混凝土的施工中应注意使基层保持平整，加强地面的养护，防止地面出现开裂。

（5）耐磨地面面层施工及养护技术

混凝土施工完成后即进行耐磨骨料面层的施工，耐磨骨料的撒布时机根据温度、气候的变化而变化，撒布过早耐磨骨料会沉入混凝土中而失去效果；撒布太晚会错过混凝土初凝时间而会失去粘结力，则耐磨骨料就不能和混凝土很好结合而造成空鼓、开裂；外面层耐磨骨料无法抹压密实，将极易产生不规则细微裂缝。耐磨地面施工完成后应及时进行养护，尤其是在高温、风大环境中，混凝土水分蒸发快，会造成表面产生塑性收缩。

（6）大面积厂房耐磨地面裂缝处理措施

当大面积厂房耐磨地面已经出现了裂缝，尽量将处理时间延长，不要一发现裂缝就立即处理，此时的裂缝可能还处在活跃期，过早处理效果不佳，一般待裂缝处于稳定状态时再进行处理，可采取以下措施：①裂缝通常都比较细，采用切割机沿裂缝方向按间距为50～

100mm 宽且呈直线切割凹槽，深度控制在 50mm 且呈 V 字形；②清理槽内切割的渣土，并用水冲洗干净；③在槽内先刷一道素水泥浆，再进行自流平砂浆的铺设，在自流平砂浆内拌合同地面颜色一致的耐磨地面骨料；④将地面抹压平整、光洁；⑤及时进行洒水养护。

2. 成品保护

（1）待地坪金刚砂骨料耐磨面层施工完成后，要派专人负责后期的成品保护工作，例如周边设置围挡或者设置警示牌等。

（2）在养护工作完成以后，后期的各项施工工序施工时必须要合理有序，防止损坏成品地坪。

（3）在拆除侧模时，要小心施工，严禁野蛮施工，防止地坪面层因模板拆除不当而出现缺角、烂边等现象。

（4）由于支模及浇筑方式运用的是纵向通长支模和跳格式浇筑，所以在浇筑非支模部位时，要对浇筑完成的部位采取适当的保护措施，防止产生污损。

4.6.2 混凝土工程

混凝土工程施工质量控制是工程结构安全的重中之重，主要从原材料（水泥、砂）搅拌、运输、输送、浇筑、振捣、养护等一系列施工管理活动进行质量管控。

1. 原材料质量控制

（1）水泥的质量控制

水泥进场时应对其品种、级别、包装或散装仓号、出厂日期等进行检查，并应对其强度、安定性及其他必要的性能指标进行复验，其质量必须符合现行国家标准《通用硅酸盐水泥》GB 175 等的规定。

当在使用中对水泥质量有怀疑或水泥出厂超过 3 个月（快硬硅酸盐水泥超过 1 个月）时，应进行复验，并按复验结果使用。钢筋混凝土结构、预应力混凝土结构中，严禁使用含氯化物的水泥。

检查数量：按同一生产厂家、同一等级、同一品种、同一批号且连续进场的水泥，袋装不超过 200t 为一批，散装不超过 500t 为一批，每批抽样不少于一次。

检验方法：水泥的强度、安定性、凝结时间和细度，应分别按现行国家标准《水泥胶砂强度检验方法（ISO 法）》GB/T 17671、《水泥标准稠度用水量、凝结时间、安定性检验方法》GB/T 1346、《水泥比表面积测定方法 勃氏法》GB/T 8074 和《水泥细度检验方法 筛析法》GB/T 1345 的规定进行检验。

水泥在运输时不得受潮和混入杂物。不同品种、强度等级、出厂日期和出厂编号的水泥应分别运输装卸，并做好明显标志，严防混淆。

散装水泥宜在专用的仓罐中贮存并有防潮措施。不同品种、强度等级的水泥不得混仓，并应定期清仓。袋装水泥应在库房内贮存，库房应尽量密闭。堆放时应按品种、强度等级、出厂编号、到货先后或使用顺序排列成垛，堆放高度一般不超过 10 包。临时露天暂存水泥也应用防雨篷布盖严，底板要垫高，并有防潮措施。

（2）砂的质量控制

1）验收

使用单位应按砂的同产地同规格分批验收。采用大型工具运输的，以 400m³ 或 600t

为一验收批。采用小型工具运输的，以 200m³ 或 300t 为一验收批。不足上述量者，应按验收批进行验收。

每验收批砂至少应进行颗粒级配、含泥量、泥块含量检验。对于海砂或有氯离子污染的砂，还应检验其氯离子含量；对于海砂，还应检验贝壳含量；对于人工砂及混合砂，还应检验石粉含量。

当砂的质量比较稳定、进料量又较大时，可以 1000t 为一验收批。当使用新产源的砂时，应由生产单位或使用单位按质量要求进行全面检验，质量应符合现行行业标准《普通混凝土用砂、石质量及检验方法标准》JGJ 52 的规定。

2）运输和堆放

砂在运输、装卸和堆放过程中，应防止颗粒离析、混入杂质，并按产地、种类和规格分别堆放。

2. 混凝土搅拌质量控制

在拌制工序中，拌制的混凝土拌合物的均匀性应按要求进行检查。要检查混凝土均匀性时，应在搅拌机卸料过程中，从卸料流出的 1/4~3/4 之间部位采取试样。检测结果应符合下列规定：

（1）混凝土中砂浆密度，两次测值的相对误差不应大于 0.8%。

（2）单位体积混凝土中粗骨料含量，两次测值的相对误差不应大于 5%。

（3）混凝土搅拌的最短时间应符合相应规定。

（4）混凝土拌合物稠度，应在搅拌地点和浇筑地点分别取样检测，每工作班不少于抽检两次。

（5）根据需要，如果应检查混凝土拌合物其他质量指标时，检测结果也应符合现行国家标准《混凝土质量控制标准》GB 50164 的要求。

3. 混凝土运输质量控制

预拌混凝土应采用符合规定的运输车运送。运输车在运送时应能保持混凝土拌合物的均匀性，不应产生分层离析现象。

运输车在装料前应将筒内积水排尽。

当需要在卸料前掺入外加剂时，外加剂掺入后搅拌运输车应快速进行搅拌，搅拌的时间应由试验确定。

严禁向运输车内的混凝土任意加水。

混凝土的运送时间是指从混凝土由搅拌机卸入运输车开始至该运输车开始卸料为止。

运送时间应满足合同规定，当合同未作规定时，采用搅拌运输车运送的混凝土，宜在 1.5h 内卸料；采用翻斗车运送的混凝土，宜在 1.0h 内卸料；当最高气温低于 25℃时，运送时间可延长 0.5h。如需延长运送时间，则应采取相应的技术措施，并应通过试验验证。混凝土的运送频率，应能保证混凝土施工的连续性。

运输车在运送过程中应采取措施，避免遗撒。

4. 混凝土输送质量控制

混凝土运送至浇筑地点，如混凝土拌合物出现离析或分层现象，应对混凝土拌合物进行二次搅拌。

混凝土运至浇筑地点时，应检测其稠度，所测稠度值应符合设计和施工要求，其允许偏差值应符合有关标准的规定。

混凝土拌合物运至浇筑地点时的入模温度，最高不宜超过35℃，最低不宜低于5℃。

泵送混凝土外观质量控制：优良品质的泵送混凝土必须满足设计强度、耐久性及经济性三方面的要求。要使其达到优良的质量，除了在管理体系上（如施工单位的质量保证体系、建设和监理单位的质量检查体系）加以控制外，还应对影响混凝土品质的主要因素加以控制，关键在于对原材料的质量、施工工艺的控制及混凝土的质量检测等。混凝土的质量状况直接影响结构的设计可靠性。因此，保证结构设计可靠度的有效办法，是对混凝土的生产进行控制。混凝土质量控制一般可分为生产控制和合格控制。而混凝土质量控制的内容，又可分为结构和构件的外观质量和内在质量（即混凝土强度）的控制。对常见的外观质量要做好以下预防措施：

（1）对于混凝土几何尺寸变形的预防措施

要防止模板的变形，首先得从模板的支撑系统分析解决问题。模板的支撑系统主要由模板、横挡、竖挡、内撑、外撑和穿墙对拉螺杆组成。为了使整个模板系统承受混凝土侧压力时不变形、不发生胀模现象，必须注意以下几个问题：

1）在模板制作过程中，尽量使模板统一规格，使用面积较大的模板，对于中小型构造物，一般使用木模，经计算中心压力后，在保证模板刚度的前提下，统一钻拉杆孔，以便拉杆和横挡或竖挡连接牢固，形成一个统一的整体，防止模板变形。

2）确保模板加固牢靠。不管采用什么支撑方式，混凝土上料运输的脚手架不得与模板系统发生联系，以免运料和工人操作时引起模板变形。浇筑混凝土时，应经常观察模板、支架、堵缝等情况。如发现有模板走动，应立即停止浇筑，并应在混凝土凝结前修整完好。

3）每次使用之前，要检查模板变形情况，禁止使用弯曲、凹凸不平或缺棱少角等变形模板。

（2）对于混凝土表面产生蜂窝、麻面、气泡的预防措施

1）严格控制配合比，保证材料计量准确。现场必须注意砂石材料的含水量，根据含水量调整现场配合比。加水时应制作加水曲线，校核搅拌机的加水装置，从而控制好混凝土的水灰比，减少施工配合比与设计配合比的偏差，保证混凝土质量。

2）混凝土拌合要均匀，搅拌时间不得低于规定的时间，以保证混凝土良好的和易性及均匀性，从而预防混凝土表面产生蜂窝。

3）浇筑时如果混凝土倾倒高度超过2m，为防止产生离析要采取串筒、溜槽等措施下料。

4）振捣应分层捣固，振捣间距要适当，必须掌握好每一层插振的振捣时间。注意掌握振捣间距，使插入式振捣器的插入点间距不超过其作用半径的1.5倍（方格形排列）或1.75倍（交错形排列）。平板振捣器应分段振捣，相邻两段应搭接振捣5cm左右。附着式振捣器安装间距为1.0～1.5m，振捣器与模板的距离不应大于振捣器有效作用半径的1/2。在振捣上层混凝土时，应将振动棒插入下层混凝土5～10cm，以保证混凝土的整体性，防止出现分层产生蜂窝。

5）控制好拆模时间，防止过早拆模。夏季混凝土施工不少于24h拆模；当气温低于20℃时，不应小于30h拆模，以免使混凝土粘在模板上产生蜂窝。

6）板面要清理干净，浇筑混凝土前应用清水充分洗净模板，不留积水，模板缝隙要堵严，模板接缝控制在2mm左右，并采用玻璃胶涂密实、平整以防止漏浆。

7）尽量采用钢模代替木模，钢模隔离剂涂刷要均匀，不得漏刷。隔离剂选择轻机油较好，拆模后在阳光下不易挥发，不会留下任何痕迹，并且可以防止钢模生锈。

（3）对产生露筋的预防措施

1）要注意固定好垫块，水泥砂浆垫块要植入铁丝并绑扎在钢筋上以防止振捣时移位，检查时不得踩踏钢筋，如有钢筋踩弯或脱扣者，应及时调直，补扣绑好。要避免撞击钢筋以防止钢筋移位，钢筋密集处可采用带刀片的振捣棒来振捣，配料所用石子最大粒径不超过结构截面最小尺寸的1/4，且不得大于钢筋净距的3/4。

2）壁较薄、高度较大的结构，钢筋多的部位应采用以30mm和50mm两种规格的振捣棒为主，每次振捣时间控制在5~10s。对于锚固区等钢筋密集处，除用振捣棒充分振捣外，还应配以人工插捣及模皮锤敲击等辅助手段。

3）振捣时先使用插入式振捣器振捣梁腹混凝土，使其下部混凝土溢出与箱梁底板混凝土相结合，然后再充分振捣使两部分混凝土完全融合在一起，从而消除底板与腹板之间出现脱节和空虚不实的现象。

4）操作时不得踩踏钢筋。采用泵送混凝土时，由于布料管冲击力很大，不得直接放在钢筋骨架上，要放在专用脚手架上或支架上，以免造成钢筋变形或移位。

（4）预防缝隙夹层产生的措施

1）用压缩空气或射水清除混凝土表面杂物及模板上粘着的灰浆。

2）在模板上沿施工缝位置通条开口，以便清理杂物和进行冲洗。全部清理干净后，再将通条开口封板，并抹水泥浆等，然后再继续浇筑混凝土。浇筑前，施工缝宜先铺、抹水泥浆或与混凝土相同配比的石子砂浆一起浇筑。

（5）对骨料显露、颜色不匀及砂痕的预防措施

1）模板应尽量采用有同种吸收能力的内衬，防止钢筋锈蚀。

2）严格控制砂、石材料级配，水泥、砂尽量使用同一产地和批号的产品，严禁使用山砂或深颜色的河砂，采用泌水性小的水泥。

3）尽可能采用同一条件养护，结构物各部分物件在拆模之前应保持连续湿润。

（6）对于混凝土裂缝的处理

混凝土裂缝出现后，要根据设计允许裂缝宽度、裂缝实际宽度和裂缝出现的原因，综合考虑是否需要处理。一般对裂缝宽度超过0.3mm或由于承载力不够产生的裂缝，必须进行处理。表面裂缝较细、较浅，数量不多时，可将裂缝处理干净，刷环氧脂；对较深、较宽的裂缝，需剔开混凝土保护层，确定裂缝的深度和走向，然后采用压力灌注环氧树脂。

混凝土工程外观质量的检测指标包括：混凝土构件的轴线、标高和尺寸是否准确；门窗口、洞口位置是否准确；阴阳角是否顺直；主体垂直度是否符合要求；施工缝、接槎处是否严密；结构表面是否密实，有无蜂窝、孔洞、漏筋、缝隙、夹渣层等缺陷。

（7）混凝土养护质量控制

1）混凝土的养护时间规定。

① 采用硅酸盐水泥、普通硅酸盐水泥或矿渣硅酸盐水泥配制的混凝土不应少于7d；

采用其他品种水泥时，养护时间应根据水泥性能确定；

② 采用缓凝型外加剂、大掺量矿物掺合料配制的混凝土不应少于14d；

③ 抗渗混凝土、强度等级C60及以上的混凝土不应少于14d；

④ 后浇带混凝土的养护时间不应少于14d；

⑤ 地下室底层墙、柱和上部结构首层墙、柱宜适当增加养护时间；

⑥ 基础大体积混凝土养护时间应根据施工方案确定。

2) 基础大体积混凝土裸露表面应采用覆盖养护方式。当混凝土表面以内40～80mm位置的温度与环境温度的差值小于25℃时，可结束覆盖养护。覆盖养护结束但尚未到达养护时间要求时，可采用洒水养护方式直至养护结束。

3) 柱、墙混凝土养护方法。

① 地下室底层和上部结构首层柱、墙混凝土带模养护时间不宜少于3d；带模养护结束后可采用洒水养护方式继续养护，必要时也可采用覆盖养护或喷涂养护剂养护方式继续护。

② 其他部位柱、墙混凝土可采用洒水养护；必要时，也可采用覆盖养护或喷涂养护剂养护。

③ 混凝土强度达到1.2N/mm^{2}前，不得在其上踩踏、堆放荷载、安装模板及支架。

④ 同条件养护试件的养护条件应与实体结构部位养护条件相同，并应采取措施妥善保管。

⑤ 施工现场应具备混凝土标准试块制作条件，并应设置标准试块养护室或养护箱。标准试块养护应符合国家现行有关标准的规定。

4.6.3 高大模板工程

（1）模板支架承重杆件及其连接件进场质量验收

施工单位应当对进场钢管扣件进行自检合格后，将其质量证明文件及生产许可证等报监理单位审核。审核合格后应当按规范要求对钢管扣件现场见证取样送有资质检测单位进行复检，复检合格后方能使用，不合格要及时清理出现场。施工单位和监理单位均应当做好钢管扣件等构配件进场验收记录。

（2）模板支架搭设过程管理

1) 模板支撑体系搭拆分包单位及其作业人员均应当具有相应资质和执业资格。

2) 搭设期间，施工单位由专职安全人员对专项方案实施情况进行现场监督和按规定进行监测，施工单位项目负责人每日带班检查。监理单位由专业监理工程师实施旁站、巡视检查，发现问题及时通知施工单位处理，每天做好巡查及旁站记录。

3) 在搭设过程中，施工人员和监理人员应当重点检查的内容为：立杆间距、水平杆步距、扫地杆位置、水平及垂直剪刀撑设置是否按方案要求实施；水平杆件与周围连接锚固是否牢固；剪刀撑是否与立杆连接牢固；作业人员是否按安全操作规程佩戴个人防护用品。

（3）模板支架验收

实行分步验收。模板支撑系统的脚手架体系搭设完成后，由施工单位组织建设及监理单位进行初次验收，核实脚手架的立杆、纵横水平杆、扫地杆、水平及垂直剪刀撑设置参数及位置和搭设质量是否符合规范及方案要求。初次验收合格，方可进行上部钢筋模板施工。混凝土浇筑前，由施工单位组织建设及监理单位对模板和支撑系统的搭设进行再次验收，验收人员应包括施工单位和项目两级技术人员、项目安全、质量、施工人员，监理单位的总监和专业监理工程师。验收合格，经施工单位项目技术负责人及项目总监理工程师签字后，方可进入后续工序的施工。检查验收内容为架体挠度、总体沉降、剪刀撑设置、扣件紧固度等情况进行重点检查。对采用扣件式钢管脚手架支撑的梁底扣件应进行100%紧固力矩检查，检查后形成验收文件。

（4）混凝土浇筑过程和变形监测

在浇筑混凝土之前，由施工单位项目总工和监理单位总监理工程师检查确认具备混凝土安全生产条件后，由总监理工程师签发浇筑令，进行混凝土浇筑。在浇筑混凝土时，应当严格按审批方案施工。本框架结构混凝土浇筑，先柱后梁板顺序，对称均衡，确保支撑系统受力均匀。避免高大模板支撑体系出现失稳现象。在混凝土浇筑时，监测人员全程监测模板体系的变形量，一旦发现异常现象，要及时停止浇筑。浇筑过程作业面严禁超载。

（5）混凝土浇筑防裂的监控

混凝土的浇筑是高支模施工中一个很重要的环节，如果这个环节没有处理得当，会非常容易引起安全事故的发生。因此这很需要有经验的技术人员规范地、按要求地选择混凝土，并且对配比作均衡的调节，这些都会影响到高支模最终的质量。

1）应该选择一些干缩性比较大、含泥量也比较多的骨料，这类骨料在浇筑的时候，也会加大混凝土的干缩性。

2）在上面的基础上，选择脆性良好的、颗粒直径比较大的骨料原料，这些原料可以减少水泥浆在混凝土中的分量，还可以掺杂一些粉煤灰进入原料中，可以明显地增加混凝土的抗渗性、和易性以及减少泌水等的发生。

3）根据施工过程中的操作水平、浇捣工艺以及构件截面的实际情况，管理人员应该根据砂石材料、砂质，及时地调整整个施工的工作配合比，特别是要严格地按照标准规定来混合高效减水剂和粉煤灰，这样就可以少用水泥。应该尽可能地选择无碱或低碱的外加剂，通过这些适量的外加剂，就可以降低碱骨料反应，从而起到保证混凝土耐磨、防裂和坚固的作用。

4.7 土建工程施工安全

4.7.1 基坑工程

现代物流仓储工程多在地下设置消防水池，消防水池根据施工现场地形设计，基坑多为《危险性较大的分部分项工程安全管理规定》中所述的危险性较大的分部分项工程，部分地质情况较差或开挖深度超过5m的，属于超过一定规模的危险性较大的分部分项工程，在土建工程施工过程中是安全管理中的重难点，需要制订针对性措施。

（1）土方开挖安全技术措施

1）基坑开挖前，应在顶部四周设排水沟，并保持畅通，防止积水灌入而引发坍塌事故，基坑四周底部设置集水坑；放坡开挖时，应对坡顶、坡面、坡脚采取降排水措施。

2）基坑开挖临边及栈桥两侧应设置防护栏杆，且坑边严禁超堆荷载。

3）机械挖土严禁无关人员进入场地内，挖掘机工作半径范围内不得站人或进行其他作业。应采取措施防止机械碰撞支护结构、工程桩、降水设备等。

4）采用人工挖土时，两人操作间距应大于3m，不得对头挖土；挖土面积较大时，每人工作面不小于$6m^2$。

5）土方开挖后，应及时设置支撑，并观察支撑的变形情况，发现异常及时处理。

6）夜间土方开挖施工应配备足够的照明设施，主干道交通不留盲点。

7）土方回填应按要求由深至浅分层进行，填好一层拆除一层支撑。

（2）支撑施工安全技术措施

1）吊装钢支撑时，严禁人员进入挖土机回转半径内。

2）吊装长构件时必须加强指挥，避免因惯性等原因发生碰撞事故。

3）经常检查起吊钢丝绳损坏情况，如断丝超出要求立即更换。

4）起重机司机、指挥、电焊工、电工必须持证上岗，严格遵守吊装"十不吊"规定。

5）拆除钢筋混凝土支撑下模板时，应搭设排架进行拆除作业，下方严禁站人。

6）钢筋混凝土支撑拆除时，应分段、分块逐步拆除，并注意对已有结构的保护。

（3）施工用电安全技术措施

1）施工现场的电气设备设施必须制订有效的安全管理制度，现场电线、电气设备设施必须应由专业电工定期检查整理，发现问题必须立即解决。夜班施工后，第二天整理和收集，凡是触及或接近带电体的地方，均应采取绝缘保护以及保持安全距离等措施。

2）现场施工用电采用三相五线制。照明与动力用电分开，插座上标明设备使用名称。配电箱设置总开关，同时做到一机一闸一漏一箱用电保护。

3）配电箱的电缆应有套管，电线进出不混乱。

4）照明导线应用绝缘子固定。严禁使用花线或塑料胶质线。导线不得随地拖拉或绑在脚手架上。照明灯具的金属外壳必须接地或接零。单相回路内的照明开关箱必须装设漏电保护器。

5）电箱内开关电器必须完整无损，接线正确。电箱内应设置漏电保护器，选用合理的额定漏电动作电流进行分级配合。配电箱应设总熔丝、分熔丝、分开关。

6）配电箱的开关电器应与配电或开关箱一一对应配合，作分路设置，以确保专路专控；总开关电器与分路开关电器的额定值相适应。熔丝应和用电设备的实际负荷相匹配。

7）现场移动的电动工具应具有良好的接地，使用前应检查其性能，长期不用的电动工具其绝缘性能应经过测试方可使用。

8）设备及临时电气线路接电应设置开关或插座，不得任意搭挂，露天设置的电气装置必须有可靠的防雨、防湿措施，电气箱内须设置漏电开关。

9）电线和设备安装完毕以后，由动力部门会同安全部门对施工现场进行验收，合格后方可使用。

4.7.2 高大模板工程

高支模施工是一项技术要求高、施工难度大以及危险系数高的工程，由于它具有不确定性、突发性以及随机性，很容易发生安全事故。现在，建筑工程的安全管理已经逐步科学化、规范化。高支模施工作为建筑工程的一个关键环节，加强其施工的安全管理显得尤为重要。

1. 高支模施工现状

按照住房和城乡建设部公布的建筑施工事故情况专项分析报告，在建筑施工过程中因坍塌和高处坠落事故导致的伤亡约占施工伤亡事故的 60%～65%，由此可见高支模的施工安全形势十分严峻。按照破坏范围来讲，高支模支撑体系坍塌类型主要分为局部坍塌和整体坍塌；按破坏成因主要分为高支模支撑体系失稳而倾斜和支模支撑体系失稳而垂直坍塌。

2. 高支模安全问题

（1）高支模工程在施工方案的设计计算问题

高支模支撑体系具有其特殊性，使得安全专项方案的编制人员对高支模支撑体系的分析、计算容易出现问题，通过归纳现阶段主要有如下问题：

1）计算的方法滞后，沿用传统的经验办法，缺乏概率论的分析，同时对设计支撑体系承载力不够，导致存在安全隐患。

2）荷载组合不合理，在设计计算过程中，要充分考虑一些不利的荷载组合因素，如施工的堆积荷载、荷载变化、动力荷载的冲击系数和荷载最大处支承体系的受力情况等。

3）为了简化计算，将荷载简化为均布荷载进行考虑，但在实践过程中，现实设计计算选取的简化模型必须充分考虑实际荷载的分布状况。

4）高支模支撑体系安全专项方案的编制粗糙，没有针对性。高支模支撑体系安全专项方案的编制、设计时对现场的情况、高支模支撑体系施工工艺、施工荷载变化情况认识不足，使得高支模支撑体系安全专项方案的编制、设计与现场施工脱离，高支模支撑体系安全专项方案不能有效地指导现场的实际施工。

（2）高支模工程在施工方面存在的问题

现场高支模支撑体系搭设质量不符合要求，主要表现为以下方面：

1）支撑体系的施工不符合要求，没有按照规定设置水平和垂直剪刀撑、斜撑，设置也没有达到一定高度，拉深点的设置数不够等，进而导致架体容易失稳、倒塌。

2）没有根据高支模支撑系统的安全专项方案进行搭设，使得立杆间距、纵横行数以及横杆步距均未达到设计及规范要求，使得支撑系统的承载能力不高而出现支撑体系失去平衡、垂直塌陷等现象。

3）支撑系统的搭设不符合相关规范及法规的基本要求，使得支撑系统的竖向偏差过大，竖杆接头没有错开，甚至立杆的接头搭接、扣件的紧固力不能满足要求。

4）支撑体系的基础不平整，局部不密实，立杆下沉或者立杆的垫块有空隙，有纵横坡的模板支撑体系未安平整。

（3）高支模施工在监管方面存在的问题

1）现场施工管理人员对高支模安全管理认识不足、思想松懈，安全责任难以得到落实，安全专项检查不彻底，存在问题未及时整改，使得高支模支撑体系安全专项方案成为书面形式。

2）高支模支撑体系搭设过程控制不严，对规范执行不力，致使高支模施工从方案制订、审核到材料检验、支撑体系的搭设、验收、浇筑、施工监测、支撑体系拆除及制订应急预案等全过程都未能全面消除事故隐患。

3）未严格履行相关检查和验收程序，未验收就进入下一步工序。

3. 应对措施

（1）加强高支模施工方案的标准化管理。

一方面，施工人员理应按照相关规范进行施工，专业人员要认真编制和审核高支模的施工方案，很多问题都是没有按照规定操作而引起的；另一方面，要由专业人员进行高支模方案的制订，专业人员应仔细巡查施工现场，并与工程部门共同确定相关材料，同时采用统一软件程序制订计划书，其内容包括工程概况、编制依据、材料选择、基础情况、监测方案、计算程序、安全技术管理措施的制订和拆除、混凝土浇筑工艺及注意事项，应急预案等。该项目方案必须按照相关的规定进行审批，对于超过一定规模的危险系数较大的分部分项高支模工程安全专项施工方案，一定要通过专家论证方可实施，进而确保高支模施工的安全性。

（2）提升高支模施工安全技术的管理水平，做好高支模工程的搭设、拆除及安全防护策略。

1）在搭设支架前，项目技术负责人要根据国家有关安全技术规范和施工计划的要求，与参建施工人员进行技术和安全的交底。

2）严格按高支模工程安全专项施工方案设置立杆间距、水平杆步距，对于剪刀撑的安装要符合构造要求，并与支架的搭设同时进行。

3）搭设及拆除的施工人员必须是经过考核合格的专业架子工，同时还要定期体检，合格者方可持证上岗。

4）搭设在混凝土地坪上的脚手架立杆底座下应铺设垫块或垫板。

（3）加强高支模的监管措施。

遵循"预防为主，综合治理，安全第一"的方针，进一步提高认识，强化责任，将安全生产的责任落实到每一个人，真正树立起每个人的安全意识，能够认识到承担安全生产责任的重要性，尽量消除每一个安全隐患。在高支模施工过程中仅靠施工人员的自觉性是不够的，各个方面都要进行监督管理和配合，对相关的管理人员进行监督考核，对相关的考核指标进一步强化，加大检查的力度，尽量提升相关管理人员、施工人员的责任感。要做好施工过程中的检查工作，如果发现问题要及时处理，最大程度地保证工程顺利进行。严格履行相关检查和验收程序，验收不合格的坚决不能进入下一步工序。

（4）过程监管措施。

施工过程监测：

变形监测是高支模混凝土浇筑施工安全的最后一道防线，高支模变形监测见表4.7-1。

高支模变形监测　　　　　　　　　　　　　表 4.7-1

序次	类别	内容
1	监测项目	高支模的变形监测主要包括位移监测和内力监测，即支架沉降、位移和变形以及地基稳定性沉降观测。监测点应设在角部和四边的中部位置，以及受力较大的部位。支撑结构的顶层、底层及每5步设置位移监测点。监测设备应具有良好的稳定性和可靠性，并有符合观测精度、量程的监测要求

续表

序次	类别	内容
2	测点布设	根据支架规模确定,一般情况下每 10~15m 应布设一个监测剖面,每个监测剖面应布设不少于 2 个支架水平位移监测点、3 个支架沉降观测点及 3 个地基稳定性沉降观测点。监测仪器精度应满足现场监测要求,并设变形监测报警值
3	监测频率	在浇筑混凝土过程中应实时监测,一般监测频率不宜超过 20~30min 一次。位移监测频率不应少于每日 1 次,内力监测频率不应少于 2h/次。当监测数据变化量较大或速率加快时,应提高监测频率。根据规范确定报警值。监测数据达到报警值或突然出现异常变化,应立即启动安全应急预案
4	监测预警	高支模结构外露的模板,最大变形值不超过模板计算跨度的 1/400,结构表面隐蔽时,不超过计算跨度的 1/250。支架压缩变形或弹性挠度,不超过计算跨度的 1/1000

4. 拆除

拆除时应按"后装先拆、先装后拆"的施工顺序进行。支架的拆除应从一端走向另一端、自上而下逐层进行,严禁上下同时作业。门式脚手架上的模板和支顶在拆除时,先将门式脚手架可调顶托松下,用钢钎撬动模板,使模板卸下,取下模板和木枋,然后拆除水平拉杆、剪刀撑和门式脚手架。通长的水平杆和剪刀撑等,必须在支架拆卸到相关的门架时方可拆除。

施工各层都是高支模的工程,实际的模板拆除过程中需要重点分析好上层支撑架荷载的重力,拆架过程中应该尽量让上下楼层支撑架处于相同垂直线,这样才能确保荷载更为稳妥地朝下方传递。要想深入确保高支模施工安全,必须做好各个程序的施工安全检查,各个支模搭接完成需要让施工企业自行检查,并分配监理单位等负责检验,每一道工序都确保达到合格安全等级才能开展后续施工,而且各个环节必须设置专门技术人员监测。

高大模板支撑系统拆除前,核查混凝土同条件试块强度报告,实体混凝土强度达到拆模要求才能拆除,并且履行拆模审批签字手续;支撑结构拆除应按专项施工方案确定的方法和顺序进行;拆除作业必须分层、分段,自上而下逐层进行;对多层支撑结构,楼层结构必须满足承载力要求,否则不能拆除下层支撑;有六级及以上强风或雨、雪时,应停止作业;高大模板支撑系统拆除时,严禁将拆卸的杆件向地面抛掷,应有专人传递至地面,并按规格分类、均匀堆放;高大模板支撑系统搭设和拆除过程中,地面应设置围栏和警戒标志,并派专人看守,严禁非操作人员进入作业范围。

4.7.3 大型机械设备

1. 塔式起重机

现代物流仓储工程塔式起重机安全管理主要分为两个方面:一方面是单个塔式起重机的安装与拆除,另一方面是多层物流仓储工程的群塔作业安全管理。尤其后者是物流仓储工程安全管理中不可忽视的环节。

(1) 塔式起重机安装与拆除安全管控

在对塔式起重机安装与拆卸作业时,从以下几个方面入手进行安全管理。

1) 塔式起重机安装

① 安装时基础水平度的把控

相当一部分塔式起重机采用的是固定式的混凝土基础,而对于混凝土上平面的水平度是有明确要求的，即需要达到1‰，如果塔式起重机基础施工不够规范，存在误差过大就可能造成塔式起重机安装完成后出现塔身倾斜超过相关标准，甚至导致塔式起重机无法正常工作，给工程带来经济损失，即使可以使用也会使得机械的使用寿命缩短。在进行塔式起重机安装时，应严格遵守相关技术规范要求，从而保障塔式起重机顺利开展作业。

② 安装时塔身螺栓的检查

不同生产厂家，不同型号的塔式起重机螺栓力矩拧紧要求是存在一定差异的，在实际塔式起重机安装和拆卸作业中，对塔身螺栓逐个检查又不现实，如果局部螺栓存在松动情况，在塔式起重机开展回转作业就会被其影响，螺栓以及螺栓的连接部分遭受到动载作用，增加螺栓以及标准节损坏概率，降低螺栓使用性能，同时还可能导致塔身出现失稳情况，增加塔式起重机装卸作业的安全风险。应对塔身螺栓拧紧力矩予以重视，为塔式起重机的安全作业提供保障。

2) 塔式起重机顶升

① 顶升爬爪的使用

顶升机构的状态关系着塔式起重机安装以及拆卸能否安全进行，因此塔式起重机安装和拆卸的顺利进行是以顶升机构的安全与良好状态为前提的。对于顶升机构来说，爬爪是其中的重要部件之一，在顶升时对其安全性和可靠性进行检查和确认必不可少。然而由于拆装人员技术水平以及机械设备性能问题，很难保障作业的规范性。因此，应在液压顶升完成后，及时地在标准节的踏步上挂上爬爪，直到标准节的螺孔与螺栓准确连接起来。

② 液压油箱的检查

顶升系统在塔式起重机顶升过程发挥重要作用，因而检查工作不容忽视，特别是对液压油箱进行检查。在实际工作中，对油质、油量、密封性等内容的检查比较重视，然而仅仅这些检查还是不够的。由于液压油箱封闭并不是非常严密，使雨水得以渗入或者油箱中的油品本身就存在一定量的水分，再使用油箱，这些水分就可能会给油泵造成损伤，给塔式起重机的顶升作业带来极大影响。应在塔式起重机起升油泵工作前对液压油箱进行检查，将油箱底部沉淀的水排除干净，这样做不仅减少了油泵的损坏，还有助于塔式起重机顶升作业的顺利进行。

3) 起重臂拆卸时保险绳索的使用

由于塔式起重机拆卸作业存在一定的危险性，因此相关的拆卸人员必须严格按照流程和技术要求进行拆卸作业。在塔式起重机的拆卸过程中起重臂是关键，而拆除起重臂的关键则是将起重臂的重心准确找出来，然而在实际作业中，可能由于说明书问题或者标记不清楚而导致起重臂重心不能准确确定，只能找出大概位置，这很容易使塔式起重机起重臂连接销轴拆除时出现碰挂现象，影响起重臂的稳定性，使得起重臂落地时的平稳和安全难以得到保障，给周围物品和拆装人员造成安全威胁。为了避免产生该问题，在塔式起重机拆卸起重臂时就需要借助保险绳索锁住塔身和起重臂，以防起重臂出现失稳。

(2) 群塔作业安全管控

1) 群塔安全管理

① 建立统一管理机制

为了确保施工质量，相关部门应当建立统一的管理机制和管理方法，并组建一支专业、高素质的施工团队，由专门的管理人员进行统一的协调和指挥。对施工现场也要进行科学的统筹和规划，完善施工的各个流程。每一个施工队伍中还应当具有一定数量的特种作业人员、专业驾驶员、维修技术人员。这些工作人员都应当具备扎实的专业知识和较高的专业素质，并且在工作过程中不断地总结经验，定期学习。

② 加强对塔式起重机司机的管理

把好人员关，选择一个责任心强、有驾驶经验、技术全面的人员作为现场的塔式起重机司机。在进入施工现场前，应当对驾驶员再次强调操作的要点，使其明确施工现场的各项管理要求，提高驾驶人员的安全意识，在各个工作环节都确保质量。

③ 信号指挥人员的管理

在群塔施工过程中，工程量最大的环节是群塔水平交叉施工。尤其是在工作地点，塔式起重机的驾驶者视觉有限，所以信号指挥部工作人员是必不可少的，应选择工作经验较为丰富，责任心较强的指挥人员对施工现场进行调度，并进行统一培训。考核合格后，才能获得操作证书，才能上岗指挥。

④ 塔式起重机联络信号的管理

为了更有序地调度群塔的施工设备，应当对塔机和对讲机进行一一对应的编号。每个塔机对应一个专门的驾驶员，并由专门的指挥人员进行指挥。每一个现场的指挥人员应当配备一个对讲机，每一台对讲机的频率应当是独立的。在不经过上级部门的允许时，指挥人员不得擅自改变对讲机的频率，也不得不听上级部门的要求，擅自指挥。

2) 防碰撞安装技术措施

为防止低位塔式起重机的起重臂与高位塔式起重机塔身之间碰撞，水平方向上起重机与垂直方向上起重机之间的合理布局是施工质量的主要决定因素。因此，在施工过程中必须对两者之间的位置进行有效的控制和科学的布局，从而防止水平和垂直方向上的起重机的吊臂之间相互碰撞。在实际布局中，两个塔机之间的水平距离必须在2m以上，这也是塔式起重机安全规程中的基础内容之一。塔式起重机在施工现场通常是由规定的位置的，只要确保起重机位于规定的位置内，就可以确保塔式起重机之间不会发生碰撞。

① 塔式起重机垂直方向碰撞措施。

a. 低位塔式起重机的起重臂与高位塔式起重机起重钢丝绳施工过程中两者的位置高低是相对的，因此不能确保不同高度的起重机不会发生碰撞。为了有效避免这一问题，对每一个施工区域内的起重机位置必须进行合理的划分，尽量确保每台起重机都有相对独立的工作范围。每一个施工项目还应当设置一名具有丰富工作经验的调度指挥人员，能够在施工过程中确保塔式起重机的合理运行。在施工过程中，还必须对天气因素进行考虑，尤其是风力的问题。当风速超过10.8m/s时，就应当立即停止起重机的运行。除此之外，塔机租赁公司还要配备操作熟练、工作负责的现场服务人员。起重机在使用过后或停止运行后，都应当将起重机的吊钩升到最高的位置，并将起重机的小车置于起重臂根部。

b. 高位塔式起重机的起重臂下端与低位塔式起重机的起重臂上端防碰撞措施由于和相邻的塔式起重机工作面有交叉处，低位塔式起重机臂架和高位塔式起重机臂架可能发生碰撞，各塔式起重机均按照技术部门计算好的"塔式起重机高差控制"部分所要求的将高度升高到最高的位置就可以确保高位塔式起重机的大臂与低位塔式起重机的大臂在垂直距离上大于2m。因此，两台起重机之间的最小距离就是高位起重机最低位置部件到最高点之间的距离。

②防止起重臂及下垂钢丝绳同拟建结构及脚手架等的碰撞。塔式起重机在施工过程中容易与脚手架发生碰撞，主要原因就是低塔和建筑物之间的距离不够。避免发生这一问题的主要做法是使塔式起重机保持在一定的高度，相应地就要对吊索的高度、长度等进行合理的布局。钢筋、水泥、脚手架等材料运输时，也要做好相应的防护措施，防止在高空运输过程中发生碰撞，从而造成严重的安全事故。

3) BIM 技术在群塔机作业安全管理中的应用价值

通过 BIM 技术模拟，进行前期塔式起重机布置方案优化，不但能够减少塔臂之间的交叉面，而且可以合理确定塔式起重机数量，降低了整个群塔机作业的安全控制难度和使用成本。

通过精准的数据模型，利用三维建模可以清晰地看到塔式起重机与拟建建筑物之间、塔式起重机与塔式起重机之间以及塔式起重机与材料堆场之间的位置关系。通过调整，实现三维空间中塔式起重机布置的合理性。相较于传统模式，按照规范规定处于高位塔式起重机的最低部件（或吊钩升至最高点或平衡重的最低部位）与低位塔式起重机处于最高位置部件之间的垂直距离应>12m 的要求进行群塔机竖向布置，可以减少塔式起重机附墙件的数量，节约使用成本。

通过 BIM 技术提前对工况进行模拟，对群塔机作业时的高低错塔进行合理布置，保证群塔机作业的安全性。

2. 施工电梯

施工电梯是建筑施工企业在高层建筑施工现场的主要大型建筑机械，因其具有起升高度大、运输效率高、单位运量价格便宜等优点被广泛应用，但它又具有重心高、危险性大的缺点，所以针对施工现场中的施工电梯应拟定相应的安全管理对策。

（1）确定施工电梯位置与型号

正常情况下，施工人员布置施工现场时，就会预先留出施工电梯位置，而且在白天作业时，安全管理人员也依据高峰时期作业人数来确定施工电梯具体定载重量，由此判定施工电梯型号。安装施工电梯需要与建筑物保持一定距离，这样就不会妨碍附墙系统安装。如果建筑工程属于异型建筑，比如截面突变的建筑，建筑主体明显扭曲的建筑等，安全管理人员需依据具体工程来选择异型施工电梯，也可以要求施工电梯厂家进行定制选择施工电梯。

（2）建立健全安全管理体系

第一，安全管理人员与专业的施工人员共同制订安全操作与管理规范，要求使用施工电梯的人员必须按照规范来进行操作；第二，安全管理人员需要制订施工电梯的使用维修细则，以便施工电梯能够始终处于最佳的保养状态；第三，安全管理人员要求施工单位必须对操作工进行培训，并且要求上岗的操作工必须拥有相应的证件；第四，做好各项检查工作，尤其是施工电梯的检查，操作人员交接过程中也需要做好检查，对建筑公司进行定期的大规模检查等；第五，施工电梯采购之后，安全管理人员就需要为其建立档案，将有关该施工电梯的一切信息以及所有的应用过程都记录下来，直至施工电梯无法使用。

（3）做好拆装管理工作

施工电梯的安装与拆卸工作，必须由专门的技术人员负责，安装与拆卸结束之后，必须进行检验审核，只有审核达到标准要求之后，施工电梯才能够进行升降操作。施工电梯在进行正式的升降操作之前,需要技术负责人员核查,之后再由总承包单位的技术人员签字,方可使用。拆卸之前,安全管理人员必须对作业环境进行全面的检查,同时核查施工条件,待全部符合要求之后,拆卸人员需要进行技术交底,待技术人员完全了解拆卸要点之后,再进行拆卸。施工电梯尽管不是十分复杂,但是拆装却比较复杂,若不预先做好各项准备工作,拆装过程中有可能发生危险。

（4）重视操作人员的安全教育与培训工作

施工电梯的升降主要由操作人员来控制,为此,施工单位必须重视操作人员的安全教育工作,同时对操作人员进行培训。操作人员首先要保证自身的身体健康,没有不利于操作施工电梯的疾病,然后对施工电梯的构造与运行原理要有透彻的了解,施工电梯的运行步骤、保养方法等也要熟记于心,没有证件不允许上岗操作。操作人员日常工作结束之后,就要对施工电梯简单进行检查,以便能够及时发现问题、解决问题,保证施工电梯始终处于良好的运行状态中。还有一点最为重要,施工单位要禁止操作人员酒后操作,也禁止疲劳作业,如果出现违章情况必须严厉惩罚,如果需要夜间进行操作,照明度必须达到施工规范要求才可以。

5 钢结构施工管控要点

5.1 钢结构工程设计与深化设计

5.1.1 钢结构工程设计

(1) 结构设计

物流仓储工程中钢结构工程设计主要与工程结构设计紧密相关,其中钢结构设计形式主要分为四种,分别为单层门式刚架结构、多层钢框架结构、多层混凝土结构+钢结构屋面及其他部位钢结构(如钢结构桁架屋面、钢结构连廊等)。具体如图5.1-1~图5.1-3所示。

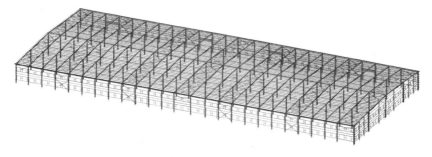

图 5.1-1 单层门式刚架结构效果图

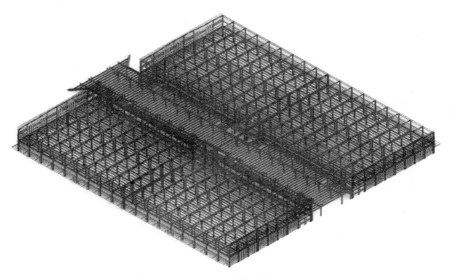

图 5.1-2 多层钢框架结构效果图

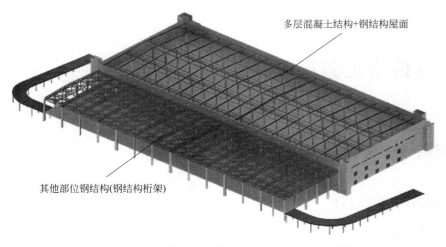

图 5.1-3 多层混凝土结构＋钢结构屋面及其他部位钢结构效果图

(2) 节点设计

本书主要集中描述单层门式刚架结构以及多层混凝土结构＋钢结构屋面结构，这两种结构形式在节点设计方面有非常多的相似之处，典型连接节点如图 5.1-4 所示。

(a) H柱柱脚节点　　(b) 屋面檩条节点

(c) 边柱与钢梁连接节点　　(d) 中间柱和钢梁连接节点

图 5.1-4　典型连接节点

5.1.2 钢结构工程深化设计

现代物流仓储工程钢结构设计内容单一，普遍设计为门式刚架或大跨度钢屋面结构系统，但涉及专业众多，与土建、机电、消防、围护、装修等专业接口众多，需谨慎对待，解决部分设计与施工过程中的矛盾。

现代物流仓储工程钢结构构件种类多，大跨度、异型截面构件多，钢结构节点连接以及与机电、消防、围护结构专业接口的设计是施工中需要考虑的重点内容。

钢结构深化设计是连接工程设计与制作车间的桥梁，需要准确无误地将设计图转化为直接供施工用的制造安装图纸。深化设计还应考虑与土建、机电设备、给水排水、暖通等多个专业的交叉配合，高质量的深化设计是工程质量的有力保障。

5.2 钢结构工程采购与施工准备

物流仓储工程深化设计即为施工准备，项目立项后，总承包单位应立即组织钢结构分包单位的招采工作，并启动深化设计工作实施，将最终确定的深化设计图纸发送设计单位审核并确认，根据审核定稿的深化设计图纸进行钢材采购、螺栓采购及围护结构墙屋面彩板采购等，确保质量满足要求。

物流仓储工程的钢结构一般均设计为普通中厚板，材料采购周期15~20d，构件加工周期20~30d，此项工作应在深化设计阶段开始考虑，特别是钢厂、制作厂的选择，应提前启动，确保进度。高强度螺栓一般为常规的摩擦型螺栓，采购周期10~15d，提前安排进场进行检测即可。彩涂板由于开发商对颜色要求不一，该项工作应在进场后即开始实施，给彩涂板厂家预留足够的生产时间，对于施工旺季、彩涂板生产线饱满的情况下，采购彩涂板一般约需60d。

5.3 钢结构工程与其他专业工序交接

1. 钢结构与土建专业工序交接

现代物流仓储工程施工过程中，钢结构与土建专业交接最为频繁、接口最为复杂繁多。基础施工过程中，土建钢筋绑扎完成应向钢结构专业进行移交，进行地脚螺栓以及预埋件的安装。预埋件安装完成后钢结构向土建进行反移交，进行混凝土浇筑，混凝土浇筑完成后，房心回填土施工完成、地坪施工完成后（多层厂房为楼地面施工完成），土建应分批向钢结构专业移交场地进行钢结构主体安装。

2. 钢结构与机电、消防专业工序交接

钢结构主体安装完成验收部分，即向机电、消防专业进行移交，开始桥架、支吊架、消防管线、防火涂料等工作的施工。

3. 钢结构与围护结构专业工序交接

钢结构主体施工完成后，向围护结构移交作业面，进行次结构或围护结构的施工，确保屋面断水施工推进，防止防火涂料等长期淋雨等质量隐患。

5.4 钢结构工程施工措施

5.4.1 单层钢结构施工措施

单层分拣仓储中心屋面钢结构主要为跨度较大的门式刚架系统，本章节主要围绕单层门式刚架施工措施进行详细的说明。

1. 施工前准备措施

单层仓储工程钢结构施工周期短，精度要求高，施工前，应根据施工进度总计划对材料、机械提前准备，为施工打下基础。

机械准备：单层仓库通常采用汽车式起重机施工，根据场地平整情况不同，单个单层仓库施工工期略有区别，配备的起重吊装设备一般在3~4台。对于跨度较大的单层仓库，为防止主梁吊装过程中变形较大，吊装设备会相应增加1~2台，采用双机抬吊方式进行大梁的安装。高强度螺栓施工主要为吊篮和曲臂车。

2. 单层仓库预埋施工

单层仓库预埋施工是钢结构施工过程中最为常见的施工工序，主要控制地脚螺栓的预埋精度，其次便是与土建专业的交叉作业问题。

（1）工期及要素准备

地脚螺栓施工过程中，基本上随基础钢筋绑扎及模板施工速度。地脚螺栓预埋预留时间宜为1d。针对不同直径的地脚螺栓施工效率不同，安排劳动力也应进行有效调整。根据施工经验 $\phi 36$ 及以下的地脚螺栓，安装速度相对较快，2组人员即可满足单个单层仓库的施工进度要求；而对于 $\phi 36$ 以上的地脚螺栓施工，因难度相对增大，施工效率相对降低，因此安装人员应相应增加1~2组确保施工进度。施工班组的安排主要参考现场地脚螺栓的型号、数量、单层仓库面积及施工分区等因素。

（2）建议施工措施

与基础工程交叉作业，首先要考虑的是设计的合理性问题，其次是施工管理过程中的精细化问题，因此在施工前期需考虑的应有以下几点。

1）基础短柱钢筋的封顶做法

为避免施工过程钢结构专业与土建基础施工频繁交叉配合，在深化设计阶段将柱筋弯锚避开地脚螺栓定位点，保证螺栓定位准确无误。在施工前期也可考虑与设计沟通，取消柱顶钢筋弯锚要求。

2）基础梁钢筋与地脚螺栓的碰撞

在项目深化设计阶段，如地脚螺栓与基础梁钢筋碰撞，应提前与设计沟通调整地脚螺栓位置；在施工过程中局部出现碰撞，该部分应先由地脚螺栓施工并加固好后，进行基础梁钢筋绑扎，绑扎完成后进行地脚螺栓复核，合模浇筑混凝土前，需再次复核，以确保地脚螺栓的施工精度。

3）地脚螺栓长度与短柱高度冲突

根据基础施工工艺，承台与基础短柱分开浇筑施工，地脚螺栓安装时，承台混凝土已浇筑完成，如地脚螺栓长度超过短柱高度，将无法安装。因此，在图纸会审中，应将此项考虑在内，避免造成后期不必要的施工麻烦。

3. 单层仓库钢架施工措施

（1）工期及要素准备

单层仓库通常采用汽车式起重机进行施工，整体而言一个单体单层仓库主结构安装时间为20d，根据配备的起重机数量，钢结构安装工人总人数控制在30人左右。

（2）建议施工措施

1）施工方法改进

散装法施工高空作业安全隐患大、吊次多、工期相对较慢，在钢架吊装阶段，建议采用整体单元吊装施工法，如图5.4-1所示。施工过程中先在地面完成一个单元的钢梁拼装，檩条安装，隅撑安装，拉条及撑杆安装施工，再采用两台汽车式起重机抬吊完成。较传统施工方法，整体吊装施工方法能有效降低高空作业时间，提高施工效率。此外，根据设计形式，在整体拼装过程中，还能有效地利用工作面进行防火涂料喷涂、灯具、管线及消防、喷漆专业的施工，有效保证工期。整体吊装施工法利用了现阶段建筑模块化思维，有效提高施工效率，保证施工生产安全。

图5.4-1 单元整体吊装

单元整体施工方法相对于散装法而言提高了一定的施工效率，但整体单元的安装相对来说难度增大，因此仅仅针对结构安装来说，提高的施工效率并不是特别明显，但对于整个工程来说，有效地降低了后续施工管理如集成管线、消防等的协调难度，成效就非常突出。

2）安装进度控制

钢构件安装精度决定了仓库整体的安装施工精度。应先形成稳定单元体系，再进行下一单元构件的安装，初始单元必须设置在有柱间支撑的位置，严格控制安装精度，才能保证后续构件安装及厂房整体垂直度及平面弯曲度。

3）女儿墙柱与钢柱连接节点

单层仓库钢架结构因其结构相对简单，部分设计给定施工图不详细，难以满足施工要求，特别是综合施工过程因素，部分设计节点难以适用。如图 5.4-2 中女儿墙柱与钢柱连接节点，通常情况下，设计单位在设计女儿墙柱时，在满足女儿墙柱受力性能要求下，根据墙梁尺寸，将女儿墙柱宽度设计得和墙梁宽度相同，以保证外墙板安装的平整度。但是在设计该节点时，却遗漏了一个重要尺寸，即檩托板与墙梁之间的间隙，通常会错开一个檩托板角焊缝的间距，一般控制值为 10mm。如果女儿墙柱与钢柱（主钢架柱）贴焊，则女儿墙结构与墙体檩条结构错开了 10mm，内外墙板在接缝位置无法处理。如果不处理这个间隙，也将成为影响整个内外墙板的关键尺寸。

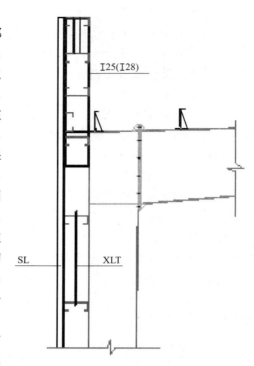

图 5.4-2　女儿墙柱节点示意图

因此，施工前期深化设计时，必须将其考虑在内，避免后期墙板安装不平整等问题。通常这 10mm 间隙采用一块 10mm 钢板围焊来填充。在山墙抗风柱部位，通常会设计柱托板，但也需要考虑 10mm 间隙，因此女儿墙柱为保证稳定性，需要在柱顶板位置进行焊接。

4. 单层仓库次结构施工

单层仓库次结构主要为檩条、隅撑、拉条、撑杆、吊挂梁（支架梁）、雨棚及支吊架等构件。

工期及要素准备如下：

单个仓库屋面檩条安装时间约 7d，施工考虑 5～6 组人员；墙面檩条按照每组人员每天安装 4 个柱间，根据现场实际情况布置人员，柱间支撑安装同墙面檩条。

雨棚安装在库区主结构安装完之后，墙板安装之前，不占据工程关键线路，因此只需合理安排即可。需要注意的是雨棚梁的吊装，应与库区市政专业协调好，一旦室外管网开挖，会影响雨棚结构的安装，导致外墙板延后。

5.4.2　多层钢结构屋面施工措施

多层仓储以占地面积小、仓库容量大等优点，成为新兴大型物流园的主要形式，但其货物进出库周转均需采用电梯运输，效率较低，难以满足目前大型物流吞吐速率，双层库的出现从根本上解决了进出库周转效率的问题。

目前双层仓储主体钢结构在设计上又分为两大类，如图 5.4-3 所示，图 5.4-3（a）形式在施工过程中能有效加快施工速度，二层梁板浇筑完成后即可进行钢柱、钢梁的吊装，能对二层一次成型耐磨地面的成品进行有效防护，但工程造价较图 5.4-3（b）形式提高 10%～15%。图 5.4-3（b）形式较图 5.4-3（a）形式在室内装饰美观程度上有所提高，但

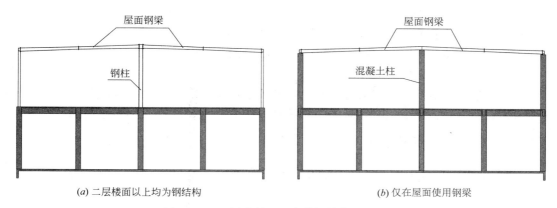

(a) 二层楼面以上均为钢结构　　　　　　(b) 仅在屋面使用钢梁

图 5.4-3　双层仓储工程主体钢结构形式分类

对于边柱需要预埋大量埋件用于后续施工墙面围护结构，埋件定位尺寸精度不足，容易导致墙面不平整。目前两种形式均有工程实例，从工程实体质量控制上，在造价可控的范围内建议采用图 5.4-3（a）所示。

1. 施工前准备措施

主要施工机械如下：

多层仓储工程钢结构屋面施工时，下部混凝土结构已经施工完成，施工作业面离可操作面距离远，施工条件苛刻，因此根据现场吊装环境和条件合理选择吊装机械是施工过程的重点。施工时，可根据结构形式、施工顺序和构件重量，合理选择塔式起重机、履带式起重机、汽车式起重机等吊装机械的不同组合。

（1）小型汽车式起重机楼板作业

特点：小型汽车式起重机在二层楼面空间作业，构件材料通过汽车式起重机运送至楼面，楼面水平运输可采用平板车或小型叉车，如图 5.4-4 所示。

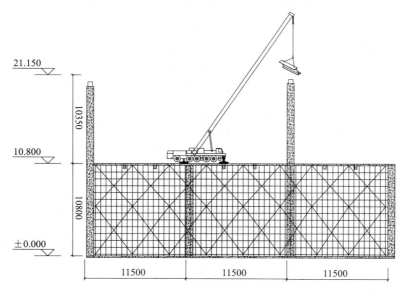

图 5.4-4　汽车式起重机二层楼面作业示意图

适用范围:二层楼面采取加固措施后能够承受汽车式起重机行走和吊装荷载的;构件重量较大采用塔式起重机周期太长、费用太高的;结构工期太紧,需要汽车式起重机配合加快工期的;单体建筑短边超过150m,设置塔式起重机难以拆除的。

(2) 大型塔式起重机群塔作业

特点:根据场地条件,在结构外侧或结构内对称布置多台大型塔式起重机,覆盖全部施工区域,每台塔式起重机覆盖面积下设置独立的堆场,如图5.4-5所示。

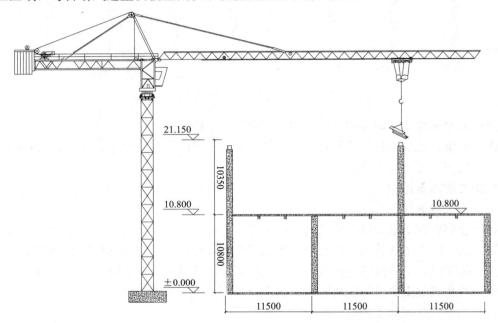

图 5.4-5 塔式起重机吊装作业示意图

适用范围:建筑物短边不超过130m(方便拆除),沿建筑物长边两侧设置塔式起重机能全部覆盖;构件重量不大,塔式起重机型号不宜超过TC7030级别;结构工期太紧,需要塔式起重机配合加快工期的。

因物流仓储工程货运吞吐量较大,二层楼面荷载一般为$20kN/m^2$,能够满足一般小型(25t)汽车式起重机楼板作业,在仓储工程施工中,优先采用汽车式起重机进行吊装作业。如二层荷载难以满足吊装作业,且建筑物短边尺寸亦大于150m的大体量仓储工程,施工过程中预留通道,采用行走式塔式起重机从结构一端逐步推进安装,如图5.4-6所示。

2. **多层钢结构屋面施工措施**

工期及要素准备:主体钢结构施工包含屋面钢架、檩条系统和抗风柱等施工内容。根据总施工进度计划,合理组织相应施工人员,多层仓储工程钢结构屋面结构一般分为4个防火分区,钢结构屋面不超过$4×4800m^2$,以每个仓储单体2台起重机配合施工,钢结构金属屋面需要35名施工人员,其中2名铆工、2名专业起重机司机、2名起重机指挥、12名钢架安装人员、12名次构件安装人员、2名测量工、3名杂工。

3. **建议施工措施**

(1) 对于有坡道的多层仓储工程,坡道随二层主体结构同步施工,后期吊装钢结构汽

图 5.4-6 行走式塔式起重机施工图

车式起重机直接从坡道进入二层楼面。

（2）汽车式起重机楼板作业需编制专项方案，即使楼板计算承载能力满足要求，也宜将首层模板支架保留，待钢结构吊装完成后拆除。

（3）汽车式起重机在楼板上行走，提前规划好汽车式起重机行走路线，并在地面标识清楚，汽车式起重机行走及作业时，应在规定路线上进行。

（4）汽车式起重机楼板吊装钢结构时，为防止对已完楼板（特别是一次成型的金刚砂楼面）撞击造成损坏，在构件吊装区域对楼板用弹性材料进行覆盖，如图 5.4-7 所示。

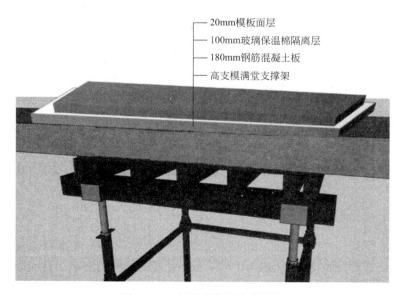

图 5.4-7 金刚砂楼面成品保护

(5) 后浇带部位防护。后浇带部位分为一般部位防护和汽车式起重机行走路线防护。一般部位采用九层板覆盖，行走路线防护采用路基箱作为临时栈桥，如图 5.4-8 所示。

(a) 一般部位防护

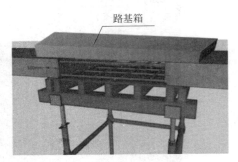
(b) 汽车式起重机行走路线防护

图 5.4-8　楼层后浇带防护做法图

(6) 安装混凝土柱头钢架时，需保证土建屋面混凝土梁施工架体尚未拆除，可在架体上拉设斜撑，作为钢架安装临时支撑点，如已拆除，可按照以下方式制作高大柱钢爬梯装置，如图 5.4-9 所示。

图 5.4-9　高大柱钢爬梯装置

(7) 多层仓储工程屋面钢架梁截面尺寸较大，截面高度一般超过 900mm，若现场采用连接板高强度螺栓施工，连接板重量超过 50kg，单凭一个工人难以搬动连接板，实现快速安装。针对大截面钢梁，建议采用一种合页装置进行辅助安装。该合页极大地提高了钢结构栓接的施工速度，实现了手工快速精准穿入，大幅度地提高了施工工效。合页装置示意如图 5.4-10 所示。

(8) 多层仓储工程门柱、门梁预埋件主要分布在首层混凝土墙柱及混凝土梁底，预埋

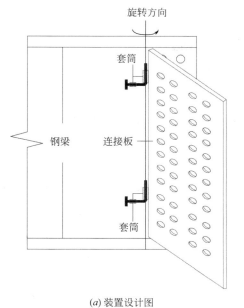 

(a) 装置设计图　　　　　　　　(b) 装置现场实物图

图 5.4-10　合页装置示意图

十分困难且精度难以保证，为保证施工进度及质量，建议此预埋板设计变更成打化学锚栓后置埋件。

（9）首层抗风柱的深化应考虑墙面板的排版，抗风柱主要用于外墙板安装，外墙板因制作工艺有固定的长度，如 ALC 板最长只能 6m，因此用于安装 ALC 板的抗风柱间距不得大于 6m。

5.5　钢结构工程施工质量

现代物流仓储工程施工总承包单位进场后应立即建立完善的质量管理体系，落实项目质量管理职能，确保项目施工质量可控。钢结构工程施工主要为门式刚架系统或大跨度钢梁屋盖系统施工。钢结构施工质量控制主要为工厂加工制作质量控制、现场预埋件安装质量控制、现场门式刚架（大跨度钢屋盖）安装质量控制、高强度螺栓施工质量控制和防腐防火涂装施工质量控制。

钢结构制作质量控制主要在原材料与加工两道工序，原材料由钢厂送至制作厂，总承包及钢结构专业分包应对原材料进厂进行严格把控并抽样复验，检查原材料材质单、实验报告等。钢材进场后进行材料加工及制作，需考察加工过程中零部件切割、组装、焊接、油漆施工等过程质量，保证出厂构件合格。此外，钢结构焊缝质量应严格进行超声波探伤，保证焊缝内部质量合格。

钢结构安装质量控制主要在于预埋件安装、钢柱钢梁安装以及高强度螺栓安装等分项。预埋件安装要求精度极高，预埋件（螺栓）的安装质量直接影响与之相连接的钢柱或钢梁安装质量，且存在抗剪槽预留等问题，一旦混凝土浇筑完成，整改难度大，耗时费工影响工期。钢柱、钢梁等结构安装主要为装配式，包括对接连接、高强度螺栓连接、垂直度及坐标校正等。通过梅花头观察高强度螺栓扭矩是否达到要求，露丝2~3扣为标准。具体钢结构工程成品保护措施见表5.5-1。

钢结构工程成品保护措施　　　　　　　　表5.5-1

序号	项目	保护措施
1	工厂制作	1. 成品必须堆放在指定位置。堆放位置设置合理，留出足够的工作间距。 2. 成品在放置时，在构件下安置一定数量的垫木，禁止构件直接与地面接触，并采取防止滑动和滚动措施，放置止滑块等；构件与构件重叠放置不得超过3层，在构件间放置垫木或橡胶垫以防止构件间碰撞。 3. 构件放置好后，在其四周放置警示标志，防止工厂其他吊装作业时碰伤本工程构件。在成品吊装作业中，捆绑点均需加软垫，以避免损伤成品表面和破坏油漆
2	运输过程	1. 构件与构件间必须放置一定的垫木、橡胶垫等缓冲物，防止运输过程中构件因碰撞而损坏。 2. 同类构件集中堆放，并用钢框架、垫木和钢丝绳等包装绑扎固定，确保运输安全。 3. 在整个运输过程中为避免涂层损坏，在构件绑扎或固定处用软性材料衬垫保护
3	构件卸车堆放及倒运	1. 构件进场必须经过验收，应堆放整齐，防止变形和损坏，堆放时应放在稳定的枕木上，并根据构件的编号和安装顺序来分类。 2. 构件堆放场地应做好排水，防止积水对构件的腐蚀。 3. 构件卸车用钢丝绳，在捆绑点均需加软垫，以免损伤成品表面油漆。 4. 构件卸车后放置在垫木上，禁止构件直接与地面接触，并采取防滑动、滚动措施。 5. 构件拼装就位，起重吊机的起钩，落钩要缓慢平稳，防止构件间出现碰撞。 6. 吊装时，在地面铺设刚性平台，搭设刚性胎架进行拼装，拼装支撑点的设置，要进行计算，以免造成构件永久变形
4	现场安装	1. 预埋件预埋时，用防水布对丝口捆绑包扎，防止混凝土污染和丝牙生锈或被损坏。 2. 构件起吊前拉设尾绳，采用旋转起吊的长构件，在构件下端地面铺设垫木，防止构件起吊时下端在地面滑动。 3. 钢丝绳绑扎点加软垫，以免损伤构件表面油漆。 4. 高空作业时，随身携带的小型工具（如扳手、撬棍等）尾部设置系绳挂于手腕，以防坠落砸坏下方成品或出现安全事故。 5. 对能用起重尼龙绳吊装的构件尽可能不用钢丝绳吊装
5	涂装面摩擦面	1. 避免尖锐的物体碰撞、摩擦，如发现有涂装面损伤，要及时进行补涂。 2. 在成品吊装作业中，捆绑点均需加软垫，以避免损伤成品表面和破坏油漆，为减少现场辅助措施的焊接量，尽量采用捆绑、抱箍。 3. 现场破损的母材外露表面，在最短的时间内进行补涂装，除锈等级达到St3级，材料采用设计要求的原材料。 4. 工厂涂装过程中应做好摩擦面的保护工作。 5. 防火涂层施工前表面应清理干净，厚涂型防火涂层应安排在楼层封闭后施工，薄涂型防火涂层不得污染，严禁随意敲打防火涂层表面

5.6 钢结构工程施工安全

现代物流仓储工程由于作业面广,高空作业较多,且作业交叉作业也较多,因此安全施工是重点。

5.6.1 个人防护安全措施

物流仓储工程钢结构施工过程中,大多数情况下多为高空作业,对劳务人员的个人安全防护措施提出了较高要求。结合钢结构工程特点,劳务人员个人防护应配备安全帽、护目镜、反光背心、安全带、防护手套、劳保鞋等,具体配套情况如图 5.6-1 所示。

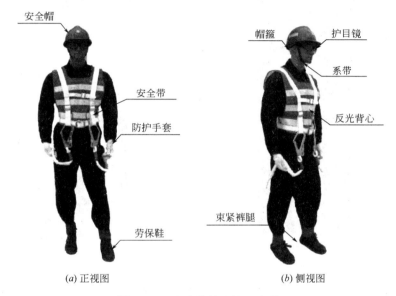

图 5.6-1 个人防护(施工人员)

5.6.2 主结构安装阶段安全措施

主结构安装期间,主要为钢柱、钢梁安装,钢柱由于吊次多,吊装频繁,因此解钩是一大控制要点,如采用挂梯,需要频繁转移,且用量大,不易移除,受限也大。因此,通长在钢柱吊装完成后应及时进行临时紧固,并通过钢柱上安装的爬梯上柱顶进行摘钩作业。具体做法如图 5.6-2 所示。

次结构施工作业期间,钢梁底部全部设置安全兜网,高空行走安全主要依靠生命线及安全通道,如图 5.6-3、图 5.6-4 所示。因此在钢结构深化设计期间,需考虑在每根主梁上预留托板,钻孔与生命立杆安装进行螺栓连接,保证屋面作业期间安全措施有保障,挂网可在屋面梁下方设计挂钩,方便安装拆卸。此外,上屋面期间一般都会用筒梯、爬梯以及垂直通道等措施进行上下行,布设点位多,以保证每个施工区域上下行人员安排。

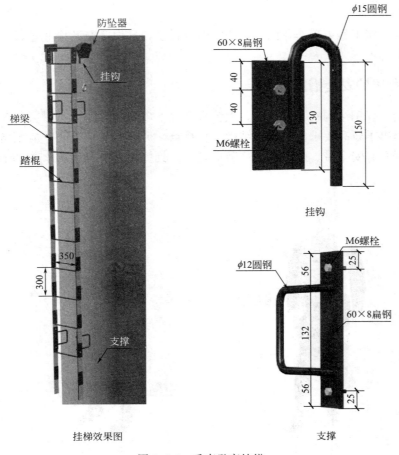

图 5.6-2　垂直登高挂梯

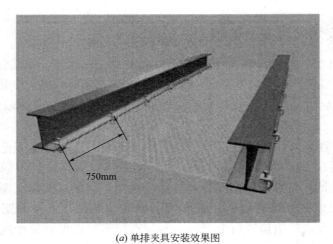

(a) 单排夹具安装效果图

图 5.6-3　夹具安装效果图（一）

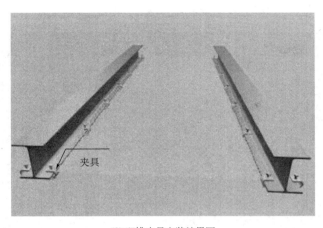

(b) 双排夹具安装效果图

图 5.6-3 夹具安装效果图（二）

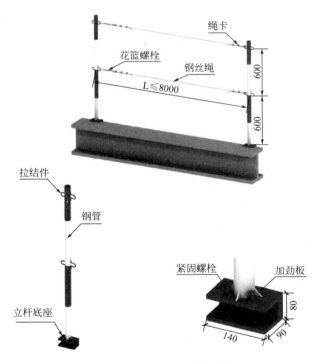

图 5.6-4 立杆式双道安全绳

5.6.3 次结构安装阶段安全措施

次结构安装期间，主结构已接近尾声，相对而言，屋面框架已成型，安全条件稍好，但主要在于檩条、拉条施工。

屋面拉条施工期间，檩条已安装完成，采用一根滑道（檩条等长构件）作为安全线进行滑动施工，作业人员安全带均布设于滑道上。滑道应设置卡槽与檩条活动连接，确保滑道不会因为意外情况造成滑道转动引起安全事故，如图 5.6-5 所示。

图 5.6-5　屋面滑道、檩条安装防护措施

墙面檩条施工也是安全控制的一大难点，工人施工主要依靠护栏和爬梯等进行攀爬施工，与墙面围护结构施工类似。

由于安装速度快，安装措施需不停周转使用，且需时时安排人员旁站，确保施工安全。次结构施工管理难度大、施工点位多，因此需要在管理上加大保障。

6 金属围护系统施工管控要点

6.1 金属围护系统设计与深化设计

由于钢结构及轻钢建筑的应用与发展，金属压型板的板型及各种复合保温金属板亦是多种多样，发展势头迅猛。与之相应，金属压型钢板建筑围护结构系统各节点的细部构造，其配套的设计、产品工艺、施工方法，也取得了一定进步。为此，我国还相应制定了《压型金属板设计施工规程》YBJ 216—1988、《建筑用压型钢板》GB/T 12755—2008 等技术文件，中国建筑标准设计研究院有限公司编制了《压型金属板建筑构造》17J925—1 等标准图集以供设计、施工人员使用。

但是，在使用过程中暴露了很多问题。尤其严重的是大型金属屋面、墙面等系统的防水问题，一直没有得到很好的解决。金属屋面的防水设计使用年限一般在 10~25 年，根据其表面涂层的种类不同而有所不同。例如涂层使用聚酯时，防水设计使用年限为 10 年以上；涂层使用硅改性聚酯或高耐候聚酯时，防水设计使用年限为 15 年以上；涂层使用聚偏氟乙烯（氟碳 PVDF）时，防水设计使用年限为 25 年以上。

当前，无论是国内还是国外，轻钢彩板金属结构围护系统发展至今，就其建筑围护结构节点体系的设计来讲，基本处于停滞发展状态。原因在于，人们未能找到更好的解决方法；使彩色金属结构围护系统能够在防水问题上取得更好效果。相反，绝大部分轻钢彩板建筑的围护系统都会出现不同程度的漏水现象。

钢结构建筑围护系统（以下简称 OHC 系统）主要针对建筑屋脊、山墙顶、女儿墙底部、女儿墙顶部、门窗洞口五大部分，进行防水刚性化设计。

6.2 金属围护系统采购与施工准备

6.2.1 采购原则

建筑防水材料品种繁多，假冒伪劣产品遍布市场，如何做到科学选择和正确识别是需要具有丰富的专业知识和经验做后盾的，新建的大型钢结构厂房、公共场馆等的渗漏治理可以选择的防水材料很多，如何做到科学选材，建议遵循以下三原则。

（1）原则一

首先考察材料的适用性，即根据钢结构项目本身特点、项目的地理位置以及防渗漏的使用部位，从需要的防水材料品种、性能、耐久性、施工性、辅助材料的配套情况综合考虑，缺一不可。

(2) 原则二

要考察各种材性使用的兼容性,即:合在一起使用是否能综合体现各环节优势,缺一不可。

(3) 原则三

要充分考察材料的可施工性能和水密性的保障性能。比如:作为大型钢结构厂房的一个显著特点就是节点特别多,且不同材质交叉使用的情况多,变形量大等,故宜选择施工简单方便、水密性容易保证的金属屋面专用的防水涂料来作防水主材。

6.2.2 施工准备

施工前编制《围护施工专项方案》。

围护系统需要进行复试的资料不多,一般主要与防火相关,如保温棉防火等级、岩棉板防火等级等。

(1) 围护深化设计

1) 围护深化设计应与结构同步进行,及时发现结构可能存在的缺漏及不匹配情况,及时报送设计修改节点。深化设计完成后,结构深化图、围护深化图必须进行交叉审图,确认各个节点合理且便于施工。同时,与机电、消防、土建各专业联动进行专业间布置图检查,防止出现专业冲突。

2) 檩条间距应考虑与内天沟宽度匹配,提前与围护单位沟通,对檩条进行优化;内天沟部位按照设计要求设置溢流口,溢流口位置设置钢丝网。

3) 内天沟每隔一段距离安装得泰盖片(相当于天沟伸缩缝);檐口最外侧的一根檩条应优先考虑 C 形檩条,保证满足外天沟生根固定需求。

4) 外墙板一般为横挂波纹板,必须安装竖檩,若已有竖檩,对应部位拉条可取消;内墙板一般为竖排版,必须配置横檩;墙板起板及收板位置必须设置檩条,否则无法收边;若墙面为多种做法(ALC 板+幕墙+彩钢墙面),各专业交接部位必须提前沟通,确定收边节点;墙面防水钉必须采用带防水垫片的防水螺钉。

5) 风机洞口定位涉及多个专业,复核原则为:不与隅撑、屋面支撑体系、采光带、消防管线等冲突,满足机电专业的特殊定位要求。

(2) 主要优化点

优化节点及做法见表 6.2-1。

优化节点及做法   表 6.2-1

序号	优化部位	做法	备注
1	屋面采光板	屋面采光率一般为 3%~5%,可进行采光率优化,优先采用带状采光	采光板用量减小,有利于减小屋面开洞点,减少屋面漏水风险
2	保温棉	保温棉的防火等级为 A 级,依据合同清单情况申请防火等级变更	有利于市场采购,缩短施工周期
3	风机底座、天沟	材质变更,方便材料采购加工	缩短施工周期

续表

序号	优化部位	做法	备注
4	女儿墙背板、女儿墙压顶收边	对内招标将两者合并为同一清单项,综合报价	有利于统一采购
5	板材材质及版型	选用易加工及采购的品牌、版型	缩短施工周期
6	风机洞口底座支撑体系	一般制作成品现场安装,不需要设置过多支撑	减小风机底座支撑体系用钢量,减小屋面荷载

6.3 金属围护系统与其他专业工序交接

合理安排机电安装的步骤,将一些工序进行穿插,同时施工,降低屋面系统安装难度,缩短施工绝对工期。控制直立锁边屋面系统、排水天沟、檐口、装饰柱、钢格栅、铝单板、飘带等的制作、安装进度,协调各工序之间的配合,争取按期完成。

6.3.1 围护与采光天窗专业的交叉

采光天窗同屋面是两个完全不同的产品,是一般屋面专业公司所不具有的产品。这就需要有相应的设计及施工经验的单位对其进行全面的设计及施工。

通过采用专业厂家自行开发设计的屋面固定及开启天窗的专用铝型材,同时结合有效的双防水柔性采光天窗结构,从根本上解决采光天窗由于变形带来的漏水难题。在该项目上,根据天窗的造型特点及选用主材的不同,采用不同的铝型材进行合理的构造设计,满足不同部位、不同材质的不同特点。

6.3.2 金属围护与檩条施工的交叉

1. 施工前测量

(1) 对钢结构主檩条进行复测。

根据复测后的钢结构平面控制网和高程控制网,建立标高平面控制网并加密控制网,将每个屋面檩托编制在内,每个屋面檩托标高进行测量,并将测量数值一一记录,算出各檩托的实际偏差。根据结构模型理论数据,把误差调整到合理范围。

(2) 对其他构造节点、施工分界线的控制线测量。

2. 施工过程中的测量

主次檩条的位移和沉降测量。檩条准确的布置安装是控制建筑物外观效果的关键,且檩条准确的疏密布置是建筑物整体结构安全的保障,是建筑物外观的最终保障。

6.3.3 成品保护

作为建筑物外装修及屋顶围护结构的屋面已经成为最终装饰品,故其任何部位的任何程度的损坏都将造成严重后果,为确保饰面质量,减少损耗,特制订如下成品保护措施。

(1) 贯穿从进场到工程移交的全过程,参与工程施工和管理的全部人员都负有不可推卸的成品保护责任。

（2）验收需由专门小组进行。

（3）不合规定的产品均不得进行安装，由专人具体负责此项检验。

（4）加工好的板块按规格或所属区域分类堆放，所有板块材料均应用木方垫平垫好，不得直接堆放在地面上，更要防止杂物划伤铝板表面。

（5）所有材料均应远离火源和水源，存放的屋面板应有避雨水的措施，并要防止溅射的砂浆腐蚀和室外雨水及污物污染。

6.4 金属围护系统施工措施

6.4.1 屋面系统施工

屋面围护系统主要是指由屋面板及采光带（窗）等组成的将单层仓库围护成内部空间的体系，主要由屋面板体系组成。金属屋面的做法直接关系到屋面的防水效果，在仓储工程中属于施工控制重点，常见金属屋面构造做法如图6.4-1所示，部分项目建设过程中因考虑工程造价，将部分金属屋面结构层取消，如底层压型钢板、隔汽层、防水透气层。根据已有完工项目经验，采用降低屋面结构层数量以节约工程建设成本，这种做法是不可取的。

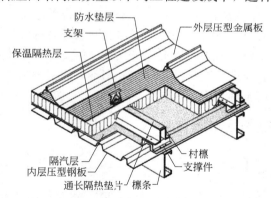

图6.4-1 常见金属屋面构造做法图

（1）工期及要素准备

金属屋面板施工，为保证防水效果，屋面单坡均不分段，不做搭接处理。因此屋面板施工1个班组人数均根据坡度长度而定，但就某个单层仓库整体屋面板施工，从开始插入施工到能形成闭水，需30d左右，同时后续天沟收边等仍需8~10d。

（2）金属屋面板平面布置

金属屋面板一般采用在仓库长边墙体外侧设置材料堆放及压板设备场地。金属屋面板平面布置示意图如图6.4-1所示。

（3）金属屋面板安装措施

1）屋面底板安装措施

屋面围护系统屋面底板施工常常受限于现场施工场地，导致现场施工难度增大，安全性难以保障，为解决此问题，利用轨道滑移式桁架操作平台来进行屋面底板安装，如图 6.4-2 所示；轨道滑移式操作平台搭设前必须编制专项施工方案，明确安装方法及使用要求，报企业审批通过后严格按方案实施。

图 6.4-2 轨道滑移式桁架操作平台整体效果图

物流仓储结构中通常未设置起重机梁，因此必须在柱间设置轨道梁用于承重，如图 6.4-3 所示。滑移式桁架操作平台主要由下部钢桁架及上部脚手架组成，脚手架四面从底至顶连续设置剪刀撑，脚手架搭设高度根据结构与屋面底板的间距确定，以脚手架顶部距离屋面 1800mm 为宜。

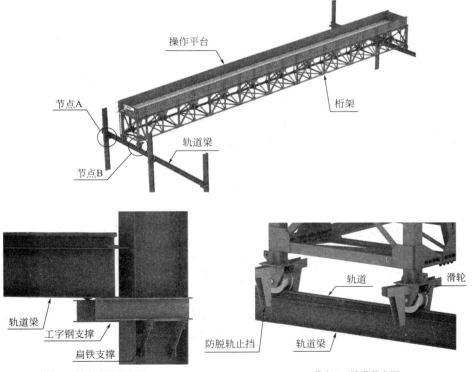

图 6.4-3 自制轨道滑移式桁架操作平台（一）

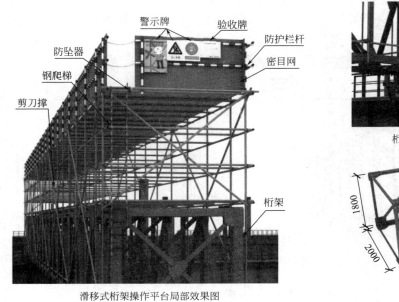
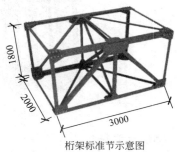

图 6.4-3 自制轨道滑移式桁架操作平台（二）

桁架杆件参考尺寸见表 6.4-1，适用于滑移式桁架最大跨度 30m，超过 30m 需另行设计计算。

桁架材料及尺寸表 表 6.4-1

材料	角钢			
构造	弦杆	斜腹杆	直腹杆	系杆
尺寸规格	∟125×8	∟90×6	∟70×5	∟50×4、∟70×5

轨道滑移式桁架操作平台底部滑轮（每个载重量≥2t）必须设置防脱轨止挡装置，平台移动时平台上严禁站人，移动速度不得超过 2m/min，并保证平台两端同步移动。

上下操作平台脚手架必须设置钢爬梯及防坠器，人员上下时必须将安全带挂在防坠器上，操作平台上的作业人员数量根据平台面积确定，人均操作面积不小于 $4m^2$，且平台上作业人数不得大于 8 人。

桁架上必须满铺脚手板，周围设置高 1200mm 的防护栏杆及高度不小于 180mm 的踢脚板。滑移式桁架操作平台搭设后经验收合格挂牌后方可投入使用，项目部应对操作平台每天进行检查与维护，并保存记录，发现安全隐患应暂停使用并及时整改。

2）金属屋面板面板安装措施

因屋面板为整板施工，受限于屋面板长度，为避免运输困难，材料损坏，因此金属屋面板多选择在现场压型，在施工组织和总平面布置阶段应该考虑屋面板的压板场地及板材运输问题。屋面板的压板和材料倒运目前来说有两种方式：地面压板，运送至屋面；采用高空压板机，将屋面板直接输送至屋面。

地面压板，屋面板加工完成后，采用自制扁担用汽车式起重机进行吊装，如图 6.4-4

所示，当施工条件受限时，或压型板长度超过 50m，可以采用索道方式进行屋面板的输送，如图 6.4-5 所示。

图 6.4-4　屋面板扁担吊装

图 6.4-5　索道运送屋面板

高空压板机采用车载式液压升降压瓦机输送屋面板，如图 6.4-6 所示，该设备能同时解决压型钢板的成型与垂直吊运问题，车体移动能大大减少压型钢板水平倒运距离。

水平运输时，屋面板倒运至安装位置采用在已完成屋面板上铺设 C 型钢，组成滑道。设计如图 6.4-7 所示滑道小车，并用型钢将小车连接起来，形成可滑动的机构。滑道小车间距，根据现场屋面板单坡长度与檩条间距约 7.5m 设置一个。

图 6.4-6 高空压板机输送屋面板

图 6.4-7 压型钢板水平运输示意图

6.4.2 墙面系统施工

墙面围护系统主要是指由墙面板及门窗等组成的将单层仓库围护成内部空间的体系，主要由墙面板体系组成。金属墙面的做法直接关系到建筑效果及防水效果，常用金属墙面构造做法如图 6.4-8 所示，因墙面防水要求低于屋面系统，部分项目墙面不设置防水透气层及隔汽层，仅保留内外压型钢板及保温层。

墙面围护系统施工，主要为墙面板施工，也分为工厂复合板和现场复合板两种，而现场复合板主要分为横板和竖板，通常采用"外墙横板，内墙竖板"的方式。

（1）工期及要素准备

墙面板根据板型不同，内板施工（不含收边及细部处理），长 150m 高 10m 的纵墙或山墙，每组人需要 3d 完成；外板施工（不含收边及细部处理），长 150m 高 10m 的纵墙或山墙，每组人需要 4d 完成。一般墙板施工根据工期情况，最少都会布置 4 组人进行施工，工期紧张情况下，内外墙板同时施工。

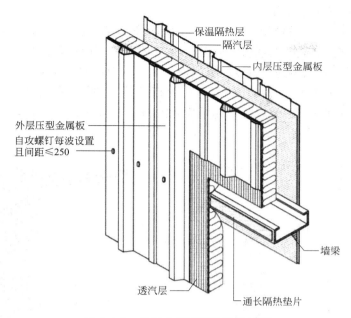

图 6.4-8 常见金属墙面构造做法图

(2) 金属墙面板平面布置

墙面板的安装方向为逆主导风向，一般采用在墙体两侧各设置堆放场地。金属墙面板安装平面布置示意图如图 6.4-9 所示。

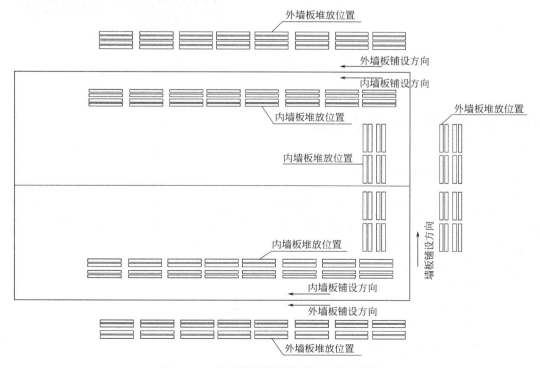

图 6.4-9 金属墙面板安装平面布置示意图

（3）金属墙面板安装措施

墙板安装按从下往上的顺序。安装第一块墙板时控制墙板的垂直度与板底标高作为下一块墙板参照基准。安装后续墙板时以第一块板为基准，保证板缝垂直度与接缝美观，每安装5~6块板后需复测板的垂直度与板底标高，并作为新的基准板。

墙面板安装时采用角钢焊接成或者脚手管搭设井字梯作为操作平台，如图6.4-10所示，井字梯通过麻绳或钢丝绳在主体钢结构上沿高度方向每隔3m进行固定，固定后才能上人进行操作。

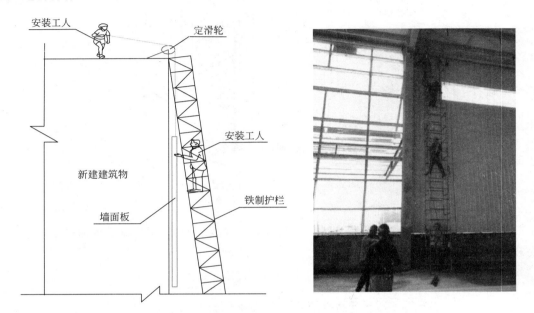

图6.4-10 墙面板安装操作平台示意图

6.5 金属围护系统施工质量

6.5.1 渗漏原因分析

普遍流行的彩板屋面，屋面设计基本没有防水这一概念，结果造成众多的钢结构厂房渗漏水特别严重。铝板、钢板屋面效果好些，但造价昂贵，还有相配套的零部件及其施工技术跟不上也使其无法大面积推广。

渗水原因主要有以下几方面造成：

（1）人为原因；

（2）设计原因；

（3）钢结构屋面自身的特殊性造成的原因；

（4）管理因素导致的渗漏。

6.5.2 重要施工工序的质量控制

1. 主、次结构构件安装质量控制

在次构件安装过程中,应严格按照施工组织方案进行施工。在檩条设计过程中,一般都设置了拉杆和系杆,根据蒙皮效应,支撑、拉杆、系杆一般在安装过程中起调节作用,调节墙梁或屋面檩条的水平度,以防止因为檩条或墙梁的下挠而造成后期自攻钉打空引起渗漏。屋面外板宜采用360°咬合式做法,在整个坡段内通长布置,大大提高屋面防渗能力。墙面设计为横板,严格控制墙面板的安装精度,避免因板宽引起的安装误差积累,以利于后序墙板施工,保证结构稳定、外观整洁美观,实施效果良好。

2. 材料进场质量控制

(1) 进场材料,须有出厂检验证明,尤其对钢结构屋面防水材料需要更严格的检查,最好是送样检测。

(2) 检验彩钢板的厚度、波纹尺寸、波峰高度。

(3) 检验天沟钢板尺寸、油漆厚度及涂层质量。

(4) 检验各式收边料规格、尺寸、厚度。

(5) 检验自攻螺丝及其防水垫圈、各类泛水板等零配件。屋面防水密封胶由传统的硅胶改为更耐久、密封性能更好的丁基密封胶。

(6) 彩钢板外观不得有拖拉伤痕、表面膜磨损、扭曲、翘角、污染等现象。

3. 钢结构防水中的彩钢板铺设及固定控制

(1) 以一侧墙边做起点,出一侧向一侧依次铺设。第一片板安装完毕后,沿板下缘拉准线,每块依准线安装,随时检查以控制不要发生偏离。

(2) 每块就位后,在每一波峰中心处,用自攻丝固定于C形檩条上。自攻丝必须垂直支撑面,密封垫圈必须完整。自攻丝固定后,波峰的凹陷以自攻丝底面与波峰准线一齐为原则,正负误差不超过1.5mm。攻丝时,须找责任心强的熟练工人操作。如力量过重、过轻或自攻钉打偏、打斜,都可能使自攻丝密封垫圈变形、脱落或者形成较深的凹面,造成屋面漏水。如自攻丝位置不正,错过彩钢板下的檩条而直接形成孔洞,将会直接造成漏水。

4. 金属屋面防水接缝

(1) 金属屋面防水中的水平接缝处

由于屋面跨度大,彩钢板太长,无法运输,故屋面设有水平搭接缝,搭接长度大于300mm,如搭接长度不足,雨水容易被风向上吹入;搭接位置在C形檩条上,并用自攻丝固定,自攻丝不得打在波谷处,且间距不大于300mm。搭接缝处满封丁基密封胶。

(2) 钢结构防水中的纵向接缝处

彩钢板纵向缝搭接时,两张板之间要搭接1个波峰,且应搭接紧密,自攻丝按要求的数量旋打,接缝处不得形成空隙。搭接缝处满封丁基密封胶。

(3) 钢结构防水中的采光带处

采光带与彩钢板水平搭接处,泛水板下口与彩钢板搭接不低于250mm,且设置挡水板,并发泡堵头。采光带与彩钢板纵扇搭接处,泛水板上口与彩钢板应搭接2个波峰,且纵向端部应下弯至波谷。泛水板上口均应伸入采光带内不低于60mm,且端部上翻5cm左

右，满封丁基密封胶。

（4）金属屋面防水中的屋顶散热天窗处

泛水板上端伸入天窗墙板内侧不低于250mm高，下端与面板搭接长度不低于250mm，并设置挡水板，并发泡堵头。

6.6 金属围护系统施工安全

6.6.1 围护施工主要安全风险分析

施工措施是相对于存在的风险而采取的，金属屋面施工存在以下四个风险，主要集中在高空坠落以及施工操作的安全上。

（1）屋面底板的消缺；
（2）屋面面板的消缺；
（3）墙面板的消缺；
（4）屋面檐口施工。

6.6.2 主要安全技术措施

（1）在钢构屋面围护作业前，应搭设上人安全通道（每个单体至少一个通道），通道应满铺脚手板，脚手板设置防滑木条；上下人斜道宽度不小于1m，立杆间距不大于1200mm，坡度值采用1:3。休息平台宽度不应小于斜道宽度；斜道两侧应设置踢脚板和双道防护栏杆（上道栏杆高度1200mm，中间栏杆居中设置），踢脚板高度200mm，栏杆和踢脚板表面刷红白警示色；斜道两侧挂密目安全网封闭；斜道的侧立面应设置剪刀撑；板上钉20mm×30mm木条防滑条，间距300mm。

（2）在屋面板材料吊装前作业区域下方兜设水平防护网，确保作业人员安全，在屋面板安装完毕后方可拆除（建议在钢构加工时在钢梁上等距离焊制弯钩，方便后期安全平网挂设）。

（3）在屋面板安装过程中屋面临边拉设一道生命线，确保人员在临边作业时安全带系挂。

（4）屋面排烟风机口、采光带等危险部位作业时应采取可靠的安全措施（如采用紧缝夹钳挂设安全带），采光带禁止提前预留，开孔后须立即进行安装。

（5）檐口板及檐口龙骨拆除及安装时，利用的架上弦杆为生根受力结构，在上弦杆上拉设10mm钢丝绳两端用固定卡子固定牢固。在每隔5m距离用钢丝绳卡子在上弦杆上固定一次。

（6）檐口部位作业人员，必须使用合格的双挂钩安全带，一个挂钩挂在安全绳上，一个挂钩挂在上弦杆上，作为一次和二次保护。

（7）屋面施工人员，在处理屋面内板缺陷时，必须在架通行处和施工点拉设不小于10mm的安全绳，在需要大面积处理缺陷时，还要用脚手管和脚手板搭设操作平台。施工人员要使用合格的双挂钩安全带，分别挂在安全绳和架上，作为一次和二次保护。

（8）墙面钢结构施工和处理缺陷时，必须在通行的两道（有的区是三道）混凝土梁上拉设10mm直径以上安全绳，安全绳用道绳卡固定在构架结构上（不方便固定在构架部位的还要在原混凝土梁的埋件上焊接1.2m高度的脚手管作为安全绳固定点）。

（9）屋面施工人员在处理屋面板缺陷时，在揭开屋面板后，需要在C形模条上用脚手板搭设施工通道，施工通道严禁施工人员踩在屋面底板上施工作业。

（10）百叶窗下面墙面内板施工时，上部操作人员采用吊笼作为操作平台；下部弧段及接近平面的直段内板的操作人员直接在混凝土梁上拉设安全绳，施工人员挂设安全带施工。

7 机电工程施工管控要点

7.1 机电工程设计与深化设计

7.1.1 深化设计的流程

机电工程深化设计流程如图 7.1-1 所示。

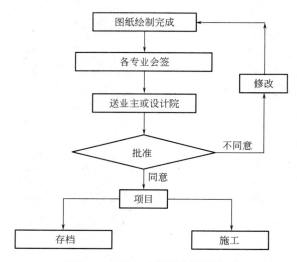

图 7.1-1 机电工程深化设计流程

7.1.2 机电专业深化图的设计

根据审批通过的综合管线图，对机电各专业图纸进行二次深化设计，主要工作是调整相关的细部尺寸。

机电各专业细部尺寸至少包括标高、位置和走向（坡向）。

还要参照综合天花图的设计，充分考虑机电专业设施位置和检修口的核准位置，调整机电专业管线的安装标高、位置和走向（坡向）。

机电专业深化图的目的是指导本专业和相关专业施工。

7.1.3 机电设备机房深化设计

1. 机房深化设计原则

首先根据工程实际工况计算对设备进行参数复核，并根据机电各系统的技术参数对设备选型参数进行复核，必要时进行重新选型；根据机电设备的实际细部尺寸，对机房进行规划性初步设计，配置设计管线和所有部件；根据实际管线的尺寸核算相关技术参数和机电设备的运行噪声，设计选型消声降噪的设备和技术措施；完成机房的深化设计，并配置完成相关配套设备、设施和管线的设计，以及楼宇自控传感器的位置。

在机房设计中要重视检修空间，特别是要确保设备便于清洁、保养和检修。在空调专业设计时，还要充分考虑空调设备冷凝水盘的标高，以确保在足够水封高度前提下，保证冷凝水管的坡向能够满足要求。

2. **特别技术措施**

为了确保制冷机房设备及管道布置更加合理，将在制冷机房采用BIM专业三维设计软件对机房进行三维综合管线设计（图7.1-2、图7.1-3）。

图7.1-2　示例效果图一

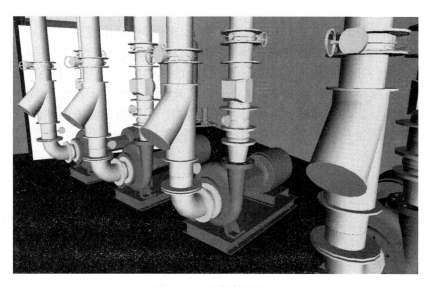

图7.1-3　示例效果图二

3. 机房深化图纸目录

1）机电设备的混凝土基座图；

2）机电设备的安装布置图；

3）平面图、剖面图和安装大样图；

4）配套部件加工大样图；

5）管道预制加工大样图等。

7.1.4 虹吸雨水系统深化设计

1. 设计参数的提供

现招标图纸中未明确虹吸雨水系统采用的设计降雨历时、降雨强度，此部分由设计单位提供。

2. 该系统基本设计图纸问题技术澄清

完善下列技术澄清工作，并逐项进行深化工作。

1）高层屋面雨水溢流系统应高于普通虹吸雨水系统。

2）混凝土屋顶的溢流系统采用侧墙开洞形式，开洞尺寸及洞口下端距地面高度应通过计算来确定。

3）钢屋面是否采用天沟汇水形式，如采用天沟形式，天沟的尺寸及底部标高是多少。

4）未明确屋面防水材质（应根据不同防水配不同材质的雨水斗）。

5）地下一层平面图中管道出户后是否显示接室外雨水管网的长度。出户管口径应放大以降低流速。

6）虹吸系统的出水口与排水井连接时，出水口底应高于排水井的外排管道顶部。

3. 深化设计方案及建议

系统管道材质及机械性能：管材和管件应采用不低于 PE80 等级的高密度聚乙烯（HDPE）材料制造且原料应为混配料。管材的纵向回缩率不大于 1%。

系统管道的连接方式：虹吸用 HDPE 管材和管件之间的连接应采用热熔对焊或电熔连接，管道与雨水斗的连接应采用电熔连接，禁止现场焊接制作管件。

系统管道二次悬吊实例如图 7.1-4 所示。钢构和结构板下虹吸管道采用二次悬吊方式，管道的水平悬吊系统采用 30mm×30mm 优质镀锌方钢，长期使用不会弯曲变形。

每隔 5m 或方钢断开处必须设置锚固管卡，水平悬吊系统要求具有足够的强度以支撑管道和流体的重量，以及在高速水流和管道因温差而产生的变形应力的冲击下有良好的防晃、抗震及吸收应力等措施；超过 $De200$ 的管道需要采用特殊的悬吊装置。钢制天沟雨水斗安装如图 7.1-5 所示，虹吸管道连接大样如图 7.1-6 所示。

7.1.5 大跨度钢构空间机电管线综合设计

依据本工程各机电专业招标图纸，从以下几方面考虑钢构空间机电管线综合的深化设计工作。

1. 钢构内机电管线分类分层安装及走向路由深化

（1）系统管道及主要末端设备，由上至下、分层安装

1）排烟系统管道及设备；

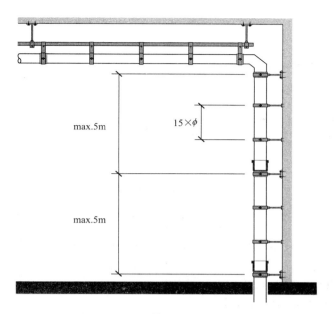

图 7.1-4 虹吸管道二次悬吊示意图

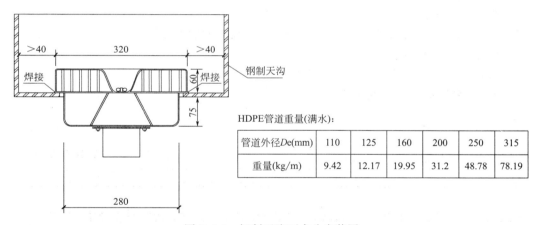

HDPE管道重量(满水):

管道外径De(mm)	110	125	160	200	250	315
重量(kg/m)	9.42	12.17	19.95	31.2	48.78	78.19

图 7.1-5 钢制天沟雨水斗安装图

注：悬吊螺杆的安装间距为 2.5m，需由结构专业提供悬吊点。

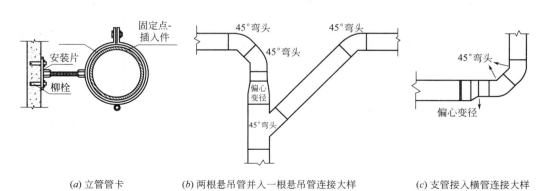

(a) 立管管卡　　(b) 两根悬吊管并入一根悬吊管连接大样　　(c) 支管接入横管连接大样

图 7.1-6 虹吸管道连接大样图（一）

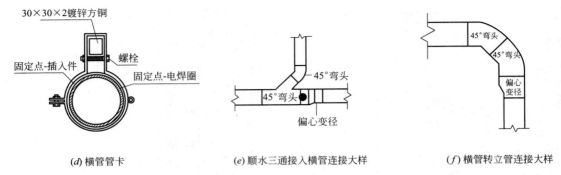

图 7.1-6 虹吸管道连接大样图（二）

2) 大系统空调通风管道、雨淋系统管道、强弱电系统桥架及配管；
3) 旋流风口、排烟口、排风口、照明灯具、扬声器；
4) 大空间雨淋系统喷头、消防报警设备。

（2）各系统管线走向及附件优化

1) 尽量避免低温介质管道系统主干管直接穿越大跨度空间；
2) 低温介质管路做好防结露措施；
3) 管路阀门及其他可调设备尽量沿边路布置或靠近维修通道；
4) 尽量减少管道外表面加覆层；
5) 在满足功能的前提下，尽量选用轻质材料。

2. 机电管线支架钢构焊点布置

进行支架焊点合理布置及优化，如图 7.1-7 所示。

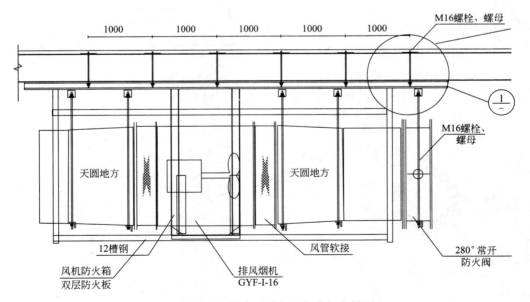

图 7.1-7 钢构下悬吊大型排烟风机支架大样图（一）

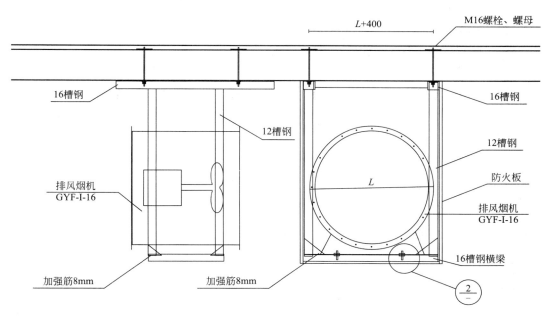

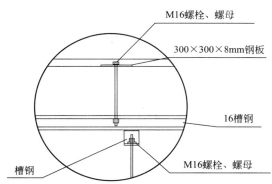

① 穿楼板

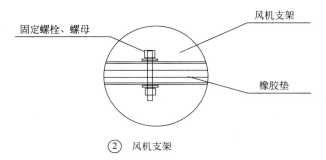

② 风机支架

图 7.1-7 钢构下悬吊大型排烟风机支架大样图（二）

3. 管道系统末端设备的固定形式
1）制订详细的加固措施（排风机、大型风口、大型灯具等）；
2）在人员较聚集上空，不建议使用螺栓加固方式；
3）灯具加装底网等防止配件坠落等措施。
4. 管路支架防腐
支架本体及焊点防腐处理，应符合本工程钢构设计的整体要求。
5. 其他
各系统管道试压、水路清洗、风量测试等专项方案。

7.2 机电工程采购与施工准备

7.2.1 设备材料采购

根据项目总进度计划及机电安装计划，在充分考虑材料设备供货周期的基础上，编制合理的机电材料设备进场计划。机电材料设备供货周期见表7.2-1。

机电材料设备供货周期　　　　表7.2-1

序号	分项工程	名称	供货周期(d)
1	水暖工程	给水排水管材/件/阀门	30
		采暖阀门及配件	30
		暖气片	35
		水表	40
2	电气工程	配电设备及材料	45
		电线/电缆	30/35
		灯具	25
		桥架	35
		发电机	35
		配电箱	40
		信息箱	40
		电表	40
		线管	15
3	配套设备	空调工程	60
		新风设备	50
		水箱	40
		水泵设备及材料	45
4	室外工程	PE管	15
		波纹管	15
		井盖	20

7.2.2 施工准备

熟悉机电安装图纸，尽可能多地找出图纸存在的问题，早发现早解决，避免临近施工时才发现问题。

与设备厂家加强沟通，提前要求厂家提供各类设备尺寸及安装深化图，根据厂家提供的设备尺寸及图纸进行前期的预留预埋工作，避免出现设备尺寸与设计蓝图不符的情况发生。

对施工人员进行技术培训和安全生产交底。

7.3 机电工程与其他专业工序交接

7.3.1 主体结构阶段

此阶段内容为一次结构预留预埋，主要涉及水、电两个专业施工内容，其中电专业包括防雷接地、线管线盒预埋及穿楼板、剪力墙管洞预埋，水专业包括底板排水管道预埋、穿楼板、剪力墙套管预埋、穿楼板管洞预埋。在主体结构施工阶段，需要机电管理人员时刻关注主体结构钢筋绑扎、模板工程施工进度，确保在浇筑混凝土之前完成全部预留预埋工作，避免出现遗漏现象。

7.3.2 装饰装修阶段

此阶段内容为二次结构预留预埋，其中二次结构预留涉及专业为发电机运输通道、强电（母线槽、桥架、电箱）、智能化（桥架、电箱）、消防（桥架、联排水管、消防箱）、给水排水（管道、空调套管）、通风（风管、风口、运输通道、工序需求）；二次结构预埋（开槽）涉及专业为强电（管线、线盒、电箱、等电位）、智能化（管线、线盒、电箱）、给水（管道）、燃气（管道）、其他（泛光照明等）。

主要流程为砌体顶砖完成（墙洞预留）→灰饼施工完成（提供建筑一米线）→管线、线盒等弹线定位→开槽作业→配管、安装、固定、塞缝→挂网、甩浆、抹灰，为确保工期要求一个流水段的预留预埋施工周期控制在2d左右。

装饰配合阶段，在吊顶装修期间，提前完成吊顶内管道安装、试压、保温工作；提前完成吊顶内风机、风管、桥架及接线工作。

7.3.3 综合管线施工阶段

综合管线主要集中区域为塔楼、地下室、钢结构厂房。

塔楼部分需注意电井安装的工序交接，电井桥架安装需在管井墙面面层施工完成后进行，桥架施工之后立即启动电井的土建封堵、收尾，并办理工序移交手续，管井内不允许除机电安装单位以外的班组作业。

地下室机电综合管线施工应遵循先大后小、先上后下、先大面后局部的原则，提前深化地下室设备基础，预留出设备的安装通道，综合管线安装需在墙面、天花腻子完成后启动，切勿提前插入，避免后期管线受到污染。

钢结构厂房综合管线施工应与地坪、围护结构两个专业密切配合，首先必须要求围护结构在规定的时间内完成屋面断水工作，保证机电安装及消防工程具备足够的时间来完成相应工作内容；其次，综合管线施工需在地坪施工之前完成或之后启动，保证机电安装与地坪施工不发生冲突，若在地坪施工之后启动，必须确保地坪已达到可以承受机械（剪刀车、曲臂车等）碾压的强度，且分包单位之间需在总包见证下办理工序移交手续，明确谁施工谁负责的原则，杜绝机电安装对地坪的成品破坏。

7.3.4 工作面移交清单

机电主要工作面移交清单及移交条件见表 7.3-1 及表 7.3-2。

主要工作面移交清单　　　　　　　　　　　　　　表 7.3-1

专业	部位
电气	变电房、配电间、电表间、发电机房、强电井
智能化	弱电井、电信机房
消防	消防水泵房、消防水池、稳压泵房、管井、消防控制中心、报警阀室
给水	生活水泵房、水管井、水表间
排水	水管井、集水井
通风	风机房、井道
电梯	电梯机房、井道、坑底
公共区域：砌砖、抹灰、腻子、涂料	

主要工作面移交条件　　　　　　　　　　　　　　表 7.3-2

专业	部位	移交时需要具备的条件
电气/智能化	变电房	通风口、桥架洞口预留完成；抹灰、涂料完成；电缆沟砌筑、地面找平完成；房间无渗漏、无水管；防火门安装完成
	配电间 电表间 弱电间	桥架洞口预留完成；抹灰、涂料完成；建筑地面完成；房间内无渗漏、无水管；防火门安装完成
	电井	预留洞口清理；管井抹灰、涂料
	发电机房	预留运输通道（发电机及储油间运输通道）；设备基础及建筑地面
通风	风机房	运输通道符合要求；天花、墙面涂料、设备基础及建筑地面完成
	井道	如通风井内需安装风管，砌体应在风管安装后再砌筑

续表

专业	部位	移交时需要具备的条件
排水	集水井	集水井清理完成,无渗漏; 周边作业不会再次产生垃圾
电梯	电梯机房	天花、墙面涂料、设备基础及建筑地面完成; 房间无渗漏,具有通风及照明措施; 防火门安装
电梯	井道	井道偏差范围在允许范围内; 圈梁及门头过梁设置满足要求; 井道内无多余洞口,洞口防护
电梯	电梯坑底	无渗漏、排水措施正常; 缓冲基座浇筑完成
消防/给水	消防水泵房 稳压泵房 生活水泵房	天花、墙面涂料、基础、水沟及建筑地面完成; 防火门安装完成; 桥架预留洞口完成
消防/给水	消防水池	保证无渗漏; 相关建筑做法完成
消防/给水	消控中心	抹灰、涂料完成; 防火门、窗安装完成
消防/给水	管井	预留洞口清理; 管井内抹灰、涂料施工完成
消防/给水	水表间 报警阀室	天花、墙面涂料及建筑地面找坡完成
备注:所有设备机房移交时都要提供接地点		

7.4 机电工程施工措施

7.4.1 机电工程工序穿插

物流仓储工程机电工程施工难度较超高层等工程有所降低,施工措施更多集中在如何合理进行工序穿插以实现节约工期的目的。本章节以机电工程为出发点,针对单层、多层物流仓储中的工序穿插进行分析。

1. 单层仓储工程工序穿插

(1) 主要工序梳理

按照界面明确、减少交叉的施工组织原则,将单层仓库建造主要分为土建、钢构、机电、消防4大专业,各专业工作单独成列,流程清晰,同时,专业间交叉节点明确。其中,为减少交叉作业,将二次结构之前的消防预埋交由机电专业施工,消防专业主要进行防火涂料、消防设备、消防实施末端安装。

1) 单层仓库施工工序，如图 7.4-1 所示。

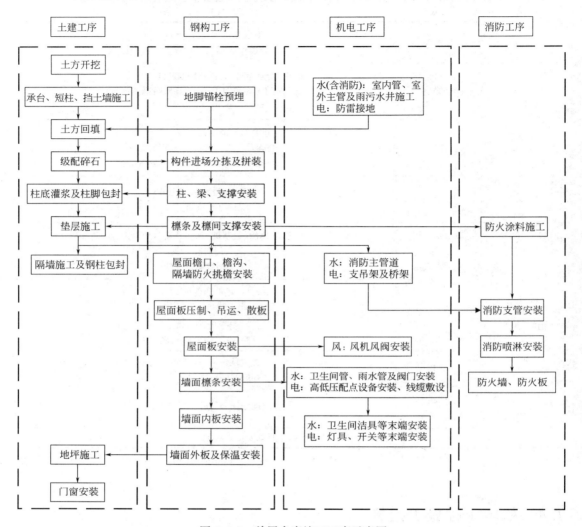

图 7.4-1　单层仓库施工工序示意图

2) 配套附属楼施工工序，如图 4.3-1 所示。
3) 室外工程施工工序，如图 7.4-2 所示。

2. 多层仓储工程工序穿插

（1）主要工序梳理

按照界面明确、减少交叉的施工组织原则，将双层仓储工程建造主要分为土建、钢构、机电、消防 4 大专业，各专业工作单独成列，流程清晰，同时，专业间交叉节点明确。其中，为减少交叉作业，将二次结构之前的消防预埋交由机电专业施工，消防专业主要进行防火涂料、消防设备、消防实施末端安装。

双层仓库施工工序如图 7.4-3 所示，宿舍楼、室外工程等其他配套设施同单层仓储工程。

（2）配套附属楼、室外工程工序穿插

详见本书 7.4.1 中单层仓储工程工序穿插相关内容。

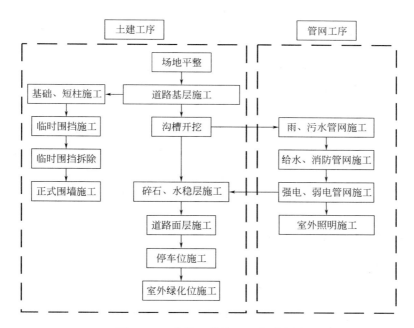

图 7.4-2 室外工程施工工序示意图

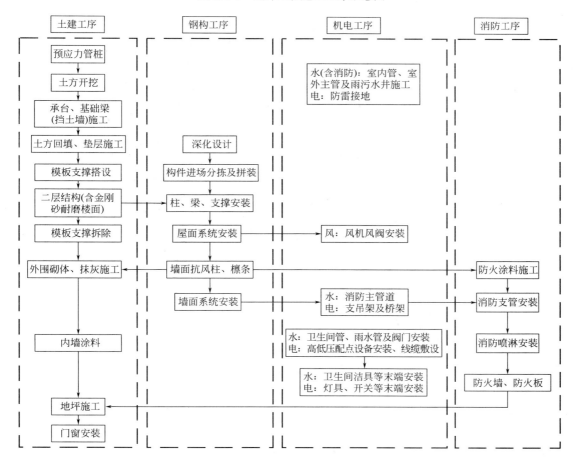

图 7.4-3 双层仓库施工工序示意图

7.5 机电工程施工质量

7.5.1 工程质量保证体系

施工质量保证体系的建立是以现场施工管理组织机构为主体，根据施工单位质量管理体系和业主的工程项目质量控制总体系统的有关规定和要求建立的。

建立项目质量管理小组，以项目经理为项目质量工作的组织者、领导者；项目建造总监对质量负有组织、贯彻、落实和检查的职责；项目技术总工负责编制机电施工组织设计、施工方案、技术措施、工艺流程、操作方法和工程质量目标，并向项目工长进行详细的技术交底，对质量工作负有质量技术监督责任；项目工长组织班组严格按照图纸、规范标准和技术交底施工，组织班组开展自检、互检、交接检活动。

落实样板引路制，机电安装每项工序实施之前必须先进行工序样板施工，经项目部、业主、监理验收合格后可定为工序样板。机电安装样板如图 7.5-1 所示。

1. 建筑电气样板

成套配电柜柜上开关标牌标识器件标明被控设备标号及名称或操作位置，接线端子有编号，且清晰工整不易褪色，如图 7.5-1 所示。

图 7.5-1 配电柜样板

配电箱深度与宽度在抹灰前预留和预埋，采用灰饼控制电箱的安装深度，经检查确认到位后方可安装，对于有三根以上预埋管线的线槽，用 C20 细石混凝土灌实后在铺挂钢丝网片抹灰，如图 7.5-2 所示。

桥架安装无特殊要求时，按规范执行，样板如图 7.5-3 所示。

防雷焊接中圆钢与圆钢搭接处满足双面焊 6d，避雷带应平正顺直，固定点支撑间距均匀、固定可靠，每个支撑件应能承受大于 49N 的垂直拉力，样板如图 7.5-4 所示。

2. 给水排水工程样板

冷热水管应满足：冷水管嵌入墙体不少于 10mm，热水管嵌入墙体不少于 15mm，嵌入地面的管道不少于 10mm，满足左冷右热，且间距不少于 200mm，样板如图 7.5-5 所示。

图 7.5-2 电箱样板及线槽防开裂样板

图 7.5-3 桥架安装样板

 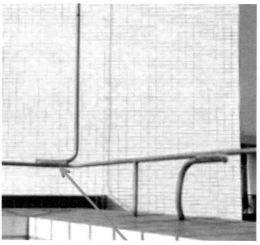

图 7.5-4 防雷焊接样板

图 7.5-5　冷热水管样板

给水管水平安装的支架间距应符合要求，采用金属制作的支架应在管道与支架间加非金属垫或套管，样板如图 7.5-6 所示。

排水立管固定码应安装牢固，保证排水立管的整体稳定性，有利于排水通畅，合理控制侧排高度并向侧排找坡，样板如图 7.5-7 所示。

安装在楼板内的套管，其顶部应高出装饰地面 20mm，安装在卫生间、厨房内的套管其顶部应高出装饰地面 50mm，穿墙管止水环与主管或翼环与套管应连续双面满焊，并做好防腐处理。样板如图 7.5-8 所示。

各种卫生器具与台面、墙面、地面等接触部位均采用硅酮胶或防水密封条密封，排水坡度正确，无渗漏、无积水。样板如图 7.5-9 所示。

3. 暖通工程样板

风管板材拼接的咬口缝应错开，不得有十字形拼接缝，金属风管法兰材料规格不得小于规定尺寸，矩形风管法兰的四角部分应设有螺孔，管道支吊架构造正确，采用压制弯头应与管道同径，样板如图 7.5-10 所示。

图 7.5-6　给水管安装样板

图 7.5-7　排水管安装样板

图 7.5-8　套管样板

图 7.5-9　卫生器具安装样板

159

图 7.5-10 风管安装样板

7.5.2 机电安装质量通病及防治

1. 穿墙套管

常见问题：无套管，管与墙面处理粗糙。

正确做法：水管从套管中心穿过，与墙面交接处处理干净美观（图 7.5-11）。

 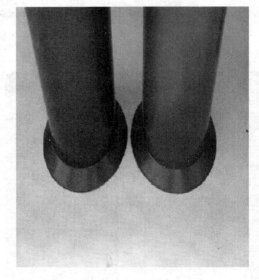

图 7.5-11 穿墙套管对比图

2. 管道丝扣连接

常见问题：接口处麻丝未处理，外露螺纹未防腐处理。

正确做法：麻丝清理干净，外露螺纹2～3扣，防腐处理（图7.5-12）。

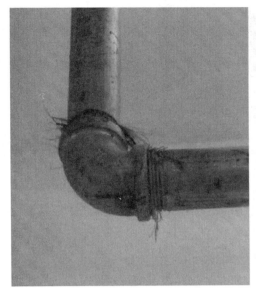

图7.5-12 管道丝扣连接对比图

3. 管道沟槽连接

常见问题：连接部位单边设置支架。

正确做法：沟槽式连接的给水钢管在相邻的两个接口间必须设置管架，避免连接处受外力影响（图7.5-13）。

图7.5-13 沟槽连接对比图（一）

图 7.5-13　沟槽连接对比图（二）

4. 管道支架设置

常见问题：管道"倒抱"或"侧抱"，导致受力不科学，不方便检修。

正确做法：支架应做成"U"形或"L"形，DN≤40 的管子宜采用"L"形（图 7.5-14）。

图 7.5-14　管道支架设置对比图

5. 水泵电机基础安装

常见问题：水泵基础无减振装置，出水管支撑支架为硬性支架，不防振。

正确做法：水泵安装设橡胶减振垫，接地明显可靠（图 7.5-15）。

6. 配电箱安装

常见问题：未采用机械开口，边口锋利，易划伤电线，且防火封堵不严密。

正确做法：进出口机械开口，封堵严密且表面平整（图 7.5-16）。

图 7.5-15 水泵电机基础安装对比图

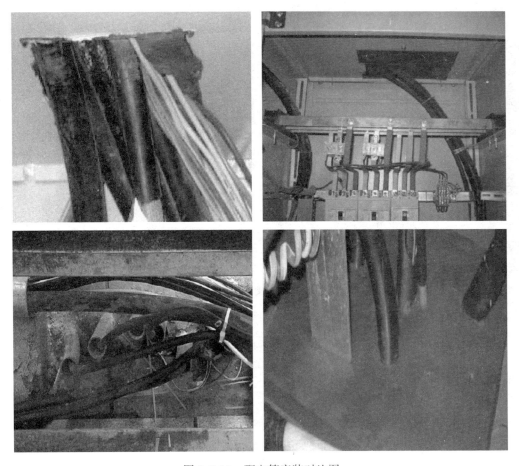

图 7.5-16 配电箱安装对比图

7. 配电箱内接线

常见问题：线路敷设随意，电线颜色不按规范要求设置，标识不清楚；端子接线多于2根，多股导线未搪锡，线径松散。

正确做法：线路横平竖直，电线颜色严格按相位区分；每个设备、器具的端子接线不得多于2根线（图7.5-17）。

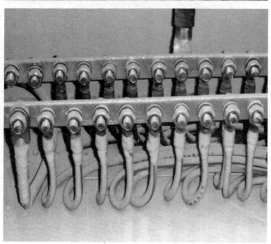

图7.5-17 配电箱内接线对比图

8. 桥架安装

常见问题：桥架跨接地线安装在连接板上；支架间距过长，有脱底现象。

正确做法：桥架地线跨接应接在桥架2个螺栓孔间；尽量将支架设置在桥架连接处（图7.5-18）。

9. 电缆敷设

常见问题：电缆敷设随意，无固定、无标识，强弱电混杂。

正确做法：桥架内单层敷设，排列整齐标识正确，绑扎牢固（图7.5-19）。

10. 风管安装

常见问题：缺少防晃支架。

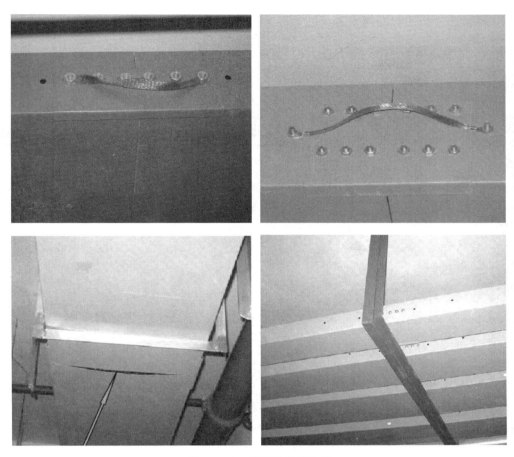

图 7.5-18 桥架安装对比图

图 7.5-19 电缆敷设对比图

正确做法：按照标准要求间距设置防晃支架（图 7.5-20）。

图 7.5-20　风管防晃支架安装对比图

7.5.3　机电安装成品保护措施

1）安装好的管道不得用作支撑或放脚手板，不得踏压，支托卡架不得作为其他受力点；

2）管道尤其是立管在安装完成后必须用塑料薄膜包裹保护，防止灰浆污染管道；

3）丝接管道必须用临时丝堵拧死，严禁敞口，以防掉入杂物堵塞管道；

4）已完工的吊顶装饰面喷淋头安装时，施工人员需带白手套进行安装，以免污染或损坏装饰面；

5）阀门的手轮在安装时应卸下，交工前统一安装好；

6）水泵的进出口在配管之前一定要封堵好，防止异物进入；试运行后应放尽泵内的积水，防止锈蚀，严禁非专业人员开泵；

7）水表应有保护措施，为防止损坏，可在交工前统一装好；

8）安装完的洁具应加以覆盖，或封闭卫生间保护，防止洁具瓷面受损或整体损坏；

9）为防止配件丢失或损坏，部分下水及给水配件应在工程竣工前统一装好；

10）敷设线路时，应保持墙面、顶棚、地面的清洁完整，修补铁件油漆不得污染建筑物；

11）配线、灯具安装完成后不得进行喷浆和刷油，以防止导线和电器具受到污染；

12）剔槽时应先放线，避免开凿过大过宽，造成结构缺陷；

13）桥架敷设电缆时要注意不要硬拉硬拽，在桥架里的电缆需整齐摆放，竖向桥架出口应用防火泥封堵，且在桥架内用扎带固定，防止下垂；

14）电缆敷设完成后应立即进行配电箱的接线，并锁好箱门、柜门，施工人员离开后及时锁门并加强安保巡逻；

15）安装开关、插座时应尽力保持墙体整洁，安装完成后用塑料膜进行包裹；

16）灯具、风管等材料进场时应摆放整齐，稳固并注意防潮，搬运时要轻拿轻放，避免破损；

17）电机及其附属设备安装的机房内，机房门应加锁，未经允许非安装人员不得入内；

18）电机安装完成后应保持机房干燥，以防设备锈蚀；

19）低压配电柜安装完成后不得再次喷浆，如墙面必须喷浆修补时，应将柜体盖好；

20）泵房、变压器房、高低压配电室、冷冻机房、柴发机房等设备房安装完成后立即加锁，未经安装单位许可，其他人员不得入内，必须安排人员值班保护。

7.6 机电工程施工安全

7.6.1 安全生产管理体系

1. 项目安全管理组织机构

项目安全管理组织机构如图 7.6-1 所示。

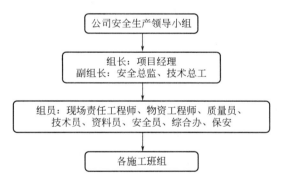

图 7.6-1 项目安全管理组织机构

2. 建立安全生产规章制度

建立健全各级各部门安全生产责任制，责任落实到人，各项经济承包明确安全指标和包括奖惩办法在内的保证措施。项目与施工班组之间必须签订安全生产协议书。

必须对新进场的工人进行三级安全教育，工人变换工种，需进行新工种的安全教育；特种作业人员必须经培训考试合格后持证上岗，操作证必须按时审查，不得超期使用。

进行全面针对性的安全技术交底，接受交底者履行签字手续。

必须建立定期安全检查制度。有时间、有要求，明确重点部位、危险岗位，安全检查需有记录，对查出的隐患应及时整改，做到定人、定时间、定措施。

3. 安全文明制度

（1）基本要求

1）物资部负责个人防护用品的统一采购、质量控制及按项目部规定标准发放；

2）安全部负责个人防护用品使用规范的培训及购置计划；

3）安全员负责对员工个人防护用品的日常使用情况进行监督检查。

（2）安全帽

1）进入施工现场必须佩戴安全帽；

2）安全帽严禁重摔重压；

3）安全帽要有下颚带和后帽箍并拴系牢固，以防帽子滑落与碰掉；

4）热塑性安全帽可用清水冲洗，不得用热水浸泡，不能放在暖气片上、火炉上烘烤，以防帽体变形；

5）安全帽使用超过规定限值，或者受过较严重的冲击后，虽然肉眼看不到裂纹，也应予以更换；一般塑料安全帽使用期限为三年；

6）佩戴安全帽前，应检查各配件有无损坏，装配是否牢固，帽衬调节部分是否卡紧，绳带是否系紧等，确信各部件完好后方可使用。

（3）工作服

1）进入施工现场必须穿戴整齐；

2）严禁穿短袖、短裤、背心等进入施工现场；

3）衣扣、袖扣等必须扣好。

（4）安全鞋

1）进入施工现场必须穿上安全鞋；

2）安全鞋必须具有防穿刺、防滑、防砸等功能；

3）未穿好安全鞋者严禁进入施工现场。

（5）防护眼镜和面罩

1）钻孔、打磨、焊接、气割等作业必须佩戴防护眼镜或面罩；

2）护目镜要选用经产品检验机构检验合格的产品；

3）护目镜的宽窄和大小要适合使用者的脸型；

4）镜片磨损粗糙、镜架损坏，会影响操作人员的视力，应及时调换；

5）护目镜要专人使用，防止传染眼病；

6）焊接护目镜的滤光片和保护片要按规定作业需要选用和更换；

7）防止重摔重压，防止坚硬的物体摩擦镜片和面罩。

（6）防护手套

1）防护手套的品种很多，根据防护功能来选用，首先应明确防护对象，然后再仔细选用；

2）绝缘手套应定期检验电绝缘性能，不符合规定的不能使用；

3）操作摇臂钻床禁止戴手套作业；

4）使用打夯机、型材切割机等必须戴绝缘手套；

5）焊接、气割等作业必须戴焊工专用手套。

（7）安全带

1）2m以上（含2m）作业者必须系挂好安全带；

2）高处作业时必须采用全身式、双挂钩（大钩）、带缓冲器的"五点式"安全带，距离坠落基准面小于8m（不含8m）的高处作业，也可采用"三点式"、双背带、双挂钩（大钩）、带缓冲器的安全带；

3）在使用安全带时，应检查安全带的部件是否完整，有无损伤；
4）安全带系挂点必须能承受足够的强度，例如扶手和管线、脚手架钢管等；
5）安全带必须高挂低用；
6）严禁将安全带系挂在机械设备、障碍物、电缆或锐边角处。

7.6.2 安全措施

1. 施工用电安全管理

（1）施工用电必须有经批准的临时用电施工组织设计，现场用电按此设计进行；

（2）所有电力线路和用电设备，必须由持证电工安装，并负责日常检查和维修保养，其他人员不得私自乱接、乱拉电线；

（3）现场使用的用电线路必须采用绝缘导线，不得裸露；导线要架空设置，以绝缘子固定，不得捆绑在脚手架上；

（4）在潮湿场所及容器、罐内作业时应使用 24V 的安全电压作照明；

（5）室外的配电箱必须做防雨罩，并上锁，钥匙由值班电工统一管理；开关箱内漏电开关动作电流不大于 30mA，所有用电设备均采用"一机一闸一漏"；

（6）配电系统采用 TN-S 接零保护系统，PE 截面积不小于 1/2 相线，所有出线电缆末端重复接地，接地电阻不大于 10Ω；电力设备外壳及所有金属工作平台均与 PE 相连。

2. 设备的安全管理

（1）施工现场的机械设备的安装，应严格执行验收制度，并由持有操作证的人员操作，实行定机定人；

（2）各类施工机械的安全防护设施和安全措施，必须严格按照有关的安全技术规程配置，并保持齐全有效，严禁拆除机械设备上的各种安全防护设施；

（3）所有施工现场的机械保管、修理，操作人员必须严格执行机械设备的保养规程和安全操作规程，必须严格执行设备定期保养制度、定期维修制度，做好机械设备的清洁、紧固、润滑、调整和防腐工作，严禁机械超负荷使用、带病运转和在作业中进行维修；

（4）所有机械设备必须在醒目处悬挂操作规程及注意事项。

3. 高空作业安全措施

（1）高空作业人员及搭设高空作业安全设施人员，必须经过技术培训及考试合格后持证上岗，并定期进行身体检查；

（2）高空作业必须有安全技术措施交底，落实所有安全技术措施和人身防护用品；

（3）高空作业中所有的材料必须放置平稳，不得妨碍通行和其他作业，传递物件时禁止抛掷；

（4）雨天和雾天进行高空作业，必须采取可靠的防滑措施，遇到六级以上大风时，停止高空作业，暴雨后对高空作业设施进行全面的检查、修复和完善。

8 室外工程施工管控要点

8.1 室外工程设计与深化设计

一般情况下，建筑室外管线有雨水管、污水管、给水管、电力电缆、路灯电缆、电信电缆、智能化管线等，还有检查井、化粪池等构筑物。在工程施工中，要根据管线的种类、道路的宽度、建筑物之间的间距等要素，对综合管线进行图纸的现场深化，合理有效地把设计图纸上的各种管线各就各位。下面就室外工程设计与深化的控制要点进行简述。

(1) 认真核对图纸，明确各专业管线的标高、位置安排是否合理。避免发生冲突，保证日后检查维修的方便性。

(2) 管道平面图设计与深化要点。

1) 确定相对位置，如管沟、雨污水检查井、阀门井等距建筑物距离。

2) 明确管道的标高、走向、坡度、管径、沟内管道数量等。

3) 建筑物外墙进出管线具体标高、坐标位置及接口方式。

4) 红线内外管线接口部位标高、坐标及接口方式。

(3) 管道纵剖图设计深化要点。

1) 管道的起始点标高、变坡点和连接分支管道的起始标高。

2) 管道的坡度和坡向等。

3) 与其他专业在地下分层敷设时，了解层间间距是否符合设计要求，管道交叉重叠时是否会相碰。

(4) 管沟剖面图设计深化要点。

1) 管沟断面尺寸、沟内管道排列方式和顺序是否合理。

2) 管道排列间距与沟壁的相对尺寸是否符合规范规定和设计要求。

8.2 室外工程采购与施工准备

根据总进度计划，单列物资采购计划。涉及物资主要有，室外电气工程：电力电缆、电缆保护管、配电箱、路灯；室外消防工程：管材、阀门、消火栓、水泵接合器；弱电工程：镀锌钢管、控制电缆、智能设备；给水排水工程：阀门、水表、管材；室外道路：钢筋。合同一般对材料品牌会有要求，采购控制要点：严格按照指定品牌进行材料订货，并了解生产周期，确保材料提前15d抵达现场。如指定品牌无法满足现场要求，及时反馈，建议增加同等品牌。

室外工程施工重点都是在地下，所以导致场区管网分布非常复杂，同时又要避免同主体施工的交叉及保证室外施工对整个交通的影响，室外工程施工的施工准备重点体现在以下几个方面：

(1) 入场后组织各专业技术人员认真学习设计图纸，领会设计意图。

(2) 根据设计图纸，利用 BIM 技术对整个室外工程进行立体排布，强化对场区管线的立体空间和平面位置的把握，找出图中交叉不合理区域，进行调整。

(3) 以错峰施工为原则，编制室外工程施工计划。

(4) 编制相对应施工方案，重点突出施工部署，以及雨期施工对应措施。

(5) 制订相应人、机、料、法、环方案。

(6) 强化对于管道施工材料的质量控制。

8.3 室外工程与其他专业工序交接

物流仓储工程室外施工总体原则：在不影响厂区车辆运输的前提下，优先从交叉作业少向交叉作业多的方向施工，室外道路优先形成两幅环形道路。

工序交接坚持"四让"原则，即道路让管道，道路让施工便道，管网让主体，支管让主管。

按照总工期要求，结合各专业之间的交叉编制网络计划图（可反映各专业之间的交叉关系），并据此进行有效的控制，使整个室外工程形成一个衔接紧凑、合理交叉和有条不紊的施工局面。

(1) 室外工程与地基处理工序交接：南方地区土质较差，室外道路一般会进行地基处理，如进行水泥土搅拌桩、SDDC 等地基处理，进场后优先进行室外地基处理，后进行室外管网施工。

(2) 室外工程与临时道路工序交接：临时道路施工时优先避开管网一侧（如管网在道路上），若无法避开，优先施工临时道路，后续管网施工时对临时道路进行破除，因厂区管网一般设计在道路外侧和绿化带位置，少量库区外接管线会横穿道路，不因少量管线影响整个道路环网的形成。

(3) 室外工程与主体施工工序交接：物流仓储施工，为保证优先形成厂区排水，室外雨污水工程应优先施工，这就很难避免与主体结构的交叉施工，为避免相互影响，两者之间应错峰施工，即主体结构从东往西施工，室外工程从西往东施工，尽量避免工序交叉。

(4) 室外工程与墙面围护施工工序交接：参照物流仓储施工进度，墙面围护板安装施工时，室外道路正大面展开施工，因墙面围护板安装需用汽车式起重机在室外吊装，室外道路施工顺序与墙面安装顺序尤为重要，先确定墙面安装顺序，并确定汽车式起重机站位与道路之间的关系，一般道路宽度为 8m，分四幅浇筑，墙板吊装时，占用两幅道路，另外两幅道路优先施工，优先形成消防环路，剩余道路待吊装完成后进行补仓。

8.4 室外工程专业分包配合

室外工程是一个综合性的工程,它包括回填土工程、雨污水综合管线工程、铺装道路工程、消防工程、绿化工程、室外道路等。这些工程都是相互联系,相互制约的,它们当中任何一个施工环节出现质量问题都会影响上一个工序或者下一个工序。

(1) 相邻管线,在埋设高程相同或者相近时,最好考虑大开槽的施工方案,这是缩短工期、加快进度的有效措施。

(2) 在道路结构层内偏上的管线,最好待道路结构层碾压成型后,返挖槽施工。这既能确保道路结构层的碾压施工及质量,又避免了道路碾压施工对管线的损坏。

(3) 施工方向上,建议由远离施工现场出入口位置逐步向施工现场出入口位置进行施工,最大程度上减小路面开挖对现场材料运输、车辆行驶等的影响。

(4) 协调好各专业分包之间的关系。在组织协调上应尽力减少各专业之间的相互干扰,缓和它们之间的矛盾。现场因前期施工成果被损坏而引起的施工单位之间的纠纷屡见不鲜,总承包管理人员应督促后续的专业分包单位重视和加强对已施工成果的保护,必要时应采取一些临时性的保护措施。与此同时,还应建立"谁损坏谁赔偿"的制度,这是保护施工成果较为有效的办法。

(5) 召开工地例会是组织协调的最好办法。总承包单位需定期组织召开工地例会,解决工程施工中相互配合问题,及时化解矛盾,消除影响施工进展的各种因素。在平行、交叉施工多,工期和场地十分紧张的情况下,有必要每天召开一次工地例会。

8.5 室外工程施工措施

(1) 施工组织管理措施

道路施工部位考虑从整个区域内部逐步向大门退缩收尾,而排水管道采用从排洪口往场内施工的办法。总的施工规划遵循先地下后地上的施工原则:先化粪池和各类砂井→管道安装(开挖、回填)→道路基础施工(可安排与管道开挖回填同时作业,务必要保证非道路区域有堆土场所)→道路路面施工→电气穿线接电箱等→室外围墙施工。

(2) 管网标高控制措施

1) 各专业管线放线后,应由专业工程师和监理工程师统一验线,确认签字后方可开槽。必须强调的是,各专业管线的路径不得随意变动。

2) 管线交叉较多的丁字和十字路口是管线立面高程控制的重点和难点部位,在此部位管线相互打架屡见不鲜。为搞好控制工作,项目需指定一名专业管线知识面广、又熟悉工程测量的工程师专门负责管线立面高程控制工作。

3) 在管线立面交叉中,必须按照设计或相关规范要求,控制各专业管线之间保持一定的间距。为避免或减少立面交叉管线之间相互损坏和确保安全,在施工过程中,应采取一些必要的支、挂、吊等临时措施。

8.6 室外工程施工质量

8.6.1 强化对于管道施工材料的质量控制

对于管道施工用料的质量而言，强化对于管道施工用料的把握才是其立身之本。但是从目前建筑原材料行业来看，非常混杂，也在很大程度上加重了建筑原材料的控制力度。因此需要从以下几个方面认真着手分析：

（1）建立进场材料及配件申报制度，主要管材、阀门进场前，提前报验。

（2）对进场材料按批进行抽查，根据相应规范要求并结合施工现场情况，制订安全、合理、可行的试验方案，检查品种规格和外观质量，以防止以次充好，材料和实物与报验不符。

（3）管道使用的阀门，如截止阀、闸阀、球阀等也是控制重点。首先，应检查出场质量合格证书与阀门上的铭牌是否相符，型号、规格、压力使用范围、密封等是否满足设计要求。不仅如此，安装前还应检查阀门开闭是否灵活，必要时，还应按施工验收规范的要求进行强度和严密性试验，合格后方可使用。

（4）施工道路重点控制路基质量，若要道路后期不出现断板、下陷等质量问题，重点须关注路基处理，路基压实系数必须达到设计标准后方可进行下道工序施工。

（5）雨污水管网的灌水、通球试验。如接口不严，管道接口长期渗漏，导致排水管道基础下沉、管道悬空，甚至路面坍塌；管沟不平，未压实，管道回填时采用机械回填，导致外壁损坏；深回填区，管沟基础未按要求加钢筋混凝土，管道上表面未加钢筋混凝土板，管网易下沉或压扁等现象。灌水、通球试验是对雨污水管网施工质量的全面检查，确保正式投入使用后系统能正常运行。

8.6.2 场区道路施工质量控制

物流仓储工程室外道路施工面积大，室外管网较多，厂区路网较市政路面更难以施工，很多厂区路面管井周围出现下沉，甚至路面大面积下沉、道牙倾翻等现象，此问题应做好如下工作：

（1）室外管网周围一定要人工分层夯实。因为管井周围道路施工机械无法压实，一旦处理不好日后会造成下沉。

（2）过路管线一定要提前考虑到位，严禁压实后进行二次开挖，二次开挖后的沟槽机械无法压实，同时自来水、电气、排水等管线施工完毕管沟回填时一定要分层夯实。

（3）路面基层处理时一定要向完成面外扩 30cm 的刚性放大角，砂石料及水稳层各外扩 30cm。道牙施工时要安放在经过处理的密实基础之上，同时绿化苗木栽种时严禁将外扩的刚性基础破坏。

（4）带压、带水管线施工时一定要打压合格后方可回填，如自来水、消防等管线。排水无法进行打压施工，故要加强其接口部位密封圈及坡度的检查，以防止管线漏水造成路面塌陷。

8.6.3 绿化土方的施工质量控制要点

（1）绿化土方待管线全部完成后进行回填，回填前严格控制管网管沟的回填质量，以免引起绿化水浇灌时造成塌陷，而重新补种草坪、栽种树木。

（2）绿化土方回填时要使用水准仪严格控制标高，切莫肉眼观察看似平整，浇水时出现凹凸不平的现象，以致低的地方是水坑，高的地方草坪无法成活。

（3）绿化土方回填时要大量使用人工，切忌机械平整，对已施工完毕的管线造成破坏，而二次开挖重新修整地形，遭受经济损失。

8.6.4 室外配套容易出现的问题

第一是污排管。比如在某厂区室外配套施工中，污排管全部采用的是双壁波纹管，这种管线的特点是质轻、使用方便，但又存在刚性差、易弯曲、壁薄，使用起来易被损坏等不足。要保证投产后排污顺畅，对施工的技术要求就比较严格，施工中必须做到管沟平顺、坡度合理、砂石垫层密实。同时，要求接口处密封圈牢靠有效，承插接头长度到位。否则管线容易产生弯曲、出现局部无坡或倒坡现象，接头滑出易形成断管而影响正常使用。

第二是给水管（包括生活加压给水、高低压消防给水、绿化给水、污水强排等类型给水管）。厂区给水管线一般采用钢板网PE管，其特点是质轻、易施工、刚性差，埋地管线容易被锐利的物体扎坏或被砖瓦石块等硬物挤压损坏。所以，施工中铺砂、填土的环节要格外注意。另外，给水管线容易出现问题的部位还有管与管连接处，钢板网PE管的连接是通过电熔套的电阻丝，在电熔机加电以后，产生热量，使电熔套膨胀、粘接以达到密封连接的效果。在施工中关键要保证管线在电熔套中的承插长度达到要求，电熔时要将电熔机的电压、电流、热熔时间匹配好，热熔结束后要使管线在外界没有扰动的情况下将温度降到常温。否则管线渗水、漏水现象将不可避免。

第三个容易出现问题的部位是受机械施工损坏处。在施工中被机械损坏的管线，其中比较严重的容易被发现，从而可以及时修复或更换，但绝大部分是损坏较轻，或者划伤，或者碰伤，有较强的隐蔽性，很难被及时发现，将成为安全隐患。

第四个容易出现问题的部位是管线地上硬化塌陷处。地面路面的塌陷是厂区配套中容易出现的通病，情况比较复杂，如由于施工工期短，特别是个别地段还是在冬季特殊环境下施工，回填的管沟、道路灰土的压实等个别环节难以保证完全达到设计要求等。

8.7 室外工程施工安全

8.7.1 建立安全生产保证体系

1. 组织保证体系

建立安全保证体系，切实落实安全生产责任制，设置安全生产领导小组，项目经理为安全第一责任人；管生产的施工负责人必须管安全；设专职安全检查工程师、安全检查员，做到分工明确，责任到人。

2. 资金和信息保证体系

（1）保证足够的安全生产资金投入和物资投入。

（2）建有完整、可靠的安全生产信息系统，保证及时、准确地传递、处理和反馈各类有关安全生产的信息。

3. 建立各项安全生产管理制度

（1）安全生产管理制度；
（2）安全生产检查制度；
（3）安全生产验收制度；
（4）安全生产教育培训制度；
（5）安全生产技术管理制度；
（6）安全生产奖罚制度；
（7）职员因工伤亡事故报告制度；
（8）重要劳动防护用品定点使用管理制度；
（9）特种作业及外协力量安全管理制度。

8.7.2 进行安全生产教育

安全教育内容分别为安全生产思想教育、安全知识教育、安全技能教育。安全教育分三个层次进行。一是对各级领导和管理人员的安全教育。每次生产会、调度会、协调会布置生产任务先强调安全生产，对本工程易发生事故的地方和行为尽量做到事先提醒，要求各级管理人员高度警觉，防止不安全因素滋长，做到警钟长鸣。二是对基层单位领导、工地施工负责人、安全员开展安全业务培训。在安全专业技术培训方面，进一步学习《建筑法》和有关建筑安全生产管理条例，使管理人员提高认识，转变单纯追求经济效益的观念，把"安全第一"变成依法办事的自觉行动，并不断介绍安全管理的新知识、新技术、新经验，提高管理队伍整体业务水平和安全管理效能。三是对工地施工人员的入场教育，每一批工人进场，由项目部组织进行岗前安全培训，由安全部门统一命题考试，合格者才能上岗，并在分项工程施工前由施工负责人进行安全技术交底。抓好岗位培训，特别是安全管理人员和特种工种操作人员的岗位培训，坚持持证上岗。以有效地提高职工和各级管理人员和职工的安全意识和业务素质，加强防范各种隐患的能力，提高安全生产的管理水平。

8.7.3 建立安全技术措施和保证制度

（1）建立健全各级各部门的安全生产责任制，责任落实到人，各项经济承包及分包合同均有明确的安全指标和奖罚办法。

（2）在编制施工组织设计，制订施工方案和下达施工计划时，必须同时制订和下达施工安全技术措施。无安全措施技术交底，不得施工。

（3）生产工人应掌握本工种操作技能，熟悉安全技术操作规程，经考试合格，持证上岗，认真建立"职工安全教育记录卡"，及时做好记录。

（4）进入施工现场必须戴安全帽，每天有佩戴袖章的安全员值班。现场设有安全生产管理制度牌、防火须知牌、安全无重大事故计数牌、安全责任区划分牌。在主要施工部位、作业点、危险区，都必须挂有安全警示牌。

（5）安全防护用品、钢管、扣件、螺栓、电力线等材料的质量必须符合规范规定的要求。

（6）中小型施工机具均必须专人使用，专人保养，并挂安全操作牌。

（7）夜间施工配备足够的照明，电力线必须由电工人员架设及管理，并按规定设红灯警示。

（8）管沟开挖前要对地下管线及障碍物进行调查，挖出的管线必须进行保护。

（9）施工机械使用前要认真检查，确认良好，并经试运转正常后，方可使用。

（10）参加施工的驻地管理人员一律持证上岗。佩证内容有姓名、职务和本人照片，安全员的配证为红色以示醒目。

（11）建立定期和不定期的现场安全检查制度。

每次检查都必须做好记录，发现事故隐患要及时签发安全隐患通知单，并本着三定的原则（即定整改负责人、定整改时间、定整改措施）及时解决，将事故苗头消灭在萌芽状态。

9 分拣系统施工管控要点

9.1 分拣系统设计与深化设计

自动分拣系统（Automatic Sorting System）是先进配送中心所必需的设施条件之一，具有很高的分拣效率，通常每小时可分拣商品6000~12000箱；可以说，自动分拣机是提高物流配送效率的一项关键因素。它是第二次世界大战后在美国、日本的物流中心中广泛采用的一种自动分拣系统，该系统目前已经成为发达国家大中型物流中心不可缺少的一部分。

（1）自动分拣系统的发展

自动分拣机是自动分拣系统的一个主要设备，它本身需要建设短则40~50m，长则150~200m的机械传输线，还有配套的机电一体化控制系统、计算机网络及通信系统等，这一系统不仅占地面积大（动辄20000m²以上），而且还要建3~4层楼高的立体仓库和各种自动化的搬运设施（如叉车）与之相匹配，这项巨额的先期投入通常需要花10~20年才能收回。

（2）作业流程

自动化立体库的主要构件有：货架、巷道式堆垛起重机、入（出）库工作台和自动运进（出）及操作控制系统。

该系统的作业过程可以简单描述如下：物流中心每天接收成百上千家供应商或货主通过各种运输工具送来的成千上万种商品，在最短的时间内将这些商品卸下并按商品品种、货主、储位或发送地点进行快速准确的分类，且运送到指定地点（如指定的货架、加工区域、出货站台等），同时，当供应商或货主通知物流中心按配送指示发货时，自动分拣系统在最短的时间内从庞大的高层货存架存储系统中准确找到要出库的商品所在位置，并按所需数量出库，将从不同储位上取出的不同数量的商品按配送地点运送到不同的理货区域或配送站台集中，以便装车配送，如图9.1-1所示。

自动分拣系统的作业流程包括：

1）入库流程。当系统响应入库请求时，系统会弹出入库对话框。操作需要输入货物的名字和数量，看看数量是否正确，不然，系统会向计算机发送需求，打印入库单据。系统会自动扫描货物是否相符，如果相符就执行入库进行分拣和运送，如果不符，就会发出报警信号，然后操作员就需要检查货物，重新扫描货物进行入库。

2）进行拼盘分拣操作。

一般小件的货物在入库时，为了节约空间，需要进行拼盘操作。如果是大件货物可以并箱操作，如果是多个同种货物放在一个托盘或货箱中，不过是不同种的货物进行拼箱，管理系统的数据库中设定拼盘批次码、拼盘码、货物零件到场批次码等信息，将每个拼盘

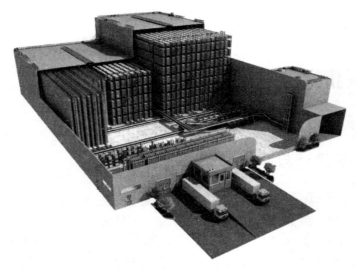

图 9.1-1 自动分拣系统示意图

中货物数量、种类和其存放货位联系起来，以利于出库时倒盘拼箱。

3）出库流程。

当有需要进入仓库取出货物时，操作员可以通过系统查出货物的数量，输入货物的名称、数量，打印出库单据，然后执行出库操作，开始分拣和配送。

和传统的仓库相比，自动化立体仓库管理更加智能化和自动化，不仅节约了土地空间，而且还能够节约企业的物流成本。

（3）主要特点

1）能连续、大批量地分拣货物。由于采用大生产中使用的流水线自动作业方式，自动分拣系统不受气候、时间、人的体力等的限制，可以连续运行，同时由于自动分拣系统单位时间分拣件数多，因此自动分拣系统的分拣能力是连续运行 100 个小时以上，每小时可分拣 7000 件包装商品，如用人工则每小时只能分拣 150 件左右，同时分拣人员也不能在这种劳动强度下连续工作 8h。

2）分拣误差率极低。自动分拣系统的分拣误差率大小主要取决于所输入分拣信息的准确性高低，这又取决于分拣信息的输入机制，如果采用人工键盘或语音识别方式输入，则误差率在 3% 以上，如采用条形码扫描输入，除非条形码的印刷本身有差错，否则不会出错。因此，目前自动分拣系统主要采用条形码技术来识别货物。

3）分拣作业基本实现无人化。国外建立自动分拣系统的目的之一就是为了减少人员的使用，减轻员工的劳动强度，提高人员的使用效率，因此自动分拣系统能最大限度地减少人员的使用，基本做到无人化。分拣作业本身并不需要使用人员，人员的使用仅局限于以下工作：

① 送货车辆抵达自动分拣线的进货端时，由人工接货。
② 由人工控制分拣系统运行。
③ 分拣线末端由人工将分拣出来的货物进行集载、装车。
④ 自动分拣系统的经营、管理与维护。

如美国一公司配送中心面积为 10 万 m^2 左右，每天可分拣近 40 万件商品，仅使用

400名左右员工,这其中部分人员都在从事上述①、③、④项工作,自动分拣真正做到了无人化作业。

9.2 分拣系统选型及采购

9.2.1 自动拣选系统分类

自动拣选机一般由输送机械部分、电器自动控制部分和计算机信息系统联网组合而成。它可以根据用户的要求、场地情况,对条烟、整箱烟、药品、货物、物料等,按用户、地名、品名进行自动分拣、装箱、封箱的连续作业。常见的主要类型有下列几种:

1. 挡板式拣选机

挡板式拣选机是利用一个挡板(挡杆)挡住在输送机上向前移动的商品,将商品引导到一侧的滑道排出。挡板的另一种形式是挡板一端作为支点,可作旋转。挡板动作时,像一堵墙似地挡住商品向前移动,利用输送机对商品的摩擦力推动,使商品沿着挡板表面移动,从主输送机上排出至滑道。平时挡板处于主输送机一侧,可让商品继续前移;如挡板作横向移动或旋转,则商品就排向滑道。

2. 浮出式拣选机

浮出式拣选机是把商品从主输送机上托起,从而将商品引导出主输送机的一种结构形式。从引离主输送机的方向看,一种是引出方向与主输送机构成直角;另一种是呈一定夹角(通常是30°~45°)。一般是前者比后者生产率低,且对商品容易产生较大的冲击力。

3. 倾斜式分拣机

(1) 条板倾斜式分拣机,如图9.2-1所示。这是一种特殊型的条板输送机,商品装载在输送机的条板上,当商品行走到需要分拣的位置时,条板的一端自动升起,使条板倾

图9.2-1 条板倾斜式分拣机

斜，从而将商品移离主输送机，商品占用的条板数随不同商品的长度而定，经占用的条板数如同一个单元，同时倾斜，因此，这种分拣机对商品的长度在一定范围内不受限制。

（2）翻盘式拣选机。这种拣选机是由一系列盘子组成，盘子为铰接式结构，向左或向右倾斜，如图 9.2-2 所示。装载商品的盘子行到一定位置时，盘子倾斜，将商品翻到旁边的滑道中，为减轻商品倾倒时的冲击力，有的拣选机能控制商品以抛物线状来倾倒出商品。这种拣选机对分拣商品的形状和大小没有要求，但以不超出盘子为限。对于长形商品可以跨越两只盘子放置，倾倒时两只盘子同时倾斜。这种拣选机常采用环状连续输送，其占地面积较小，又由于是水平循环，使用时可以分成数段，每段设一个分拣信号输入装置，以便商品输入，而分拣排出的商品在同一滑道排出，这样就可提高分拣能力。

图 9.2-2　翻盘式拣选机

4. 滑块式拣选机

滑块式拣选机也是一种特殊形式的条板输送机。输送机的表面用金属条板或管子构成，如竹席状，而在每个条板或管子上有一枚用硬质材料制成的导向滑块，能沿条板作横向滑动。平时滑块停止在输送机的侧边，滑块的下部有销子与条板下导向杆联结，通过计算机控制，当被分拣的货物到达指定道口时，控制器使滑块有序地自动向输送机的对面一侧滑动，把货物推入分拣道口，从而商品就被引出主输送机。这种方式是将商品侧向逐渐推出，并不冲击商品，故商品不容易损伤，它对分拣商品的形状和大小适用范围较广，是目前国外最新型的一种高速拣选机，如图 9.2-3 所示。

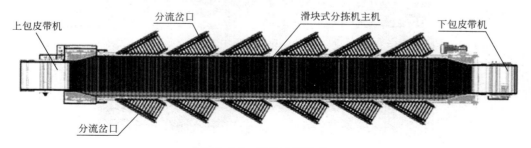

图 9.2-3　滑块式拣选机

5. 托盘式拣选机

托盘式拣选机是一种应用十分广泛的机型，它主要由托盘小车、驱动装置、牵引装置等组成。其中托盘小车形式多种多样，有平托盘小车、U形托盘小车、交叉带式托盘小车等，如图9.2-4所示。

图 9.2-4　托盘式拣选机

传统的平托盘小车利用盘面倾翻，重力卸载货物，结构简单，但存在着上货位置不稳、卸货时间过长的缺点，从而造成高速分拣时不稳定以及格口宽度尺寸过大。

6. 悬挂式拣选机

悬挂式拣选机是用牵引链（或钢丝绳）作牵引的分拣设备，按照有无支线，它可分为固定悬挂和推式悬挂两种机型。前者用于分拣、输送货物，它只有主输送线路、吊具和牵引链是连接在一起的，后者除主输送线路外还具备储存支线，并有分拣、储存、输送货物等多种功能，如图9.2-5所示。

图 9.2-5　悬挂式拣选机

7. 滚柱式拣选机

滚柱式拣选机是用于对货物输送、存储与分路的分拣设备，按处理货物流程需要，可以布置成水平形式，也可以和提升机联合使用构成立体仓库，如图 9.2-6 所示。

图 9.2-6　滚柱式拣选机

当货物输送到需分路的位置时，光电传感器给出检测信号，由计算机控制货物下面的那组滚柱停止转动，并控制推进器开始动作，将货物推入相应支路，实现货物的分拣工作。

滚柱式拣选机一般适用于包装良好、底面平整的箱装货物，其分拣能力高但结构较复杂，价格较高。

9.2.2　自动分拣机选型

自动分拣设备是一种能把物件从主输送线按一定的规律分别导入指定的分支输送线上，具有对物件进行分类或重组功能的设备。自动分拣设备具有很高的分拣效率，是提高物流配送效率的一项关键因素。当前，我国物流领域涉及分拣设备的主要有邮政、烟草、图书、医药、百货配送等行业。

目前自动分拣设备的采购方式多种多样，其中比较常见的有：

（1）利用网络资源搜索相关信息。

（2）通过行业媒体了解，杂志经常刊载关于叉车使用的案例和各叉车企业刊登的广告。

（3）通过展会进行现场了解，比如每年各城市举办的叉车展，比较大型的综合物流展（如在上海举行的国际物流技术与运输系统展等）。

（4）浏览分拣设备企业的官方网站，了解分拣设备的技术性能参数和企业情况，可以发邮件询问，也可以找到当地经销电话，直接咨询业务员。通常情况下，业务员会根据应用企业的需求做进一步的上门服务，针对现场的实际情况，为其选择最适合的分拣设备，进行专业的提案与报价。

我国的自动分拣产品有很大的潜在市场，客户对产品的需求也有很大的差别。目前，我国的自动分拣产品还没有形成明显的高、低端市场，很多客户对这种产品的技术、功能、价格还在认识当中。因此作为用户来说，不应过分看重分拣设备的技术含量有多高、外形有多美，所关心的应为整体效益即设备的性价比。供应商向用户销售产品时应根据客户的不同特点，用其积累的丰富经验，以客户为中心认真分析需求，为客户提供优化的系统解决方案，而不是把产品硬性地销售给客户。

在对分拣系统进行规划时，可考虑以下几方面因素：首先是根据物流系统的总体业务需求和场地面积，进行工艺流程设计、效率分析和设备布局。其次是根据处理物件的种类和规格，要求系统设备应达到的处理效率和分拣格口数来确定分拣设备类型和相关技术参数。

9.3 分拣系统专业分包配合

9.3.1 主要的加工设备配合

多功能轧机线：可轧 1.5~6mm 的各类型材，钢带进入轧机后经整平、辊压成形，再根据要求长度飞锯自动切断。多功能轧机可轧制各种形状的开口类型材。

立柱冲孔与轧制线：将事先纵剪好的钢带送入冲孔与轧机线后经冲孔、整平、辊压成型后最终根据要求长度进行模具自动剪切，轧机全部采用德国技术与标准设计、制造，整个系统采用激光检测与在线反馈的控制技术，可轧制 M90、M100、M1120 型的立柱。立柱经先冲孔后冷轧的顺序，保证了型材不变形。

横梁轧机线：分别轧制 H80、H90、H100、H120、H140 型的横梁，两个"C"形梁挤压成型，保证梁的上、下面加厚一倍，这种结构具有惯性矩大、抗弯截面模量大、承载力大等特点。

横斜撑轧机线：分别与相应的立柱配套使用，在轧机线上完成轧制成型、自动冲孔和切断，使孔距精度得以保证。

9.3.2 焊接工艺的准备

标准横梁焊接：由 ABB 的五台机器人焊接，焊接质量高而且稳定，焊接效率高，节省人工劳动量，排除人的因素对焊接质量的影响。焊接质量达到《二氧化碳气体保护焊工艺规程》JB/T 9186—1999 的 2 级要求。

非标构件焊接：采用 OTC 的二氧化碳保护焊，专用工装流水线布置，人机结合合理，保证了焊接节拍的延续性及焊接质量的稳定性。

9.3.3 自动喷塑生产线处理过程

整个处理过程采用悬挂链输送，使构件无论是前处理，还是喷粉和烘烤都是自动进行的，保证了工件在这一过程中基本都是封闭进行的，减少了空气中杂质对表面的影响。

必须选用优质磷化液，采用喷枪，配合高品质的粉末，喷出的成品粉末着色极佳，光泽好，涂膜厚，颜色鲜艳，可长期置于室外不掉色。

喷涂的成品，粉末均匀散布，无死角凹槽，表面平滑，光泽很好。

9.4 分拣系统与其他专业工序交接

整个高架库在安装过程中存在大量不同专业的高空作业和交叉作业，为保证施工顺畅，必须制订科学的穿插和交接流程。为使流程清晰明了，将交叉作业分为建筑系统、工艺系统、机电系统、消防系统 4 条主线，主线内为单专业主要施工流程，主线之间为专业交叉工序，这些专业交叉工序的管控，在施工组织中至关重要，如图 9.4-1 所示。

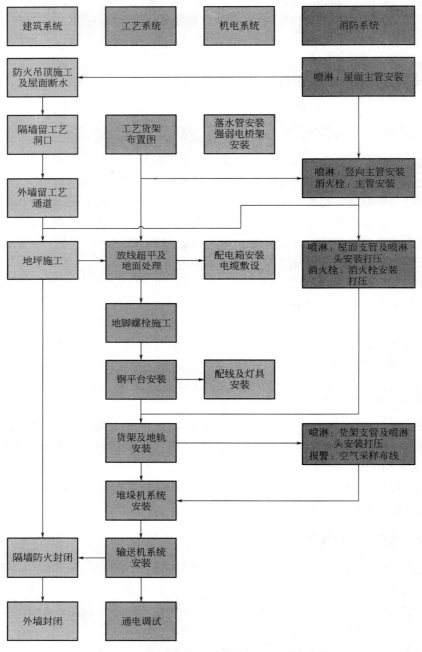

图 9.4-1 高架库高架区专业交叉作业流程图

高架库高架区一般分为多个防火分区，按照消防规范，一般一个分区不超过对应规范允许的分区面积，以一个防火分区为一个施工流水段组织流水施工，可以缩短工期。具体地，消防专业完成屋面喷淋系统打压即将工作面交给工艺货架安装，工艺货架安装完毕则将工作面交还消防货架喷淋系统及消防报警系统安装，货架喷淋及报警系统安装完毕再交给工艺单位进行堆垛机及运输机系统安装，如图9.4-2所示。

图9.4-2 货架安装

机电消防管线优化布置及注意事项：

由于高架库空间利用率高，库内涉及建筑、工艺、机电、消防四大系统融合，加之工艺系统本身复杂，因此库内各系统走线非常多，如不能科学合理布置，非常容易造成管线碰撞和返工。在此方面，至少要注意以下几点：

（1）布线原则：各系统布线，应以工艺系统图为参考，其他系统布线应参考工艺设备及线路。

（2）优化建议：消火栓系统主管可设计为沿地面安装，减少高空作业。

（3）注意事项：

1）工艺施工单位应提前考虑堆垛机系统安装方案，高架库封闭以后，由于空间不足，重型设备吊装将较为困难。

2）隔墙防火卷帘要参照工艺输送机系统轨道图，否则卷帘受轨道影响无法落地。可将卷帘定制为特殊形状，避开输送机轨道，或者在卷帘下方砌筑与轨道同高的防火墙。

9.5 分拣系统质量控制

自动化立体仓库堆垛机的结构：

堆垛机主要由下横梁、载货台、货叉机构、立柱、上横梁、水平运行机构、起升机构、电控柜、安全保护装置和电气控制系统等几大部分组成。

（1）主体结构堆垛机主体结构主要由上横梁、立柱、下横梁和控制柜支座组成。上、下横梁是由钢板和型钢焊接成箱形结构，截面性能好，下横梁上两侧的运行轮轴孔在落地镗铣床一次装夹加工完成，确保了主、被动轮轴线的平行，从而提高了整机运行平稳性；立柱是由方钢管制作，在方钢管两侧一次焊接两条扁钢导轨（材质16Mn），导轨表面进行硬化处理，耐磨性好。在焊接中采用了具有特殊装置的自动焊接技术，有效克服了整体结构的变形；上横梁焊于立柱之上，立柱与下横梁通过法兰定位，用高强度螺栓连接，整个主体结构具有重量轻、抗扭、抗弯、刚度大、强度高等特点。

（2）载货台是通过起升机构的动力牵引做上下垂直运动的部件，由垂直框架和水平框架焊接成的L形结构，垂直框架用于安装起升导轮和一些安全保护装置。水平框架采用无缝钢管制成，完全能够满足载货的要求。

（3）水平运行机构是由动力驱动和主被动轮组组成，用于整个设备巷道方向的运行。可选用德国某公司的螺旋伞齿轮直交轴电机减速机直接驱动车轮。

（4）起升机构是由驱动电机、卷筒、滑动组和钢丝绳组成，用于提升载货台做垂直运动。可选用德国某公司的螺旋伞齿轮直交轴电机减速机直接驱动卷筒，钢丝绳带动载货台上下运动。

（5）货叉伸缩机构是由动力驱动和上、中、下三叉组成的一个机构，用于垂直于巷道方向的存取货物运动。下叉固定于载货台上，三叉之间通过链条传动做直线差动式伸缩。货叉驱动电机选用电机减速机。

（6）导轮装置堆垛机共采用了上下水平导轮和起升导轮三组导轮装置，上下水平导轮分别安装在上下横梁上，用于导向堆垛机沿巷道方向做水平运动。起升导轮安装于载货台上，沿立柱导轨上下运动，导向载货台的垂直运动，同时通过导轮支撑荷重，并传递给主体结构。

堆垛机的设计思路与类型选用、堆垛机的设计与质量控制主要考虑以下问题。

1. 堆垛机的行走和提升速度

堆垛机水平运行速度和垂直提升速度必须满足工作现场对堆垛机系统的处理能力的要求，即每小时单循环出入库的货物量要求和每小时复合循环出入库的货物量要求。结合立库巷道的长度和高度，以及水平运行的最大时间值和载货台升降最大时间值，货叉叉取或存放的作业时间，信息查询及传输等的时间，代入相应的计算公式，可以算出堆垛机最佳的水平运行速度、加速度，垂直提升速度、加速度及货叉的存取速度。

2. 水平运行速度和加速度的保证

国内制造的堆垛机水平行走通常采用普通交流变频电机和减速器，通过驱动主动轮沿轨道行走来实现堆垛机水平运动，普通交流变频电机启动和停止比较缓慢，噪声大，定位精度低，但承载重，价格便宜。

国内高速轻型堆垛机的发展比较缓慢，虽然也有产品依照国外产品采用了伺服电机驱动，并对水平走轮的材质进行了新的尝试，但其水平速度和水平加速度及堆垛机的高度离国外的高速轻型堆垛机还有较大差距。

国外高速轻型堆垛机水平行走采用伺服电机和齿形带驱动，以及特制的走轮和地轨，其优点是反应快，可以有很高的加减速，噪声小，精度高，但是电机和控制系统价格高。

国内普通堆垛机的水平运行通常采用 Demag 球墨铸铁走轮箱或自制的合金钢走轮，Demag 球墨铸铁走轮箱适用于加速度不超过 0.45m/s 的摩擦驱动应用，否则走轮与钢轨之间会打滑，走不起来。轻型堆垛机可以选用其他材料的走轮，如 Demag 聚氨酯走轮箱可适合加速度 1.5m/s 的摩擦驱动应用，但是承载能力差，只适合轻型的堆垛机。堆垛机地轨有几种形式，国内最常见的是普通起重机轻轨轨道，材质常为含碳量为 50% 和 55% 的碳素钢 50Q、55Q（其中 Q 是轻的意思，指轻轨），或铁道用一般低合金钢 45SiMnP、50SiMnP 等，轨顶半径较小，故与堆垛机走轮的接触面为点接触，承载能力相对低。国外常用欧标 A 型轨道，欧标 S 系列轨道，其中欧标 A 型轨道的材质有 4 种，最好的力学性能略低于国标 Q390，最低的基本与国标 Q235 差不多，综上所述，国产轻轨 50SiMnP 力学性能比欧标 A 型轨道 Q390 还好些。欧标 A 型轨道的轨顶半径大，与走轮形成线接触，故承载能力强。国外还有针对高速轻型堆垛机特殊走轮箱的特制轨道。当要求堆垛机的水平速度和水平加速度必须较高时，堆垛机的运行地轨，水平行走轮都需是特制的。

3. 垂直提升速度和加速度的保证

国内外堆垛机最常见的载货台垂直提升方式是用普通交流变频电机（带制动）驱动减速箱通过链条或钢丝绳提升。

普通交流变频电机提升的优点是可带动很重的载荷上下运动，制动很有力，可以保证重载在任何位置停止，价格相对便宜。缺点是启动停止较缓慢，噪声大，定位精度低。

链条传动的缺点是速度不宜过快，怕冲击（加速度不宜高），且当速度过快时如果是干运转（无润滑或缺润滑）会使磨损寿命大大下降，传动件笨重，噪声大，更换麻烦。链条可在瞬间被拉断而无任何前兆，不利于提前发现断裂危险提早更换。

链条传动的优点是传动确定、无滑移、伸长变形量小，有利于提高定位精度，且对链轮的安装误差要求不高。

钢丝绳传动的缺点是在拉伸下拉长变形量较大，影响垂直定位精度。同时因为它是钢丝绳绕卷筒缠绕故速度和加速度不宜过高，钢丝绳卷筒体积大，笨重，影响外观。

钢丝绳传动的优点是结构简单、成本低、防污秽和灰尘、便于更换和维护，且钢丝绳断裂前会有部分断丝、飞花现象，便于早发现断裂危险早进行更换。

国内外高速轻型堆垛机的载货台提升采用伺服电机加减速箱通过齿形带轮拉动齿形带驱动。优点是加减速快、噪声小和精度高，但是价格贵，控制系统复杂。

4. 堆垛机的货叉下挠度

堆垛机的尺寸参数较多，例如起升高度、下降深度、整机全长、最低货位极限高度等，其中最低货位极限高度，即货叉上表面从最低一层货格的低位到地轨安装水平面的垂直距离。该参数涉及合理利用有效空间，增加库容量，亦是评价堆垛机设计水平的标准之一。

堆垛机的货叉下挠度。货叉下挠度是堆垛机的一项非常重要的性能参数，直接关系到堆垛机是否能正常工作。因结构形式、材料及加工热处理工艺的限制，同等状况下，目前国内立体堆垛机的货叉下挠度要比国外大 20%～30%。改进货叉结构，合理选材，提高工艺手段，是减少货叉下挠度，保证堆垛机工作性能的重要措施。堆垛机在高速运行和升降中，特别是在同时进行时，由于车轮与轨道摩擦和提升链条或钢丝绳的振动、摩擦等，将产生较大的噪声。标准中规定，堆垛机在工作时，其噪声值不高于84dB。目前立体仓库实际应用表明，对于行走速度不超过80m/s的，还可以保证，超过100m/s以上的，一般难以保证。

目前，国内立体仓库堆垛机的驱动机构中，电机减速机普遍采用德国、日本、意大利的产品，也有少数采用国内的电机减速机。由于堆垛机是立体仓库中最重要的运输设备，各项技术参数和综合性能要求都非常严格，如无故障率应大于97%，停准精度±10mm，以及噪声要求等，这就要求电机减速机的可靠性非常高。因此，现阶段在驱动机构中电机减速机的选用上，建议选用质量有保证的产品，以保证堆垛机的整机性能。

9.6 分拣系统施工安全

分拣系统施工安全隐患主要为高处坠落、触电等。

9.6.1 预防高处坠落要点

1. 严格高处作业人员检查把关

高处作业人员应每年进行一次体检，无妨碍工作病症，须持证上岗。登高作业前应确认身体及精神状态良好。高处作业人员应衣着灵便，穿软底鞋，正确佩戴合格的个人安全防护用品。高处作业人员严禁携带手机，特殊高处作业（如高塔作业等）应与地面设联系信号或通信装置并由专人负责。

2. 登高工器具定时检查

登高工器具每次使用前必须对其外观、基本性能、检验标签等进行检查；登高前应检查登高设施是否牢靠；上杆塔前，应先检查杆塔根部、基础和拉线是否牢固；在不坚固的结构上作业前，应先做好防结构失稳、人员滑落等安全措施。

3. 对登高过程应全程监护

上下杆塔应沿脚钉或爬梯攀登，不得沿单根构件上爬或下滑，严禁利用绳索、拉线上下杆塔或顺杆下滑；上下脚手架应走斜道或梯子，不得沿绳、沿脚手架立杆或栏杆等攀爬；攀登无爬梯或无脚钉的钢筋混凝土电杆必须使用登杆工具，多人上下同一杆塔时应逐个进行；使用梯子登高要有专人扶守，并采取防滑限高措施；禁止携带器材登杆或在杆塔上移位。

4. 高处作业必须正确使用安全带（绳）

高处作业人员必须使用安全带（绳），且宜使用全方位防冲击安全带。安全带（绳）和保护绳应分系在不同部位的牢固构件上，不得低挂高用，系安全带（绳）后应检查扣环是否扣牢。禁止将安全带（绳）系在移动或不牢固的物件上［如避雷器、断路器（开关）、隔离开关（刀闸）、电流互感器、电压互感器等］。砍剪树木时，安全带不得系在待砍剪树枝的断口附近或以上。

5. 高处作业人员转位时不得失去防护

在杆塔高空作业时，应使用有后备绳的双保险安全带。人员转位时，手扶的构件必须牢固，且不得失去后备保护绳的保护。进入杆塔横担前，应检查横担连接是否牢固和腐蚀情况，并须先将后备保护绳系在主杆或牢固构件上；下瓷瓶串时，安全绳应拴在横担主材上，安全带和安全绳或速差自控器不得同时使用；安装间隔棒时，安全带应系在一根子导线上。

6. 高处作业防护器材组合必须完整

在大间隔部位或杆塔头部水平转移时，应使用水平绳或增设临时扶手；垂直转移时应使用速差自控器或安全自锁器。高塔作业必须使用速差自控器及安全自锁器。作业活动范围较大（当使用 3m 以上后备绳）时，应使用速差自控器。220kV 及以上线路杆塔宜设置高处作业人员上下杆塔的防坠安全保护装置。在没有脚手架或没有栏杆的脚手架上工作，或坠落相对高度超过 1.5m 时，必须使用安全带，或采取其他可靠的安全防护措施。

7. 高处作业行为必须符合规范要求

高处作业人员不得坐在平台或孔洞的边缘，不得骑坐在栏杆上，不得站在栏杆外作业或凭借栏杆起吊物件。上下传递物件应用绳索吊送，严禁抛掷。作业人员不得依靠瓷柱作为支持物。上下构架必须使用工作梯。杆塔上有人时严禁调整拉线、突然剪断导（地）线等危及杆身稳定的相关作业。

8. 高处作业面必须措施齐全、可靠

高处作业区周围的孔洞、沟道等必须设盖板、安全网或围栏，高处作业的平台、走道、斜道等应装设防护栏杆和挡脚板，或设防护立网。高处作业地点、各层平台、走道及脚手架上不得堆放超过允许荷载的物件。严禁在脚手架上使用临时物体（箱子、桶、板等）作为补充台架。更换绝缘子串时，要有防导、地线脱落的后备保护措施。

9. 严禁非载人机械载人从事高处作业

严禁使用非载人机械（如物料提升机、卷扬机、挖掘机、装载机等）载人从事高处作业。严禁人员乘坐无吊篮的起重车进行高处作业。乘坐有吊篮的起重车进行高处作业时，应关好出入门，系好安全带，戴好安全帽，起重车车体应有可靠接地措施，并设专人指挥和监护。不得用汽车式起重机（斗臂车）悬挂吊篮上人作业。

10. 恶劣环境条件时不宜进行高处作业

遇有六级及以上大风或恶劣气候时，应停止露天高处作业；在冰雪、霜冻、雨雾天气进行高处作业，应采取防滑措施和防寒防冻措施。在夜间或光线不足的地方从事高处作业，必须设置足够的照明。

9.6.2 防止触电主要措施

1. 作业前要编制具体的危险点预控措施

要针对作业现场反送电、安全距离不够、误停漏停带电设备等可能引起触电的危险因素，编制具体的防范措施。较为复杂或较大风险的作业要进行现场勘察。工作票要明确工作范围、应停电设备、保留带电部位和应采取的安全措施。严禁无票、搭票工作。

2. 作业现场要规范、可靠装设接地线

临时接地桩深度不得小于 0.6m；设备检修范围内无法接地时，可适当扩大停电范围；作业现场杆塔下部无法接地时可利用杆塔基础接地引下线作为接地点。严禁缠绕接地和擅自变更工作票中指定的接地线位置。

3. 进入现场前要认真做好"三交三查"

工作前工作负责人要对所有工作班成员现场交代工作任务、安全措施、注意事项，检查作业人员精神状态、两穿一戴、现场安全措施，认真履行签字确认手续。严禁未经许可进入作业现场。

4. 作业时要严格执行现场专人监护措施

工作负责人、监护人要始终在作业现场认真监护，及时纠正不安全行为。对有触电危险的工作应增设专责监护人和确定被监护人员。非电气人员或外单位人员进入生产现场，必须进行安全技术交底，并由设备管理单位指派专人进行监护。严禁工作负责人、监护人擅离工作现场。

5. 配电台架上作业要严格控制工作范围

作业前要核查作业人员的可能活动范围，根据需要申请停电范围。作业过程中工作监护人注意观察作业人员的活动范围，并随时提醒保持安全距离；如发现安全距离不满足作业需要时应终止作业，待调整停电范围满足要求后方可继续作业。严禁超出接地线保护范围作业。

6. 线路作业要严防误登或误碰带电设备

设备双重编号不正确应在工作地段挂设临时标识。作业人员登杆前要认真核对双重编号。临近、交叉跨越、平行带电线路的作业，每基杆应设专人监护。放、撤、紧线工作时，如平行或交叉带电的高、低压线路，应采取防止导线误碰带电设备的控制措施。严禁在有同杆架设的10kV及以下线路带电的情况下，进行另一回线路的登杆停电检修工作。

7. 电缆作业要在接触电缆前对地完全放电

作业前仔细核对电缆运行状态，停电、验电、充分放电前，不得接触电缆。截除电缆工作前应确认故障电缆已停电并经验电、放电后，用有绝缘柄的接地铁钉钉入电缆芯，方可工作。作业人员应戴绝缘手套、穿绝缘靴，并站在绝缘垫上。严禁在不能准确判断电缆运行状态的情况下盲目作业。

8. 带电作业要严格执行安全防护措施

带电断接引线，作业前要核查现场作业条件，确认作业线路所挂负荷全部断开；作业时要与断开点保持4m以上距离。配电绝缘隔离带电作业人员进入设备区域前要检查绝缘遮蔽效果，并规范使用绝缘手套等用具。低压带电作业要做好隔离和个人防护，严禁无证人员从事10kV带电作业。

9. 低压作业要严格落实现场安全措施

低压线路停电操作后应锁好配电柜，必要时派专人看守。停电工作线路和设备上可能来电的低压回路均设置短路和接地保护，对同杆架设的低压线路还应核查电源。导线拖放、拖拽时与带电部位保持足够安全距离，用绳索等控制导线弹跳、甩摆。严禁约时停送电和不可靠装设接地线工作。

10. 中低压作业要核查反送电源防范措施

作业前对照自备电源或双电源用户档案核查工作线路反送电源及技防措施情况。双电源配电设备要设置醒目的反送电警示标志。低压双电源用户要装设双投刀闸（开关），防止用户乱接线或使用没有双投刀闸闭锁上网的小型自备发电机从低压侧反送电。严禁用户擅自变更电源接线。

10 现代物流仓储工程设计建议

10.1 土建工程设计建议

一个项目设计的好坏直接关系项目的进度、成本和使用性能。设计优化,是以工程设计为基础,以工程实践经验为前提,对工程设计进行深化、调整、改善,并对工程成本进行审核和监控,是对工程设计再加工的过程。设计优化的目的,一方面保证性能、可靠性指标,保证连续可靠运行时间;另一方面有效控制工程造价,改善施工条件。

10.1.1 设计优化与进度融合

(1) 选用 PHC 预制管桩

相关内容参见 3.4.1 工程优化与工艺融合中"(1)设计优化与进度融合"中"1)选用 PHC 预制管桩"。

(2) 主体结构形式选择

相关内容参见 3.4.1 工程优化与工艺融合中"(1)设计优化与进度融合"中"2)主体结构形式选择"。

10.1.2 设计优化与质量融合

相关内容参见 3.4.1 工程优化与工艺融合中"(2)设计优化与质量融合"中"1)地面质量通病防治"。

10.1.3 施工优化与管理融合

相关内容详见 3.4.1 工程优化与工艺融合中"(3)施工优化与管理融合"。

10.2 钢结构设计建议

现代物流仓储工程施工作业工序繁多,有很多设计隐蔽点对施工影响较大,并且难以发现,需要在设计与深化设计阶段予以慎重考虑,以达到推动项目进度的目的。

1. 钢架节点选择建议

单层厂房及多层厂房屋面结构,中柱的梁柱节点优先考虑采用图 10.2-1(c)形式,梁端柱节点施工过程中高强度螺栓对孔速度快,对比柱端梁节点高强度螺栓数量少,施工效率提升 40% 以上。

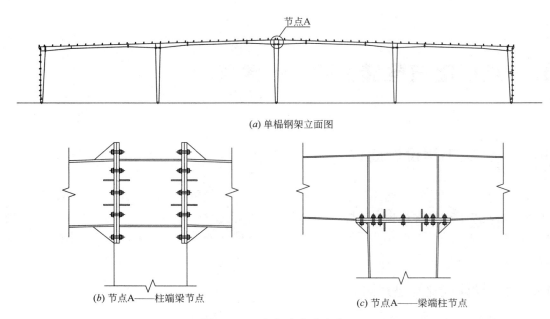

图 10.2-1 钢架中柱节点类型

2. 螺栓选择建议

紧固件设计往往会给施工带来一定困难，比如地脚锚栓的设计，端部带锚块设计或带弯头，普遍带弯头设计较多，但对于大型号地脚螺栓，也常有设计为带锚块的，而针对大型号规格的螺栓，承台或者基础的钢筋普遍较大且密，锚块施工难度大，建议选择弯头设计。此外，由于现代物流仓储工程场地内大型机械车辆在房心进行材料运输及施工，容易破坏地脚螺栓，因此，地脚螺栓的材质建议选择 Q235 材质，相较 Q345 钢材脆性低，破坏不容易产生裂纹，恢复相对难度低。此外，门式刚架及大跨度钢梁节点部位设计应保证较大空间进行高强度螺栓施拧，保证足够空间的条件下，建议高强度螺栓设计为扭剪型高强度螺栓，便于工程施工及进度。

3. 次结构设计建议

对于单层物流仓储厂房或二层为门式刚架结构物流厂房结构的次结构，为确保地面施工质量，建议门窗立柱埋件设计较地面标高低 20～30mm，可保证楼地面完整性与美观。对于 1.2m 坎墙高度压顶檩条部位，建议在檩条顶部设计灌浆孔，将压顶灌浆标高设计至檩托部位，保证 1.2m 坎墙部位与围护结构结合紧密，后期使用过程中透风小（特别是北方地区）。

10.3 金属围护系统设计建议

（1）直立锁边屋面

屋面板块的连接办法是采用其特有的铝合金固定支座，板块与板块的直立锁边咬合形成密合的连接，这种板块的咬合过程无须人力，完全由机械自动完成，而咬合边与支座形成的连接办法可解决因热胀冷缩所产生的板块应力，该优势反映在可制作纵向超长尺寸的板块而不因应力影响变形。同时直立锁边屋面系统完整齐全的附件供应可满足各种建筑形式的要求。

屋面板可与屋面通长，杜绝搭接缝，消除漏水隐患，且外观整体性和观感性增强。肋较高，从而可得到较大的排水切面，杜绝雨水从搭接边处渗透，有效解决低坡度屋面积水、排水困扰，提高了在长距离平缓屋面的适用性。

直立锁合边的固定方式很特殊，固定座仅限制屋面板在板宽方向和上下方向的移动，并不限制屋面板沿板长方向的移动，因此屋面板在温度变化时能够在固定座上自由伸缩，不会产生温度应力，这样便有效解决了其他板型难以克服的温度变形问题，保证了屋面性能的可靠性。

可以在直立锁边屋面系统的固定座下装上断冷桥的隔热垫，有效防止保温屋面的冷桥现象，杜绝冷凝水的形成。且能使能源更有效率地利用，达到节能的效果。

缺点：易受温度影响，长期热胀冷缩后，易产生漏点。

造价指标：低。

（2）SBS防水屋面

SBS采用焰炬热熔法施工操作方便、安全、施工效率高，全年均可施工。铝箔面卷材有反光降温效果。SBS等改性沥青弹性大，低温柔性好，适用温差大，抗变形能力好。

缺点：弹性体（SBS）改性沥青防水卷材采用热熔满粘法施工，与基层紧密结合，失去了自身延伸的能力，根据"零延伸断裂"原理，基层的极微小裂缝也会将卷材拉裂。压型钢板基层或找坡层与水泥砂浆找平层的膨胀系数不一致，造成水泥砂浆找平层及卷材出现拉裂及起鼓现象，导致渗漏。同时，拼缝部位采用热熔搭接，搭接边强度不够，极易造成搭接边张口，雨水从搭接部位渗入，产生漏水。

造价指标：中等。

（3）TPO屋面

TPO防水卷材即热塑性聚烯烃类防水卷材，是以采用先进的聚合技术将乙丙橡胶与聚丙烯结合在一起的热塑性聚烯烃（TPO）合成树脂为基料，加入抗氧剂、防老剂、软化剂制成的新型防水卷材，可以用聚酯纤维网格布做内部增强材料制成增强型防水卷材，属合成高分子防水卷材类防水产品。

TPO防水卷材综合了EPDM和PVC的性能优点，具有前者的耐候能力、低温柔度和后者的可焊接特性。这种材料与传统的塑料不同，在常温显示出橡胶高弹性，在高温下又能像塑料一样成型。因此，这种材料具有良好的加工性能和力学性能，并且具有高强焊接性能。而在两层TPO材料中间加设一层聚酯纤维织物后，可增强其物理性能、提高其断裂强度、抗疲劳、抗穿刺能力。TPO卷材具有良好的延伸率（均质TPO卷材的断裂延伸率达到500%），整个屋面体系具有良好的适应基层变形能力，不会因基层变形而造成渗漏。

在实际应用中，该产品具有抗老化、拉伸强度高、伸长率大、潮湿屋面可施工、外露无须保护层、施工方便、无污染等综合特点，十分适用于作为轻型节能屋面的防水层。该产品适用于建筑外露或非外露式屋面防水层，极易变形的建筑地下防水，尤其适用于轻型钢结构屋面，配合合理的层次设计和合格施工质量，既达到减轻屋面重量，又有极佳的节能效果，还能做到防水防结露，是大型工业厂房、公用建筑等屋面的首选防水材料。

造价指标：较高。

以某图书仓储项目为例，储存货物为图书，极易受潮湿、雨水影响，因此防水要求较高，并且在结构选型上进行了大幅度优化，将优化的造价用于屋面防水工程，因此经过比选，该项目采用TPO屋面。

屋面优先考虑做自然排水，部分地区对于建筑立面效果有要求，可视具体情况进行设计。从施工和长期防水角度来说：自然排水＞外天沟排水＞内天沟排水。从美观角度：内天沟排水＞外天沟排水＞自然排水。

设计雨棚连接板高度低于雨棚板，会出现拉杆与雨棚板交接部位圆缝的情况，需要采用得泰盖片进行处理。

若外天沟配套的屋面雨水管需要穿过雨棚，且雨棚有内天沟排水时，建议在雨棚上部做接水斗，通过接水斗将屋面雨水排出。

10.4　机电工程设计建议

机电设备安装是一个复杂而又繁琐的施工项目，常规机电设备安装（包括通风空调系统、给水排水及消防系统、动力照明系统）项目遍布各个部位，如公共区、设备区、风道、出入口等。前期施工主要集中于公共区，相对于设备区的管线、设备安装来说，公共区的管线安装受外界条件影响较小，只要控制好各专业管线的制作安装工艺要点，做好管线定位，就能很好地体现出设计的意图及管线的合理性，视觉美观大方、走向横平竖直。而进入设备区、施工机房，就会出现管线交叉拥挤无法排布、施工保温无空间、个别管线支架无法生根等诸多问题，为解决以上问题就需要施工方在进入设备区、施工机房前做好策划，与设计共同优化管线路由走向，使其在满足功能实现的情况下管线排布合理，美观大方。主要从以下几方面重点考虑：

1. 图纸的全面及稳定

图纸是施工的依据，图纸的全面、稳定与否直接关系到后期施工的稳定性、连续性、正确性、合理性，所以施工前确保施工图纸的全面及稳定。

2. 紧密配合二次结构砌筑

设备房间的砌筑同步于机电设备安装，在施工机电公共区管线时往往忽略设备区砌筑过程中的配合施工。设备区的管线从机房进入公共区需穿越整个设备区，其主要从两个路径通过，一是采用综合支吊架沿设备区走廊通过，二是直接贯穿设备区房间隔墙。设备区砌筑前在保证图纸稳定性的情况下，同样要优化穿越设备区的管线，不要一味地按图施工，通过提前的管线排布定位，查找交叉打架、检修不便、影响系统设备安装的管线路由，在设计同意的情况下，移位、变径合理优化，既确保管线合理通过设备区，又满足下一步工序要求。例如：保温的检修空间、风口的开启位置、运营检修的空间、各专业间的规范要求等。

3. 加强与业主、设计、运营方的沟通

随着建设的速度加快，建设、运营、设计单位的人员同样存在年轻化、缺少现场经验的现象，设计完成的图纸往往只实现了设计功能，而未考虑到后期的运营检修及管线的合理排布，建设、运营单位过于依赖设计单位，这就要求机电施工单位根据现场实际条件提前优化设计图纸，提出详细的优化策划方案（考虑功能实现、建设成本、运营后期维修、降低施工成本、二次经营方面），从管线的定位、连接、固定方面层层深化，确保功能实现的前提下，既合理排布了管线走向，又满足了运营后期检修的各项要求。

4. 合理利用 BIM 技术

目前很多城市建设引入了 BIM 技术，从施工前的各项工序策划到施工过程中的各项工序实施，再到施工后期的结算计量，BIM 技术的引入确实提高了建设质量与速度。BIM 技术具有可视化的三维信息模型、面向对象的参数化建模、多元化的信息输出方式等特点，合理利用 BIM 技术既能提前解决施工过程中存在的管线打架、布局不合理等问题，又能降低施工成本。

5. 加强专业间的施工配合，提升工艺工法

在设计图纸稳定、管线排布合理的前提下，工序专业间配合也是至关重要的，不同的施工作业人员、不同专业的图纸，要想做到统一性、标准化，需做到工序样板引入、过程施工监控、严格执行优化方案，任何一道工序施工前一定要有相应的施工工序方案，对工序过程中的各项要求及标准逐一说明，图文并茂，例如支架的选型、安装标高、连接方式、固定方式等。

6. 亮点策划

一个工程的完工，不仅仅是实现设计意图，还要在细部做法中做出一些属于本单位、本项目的思想、理念和标准。施工的亮点策划不只是体现在完工后的整体效果，过程中的各工序、工艺、工法都可以成为其中的一个亮点，风管穿越墙体砌筑的套管施工、支架的选型、联合支架的合理布置、满足规范工艺的细部优化等。

总而言之，设备区机房的施工是机电设备安装的重点、难点，它不等同于公共区的直线管路，管线密集、交叉，合理的管线排布、优化的施工方案、规范的工艺工法、创新的细部做法是其重要的保证，既要保证设计功能实现，又要做好运营检修方便，还要体现出自己的施工特点、亮点。

附件：施工细部做法。

（1）照明配电室

1）风管末端要有支架且距风口不小于 200mm。

2）原则上配电箱全部下平，底标高 1.2m，上标高如超过 2.2m，下降至底标高 1.0m。配电箱上进线，从厂家订做"八"字形漏斗，后平，前偏心，距墙的距离视各站情况而定。配电箱开孔根据桥架，先安装箱子、划线后再开洞。配电箱、柜子位置视每站情况确定，根据房间大小布局来确认各配电箱、EPS 的布局。箱子之间勿过近，防止箱门打不开。

3）成品保护：用发泡塑料薄膜保护，缠透明胶布，箱门和箱体分开保护，镀锌管穿塑料膜后再固定。竣工前将机房内的防火涂料再补一次（用羊毛刷，涂料用细一点，不带粗渣）。

（2）环控电控室

桥架进柜子用倒"八"字成品漏斗，漏斗翻边 3～5cm，翻边在主桥架下面，固定螺栓数量至少10个。根据桥架至柜子之间的距离，在1m以下漏斗高度300mm，1m以上漏斗高度400mm。电缆容积量不超过40%。

灯具：用50×50镀锌线槽（或防火线槽）做通长，将灯具用方卡子固定在线槽上。

风口不能在设备上方。

（3）空调机房

1）灯具安装如上；

2）配电箱、控制箱做法如上；

3）配电箱、配管、桥架等全部做成明装，与装修配合；

4）空调机房管线尽量高；

5）空调机组软接安装放到竣工前；

6）空调机房风管、水管的保温在机房内各专业管线敷设完毕后再实施，避免被破坏；

7）风机安装尤其注意软接不能扭曲，要与扩散筒同心。

（4）冷水机房

1）弯头变径，三通与无缝管直接焊接，不必在中间增加法兰连接；

2）水泵进、出水管在同一直线，同类阀门底标高在同一水平线上；

3）橡胶软接头两端螺栓背靠背；

4）螺杆长度露丝为螺杆直径一半，因为过滤器、阀门、法兰厚度不同，如果采购同种规格螺杆，同一法兰盘面露丝长度至少保持一致；

5）蝶阀手柄在同一侧，易于操作；

6）支吊架严禁在水沟里，支吊架（尤其是门型支架）距焊缝超5cm，门形支架做45°角；

7）水箱自制，依据国家现行图集《通风与空调工程》91SB6（2005），爬梯最后做，保持统一；

8）压力表前加截止阀，温度计45°安装，压力表90°安装，保温至截止阀；

9）水泵至桥架之间线缆外套"普利卡管"；

10）沿地面敷设钢管，垂直顶端用防水弯头。

（5）其他

1）排水沟加箅子，加宽（通过运营提出）；

2）设备基础（空调机组、冷水机组、水泵等）最后竣工前抹灰；

3）机房做自流平或水磨石（已经通过运营建议）；

4）冷却水管刷漆（竣工前刷），颜色待定。

10.5 室外工程设计建议

1. 平面布置

管线尽量布置在道路外侧（最好设置在绿化地带），如出现不可避免的穿路情况，宜设置混凝土包封。

2. 埋深

管线一般都本着"有压让无压"的原则，在设计管线时，出于维护和造价的考虑，通常设计为浅埋。在实际施工中，地下管线越来越复杂，给水管在不断穿越其他管线后，可能造成给水管道频繁的上下起伏，增加隐患点。所以在管线穿越障碍时，尽量从全段角度综合考虑，局部上返还是下返，少陡峭变化，多平缓过渡，少一些曲折，多一些顺直。

3. 水管材料的选择

水管受很多外力，管道长年累月地承受输送的液体内压，道路的外压，以及高温引起的拉伸力，地基的不均匀沉降而产生的综合应力和水锤冲击力，所以工程中应选用具有较高强度的管材。

4. 设计图纸深度问题

有些工程对室外没有较完整的说明，而是仅仅用单体设计说明简单代替。设计图对于一个工程的施工是非常重要的，它不仅影响施工效率，还影响着施工质量。施工图中应给出排水构筑物以及水管、道路定位的尺寸，标清交叉管道处，此外，还应该分清设计图中不同等级的城市地下道路位置，以防施工过程中对其他道路产生影响。

5. 室外工程施工技术

物流仓储工程室外施工总体原则：在不影响厂区车辆运输的前提下，优先从交叉作业少向交叉作业多的方向施工，室外道路优先形成两幅环形道路。

（1）施工组织

总的施工规划参见 8.5 室外工程施工措施中"（1）施工组织管理措施"。

如场地满足堆管沟土的要求，应合理组织存放临时堆土场地，及时组织管道的开挖和回填，避免雨天发生已开挖的管道被掩埋或堵塞，形成二次施工，造成损失，同时可安排道路基础施工。

（2）施工安排

结合施工现场的具体情况及工期要求统筹安排室外工程各专业施工顺序，并进行有效控制，这是确保室外工程正常有序施工的前提。

室外工程是建筑的配套工程，其工程特点可归纳为"三多两紧"，一是管线种类多，包括雨水、排水、给水、通信、电力管网等；二是工程量多；三是交叉作业多，管道纵横交错，管道与道路交叉，造成专业施工交叉。

"两紧"就是工期紧和场地紧。作为配套工程，一般预留的施工工期短，加之主体工程挤占工期，导致室外工程工期紧上加紧。而场地紧则表现为现在管网几乎都埋在其道路和绿化这一有限空间的地下，要求在短时间内完成诸多管线、道路、绿化施工，场地必然紧张。

上述特点，给室外工程施工和管理带来了困难，也增加了工程管理的难度。根据这些特点和厂房工程施工管理的实践，提出以下施工建议。

1）交叉施工与组织

相关内容参见 8.4 室外工程专业分包配合。

2）管网标高控制

相关内容参见 8.5 室外工程施工措施"（2）管网标高控制措施"。

3）严控材料验收

相关内容参见 8.6.1 强化对于管道施工材料的质量控制。

10.6 分拣系统设计建议

参见 9.4.1 机电消防管线优化布置及注意事项。

11 现代物流仓储工程关键施工技术

11.1 地基处理施工技术

物流仓储中心工程多位于城市郊区，多为池塘回填或其他淤泥较多的软弱土质场地，场地地质条件复杂，承载力较低。在这种场地上建造厂房，需要对场地进行复合地基处理。

物流仓储中心工程中复合地基处理的方式通常有CFG桩复合地基、水泥搅拌桩复合地基、强夯地基、结构架空处理等，不同项目采用何种地基处理方式需要结合现场环境、造价及工期共同选取。

11.1.1 CFG桩复合地基

（1）适用范围

CFG桩全称为水泥粉煤灰碎石桩，CFG桩复合地基适用于处理黏性土、粉土、砂土和自重固结已完成的素填土地基。

（2）设计要求

1）应选择承载力和压缩模量相对较高的土层作为桩端持力层。

2）桩径：长螺旋钻中心压灌、干成孔和振动沉管成桩宜为350～600mm；泥浆护壁钻孔成桩宜为600～800mm。

3）桩间距应根据基础形式、设计要求的复合地基承载力和变形、土性及施工工艺确定：

① 采用非挤土成桩工艺和部分挤土成桩工艺，桩间距宜为3～5倍桩径；

② 采用挤土成桩工艺和墙下条形基础单排布桩的桩间距宜为3～6倍桩径；

③ 桩长范围内有饱和粉土、粉细砂、淤泥、淤泥质土层，采用长螺旋压灌成桩施工中可能发生窜孔时宜采用较大桩距。

4）桩顶和基础之间应设置褥垫层，褥垫层厚度宜为桩径的40%～60%。褥垫层材料宜采用中砂、粗砂、级配碎石和碎石等，最大粒径不宜大于30mm。

5）CFG桩可只在基础范围内布桩，并可根据建筑物荷载分布、基础形式和地基土性状，合理确定布桩参数：

① 内筒外框结构内筒部位可采用减小间距、增大桩长或桩径布桩；

② 对相邻柱荷载水平相差较大的独立基础，应按变形控制确定桩长和桩距；

③ 筏板厚度与跨距之比小于1/6的平板式筏基、梁的高跨比大于1/6且板的厚跨比（筏板厚度与梁的中心距之比）小于1/6的梁板式筏基，应在柱（平板式筏基）和梁（梁板式筏基）边缘每边外扩2.5倍板厚的面积范围内布桩；

④ 对荷载水平要求不高的墙下条形基础可采用墙下单排布桩。

（3）施工要求

1）可选用下列施工工艺：

长螺旋钻孔灌注成桩：适用于地下水位以上的黏性土、粉土、素填土、中等密实以上的砂土地基。

长螺旋钻孔中心压灌成桩：适用于黏性土、粉土、砂土和素填土地基，对噪声或泥浆污染要求严格的场地可优先选用；穿越卵石夹层时应通过试验确定适用性。

振动沉管灌注成桩：适用于粉土、黏性土及素填土地基；挤土造成地面隆起量大时，应采用较大桩距施工。

泥浆护壁成孔灌注成桩：适用于地下水位以下的黏性土、粉土、砂土、填土、碎石土及风化岩层等地基；桩长范围和桩端有承压水的土层应通过试验确定适用性。

2）长螺旋中心压灌成桩施工和振动沉管管桩成桩施工应符合下列规定：

施工前，应按设计要求在试验室进行配合比试验；施工时，按配合比配置混合料；长螺旋中心压灌成桩施工的坍落度宜为 160～200mm，振动沉管管桩成桩施工的坍落度宜为 30～50mm；振动沉管管桩成桩后桩顶浮浆厚度不宜超过 200mm。

长螺旋中心压灌成桩施工钻至设计深度后，应控制提拔钻杆时间，混合料泵送量应与拔管速度相配合，不得在饱和砂土或饱和粉土层内停泵待料；振动沉管管桩成桩施工拔管速度宜为 1.2～1.4m/min，如遇淤泥质土，拔管速度应适当减慢；当遇有松散饱和粉土，粉细砂或淤泥质土，当桩距较小时，应采取隔桩跳打措施。

施工桩顶标高宜高出设计桩顶标高不少于 0.5m；当施工作业面高出桩顶设计标高较大时，宜增加混凝土灌注量。

成桩过程中，应抽样做混合料试块，每台机械每台班不应少于 1 组。

3）冬期施工时，混合料入孔温度不得低于 5℃，对桩头和桩间土应采取保温措施。

4）清土和截桩时，应采用小型机械或人工剔除等措施，不得造成桩顶标高以下桩身断裂或桩间土扰动。

5）褥垫层铺设宜采用静力压实法，当基础底面下桩间土的含水率较低时，也可采用动力夯实法，夯填度不应大于 0.9。

（4）质量检验

1）施工质量检验应检查施工记录、混合料坍落度、桩数、桩位偏差、褥垫层厚度、夯实度和桩体试块抗压强度等。

2）竣工验收时，CFG 桩复合地基承载力检验应采用复合地基静载荷试验和单桩静载荷试验。

3）承载力检验宜在施工结束 28d 后进行，其桩身强度应满足试验荷载条件；复合地基静载荷试验和单桩静载荷试验的数量不应小于总桩数的 1%，且每个单体工程的复合地基静载荷试验的试验数量不应小于 3 点。

4）采用低应变动力试验检测桩身完整性，检查数量不低于总桩数的 10%。

CFG 桩复合地基质量检验标准应符合表 11.1-1 要求。

CFG桩复合地基质量检验标准　　表 11.1-1

项目	序号	检查项目	允许值或允许偏差		检查方法
			单位	数值	
主控项目	1	复合地基承载力		不小于设计值	静载试验
	2	单桩承载力		不小于设计值	静载试验
	3	桩长		不小于设计值	测桩管长度或用测绳测孔深
	4	桩径	mm	+50 0	用钢尺量
	5	桩身完整性	—		低应变检测
	6	桩身强度		不小于设计值	28d试块强度
一般项目	1	桩位	条基边桩沿轴线	≤D/4	全站仪或用钢尺量
			垂直轴线	≤D/6	
			其他情况	≤2D/5	
	2	桩顶标高	mm	±200	水准测量,最上部500mm劣质桩体不计入
	3	桩垂直度		≤1/100	经纬仪测桩管
	4	混合料坍落度	mm	160～220	坍落度仪
	5	混合料充盈系数		≥1.0	水准测量实际灌注量与理论灌注量的比
	6	褥垫层夯填度		≤0.9	水准测量

注：D 为设计桩径（mm）。

11.1.2 水泥搅拌桩复合地基

（1）适用范围及一般规定

水泥搅拌桩复合地基适用于处理正常固结的淤泥、淤泥质土、素填土、黏性土（软塑、可塑）、粉土（稍密、中密）、粉细砂（松散、中密）、中粗砂（松散、稍密）、饱和黄土等土层，不适用于含大孤石或障碍物较多且不易清除的杂填土、欠固结的淤泥和淤泥质土、硬塑及坚硬的黏性土、密实的砂类土，以及地下水渗流影响成桩质量的土层。当地基土的天然含水量小于30%（黄土含水量小于25%）时不宜采用粉体搅拌法。冬期施工时，应考虑负温对处理地基效果的影响。

水泥土搅拌桩的施工工艺分为浆液搅拌法（以下简称湿法）和粉体搅拌法（以下简称干法），可采用单轴、双轴、多轴搅拌或连续成槽搅拌形成柱状、壁状、格栅状或块状水泥土加固体。

对采用水泥土搅拌桩处理地基，除应按现行国家标准《岩土工程勘察规范》GB 50021要求进行岩土工程详细勘察外，尚应查明拟处理地基土层的pH值、塑性指数、有机质含量、地下障碍物及软土分布情况、地下水位及其运动规律等。

设计前，应进行处理地基土的室内配比试验。针对现场拟处理地基土层的性质，选择合适的固化剂、外掺剂及其掺量，为设计提供不同龄期、不同配比的强度参数。对竖向承载的水泥土强度宜取 90d 龄期试块的立方体抗压强度平均值。

增强体的水泥掺量不应小于12%，块状加固时水泥掺量不应小于加固天然质量的7%，湿法的水泥浆水灰比可取 0.5～0.6。

水泥土搅拌桩复合地基宜在基础和桩之间设置褥垫层，厚度可取 200～300mm。褥垫层材料可选用中砂、粗砂、级配砂石等，最大粒径不宜大于 20mm。褥垫层的夯填度不应大于 0.9。

水泥土搅拌桩用于处理泥炭土、有机质土、pH 值小于 4 的酸性土、塑性指数大于 25 的黏性土，或在腐蚀性环境中以及无工程经验的地区使用时，必须通过现场和室内试验确定其适用性。

(2) 设计要求

搅拌桩的长度应根据上部结构对地基承载力和变形的要求确定，并应穿透软弱土层到达地基承载力相对较高的土层；当设置的搅拌桩同时为提高地基稳定性时，其桩长应超过危险滑弧以下不少于 2.0m；干法的加固深度不宜大于 15m，湿法加固深度不宜大于 20m。

复合地基的承载力特征值应通过现场单桩或多桩复合地基静载荷试验确定。

单桩承载力特征值应通过现场静载荷试验确定。

桩长超过 10m 时，可采用固化剂变掺量设计。在全长桩身水泥总掺量不变的前提下，桩身上部 1/3 桩长范围内，可适当增加水泥掺量及搅拌次数。

桩的平面布置可根据上部结构特点及对地基承载力和变形的要求，采用柱状、壁状、格栅状或块状等加固形式。独立基础下的桩数不宜少于 4 根。

当搅拌桩处理范围以下存在软弱下卧层时，应按现行国家标准《建筑地基基础设计规范》GB 50007 的有关规定进行软弱下卧层地基承载力验算。

用于建筑物地基处理的水泥土搅拌桩施工设备，其湿法施工配备注浆泵的额定压力不宜小于 5.0MPa；干法施工的最大送粉压力不应小于 0.5MPa。

(3) 施工要求

1) 水泥搅拌桩施工现场施工前应予以平整，清除地上和地下的障碍物。

2) 水泥搅拌施工前，应根据设计进行工艺性试桩，数量不得少于 3 根，多轴搅拌施工不得少于 3 组。应对工艺试桩的质量进行检验，确定施工参数。

3) 搅拌头翼片的枚数、宽度、与搅拌轴的垂直夹角、搅拌头的回转数、提升速度应相互匹配，干法搅拌时钻头每转圈的提升（或下沉）量宜为 10～15mm，确保加固深度范围内土体的任何一点均能经过 20 次以上的搅拌。

4) 搅拌桩施工时，停浆（灰）应高于桩顶设计标高 500mm。在开挖基坑时，应将桩顶以上土层及桩顶施工质量较差的桩段，采用人工挖除。

5) 施工中，应保持搅拌桩基底盘的水平和导向架的竖直。

搅拌桩的垂直度允许偏差和桩位偏差应满足《建筑地基基础设计规范》GB 50007—2011 第 7.1.4 条的规定；成桩直径和桩长不得小于设计值。

6) 水泥搅拌桩施工应包括下列主要步骤：

① 搅拌机械就位、调平。

② 预搅下沉至设计加固深度。

③ 边喷浆（或粉），边搅拌提升直至预定的停浆（或灰）面。

④ 重复搅拌下沉至设计加固深度。

⑤ 根据设计要求，喷浆（或粉）或仅搅拌提升直至预定的停浆（或灰）面。

⑥ 关闭搅拌机械。

在预（复）搅下沉时，也可采用喷浆（粉）的施工工艺，确保全桩长上下至少再重复搅拌一次。对地基土进行干法咬合加固时，如复搅困难，可采用慢速搅拌，保证搅拌的均匀性。

7) 水泥搅拌湿法施工应符合下列规定：

① 施工前，应确定灰浆泵输浆量、灰浆经输浆管到达搅拌机喷浆口的时间和起吊设备提升速度等施工参数，并应根据设计要求，通过工艺性成桩试验确定施工工艺。

② 施工中所使用的水泥应过筛，制备好的浆液不得离析，泵送浆应连续进行。拌制水泥浆液的罐数、水泥和外掺剂用量以及泵送浆液的时间应记录；喷浆量及搅拌深度应采用经国家计量部门认证的监测仪器进行自动记录。

③ 搅拌机喷浆提升的速度和次数应符合施工工艺要求，并设专人进行记录。

④ 当水泥浆液到达出浆口后，应喷浆搅拌 30s，在水泥浆与桩端土充分搅拌后，再开始提升搅拌头。

⑤ 搅拌机预搅下沉时，不宜冲水，当遇到硬土层下沉太慢时，可适量冲水。

⑥ 施工过程中，如因故停浆，应将搅拌头下沉至停浆点以下 0.5m 处，待恢复供浆时，再喷浆搅拌提升；若停机超过 3h，宜先拆卸输浆管路，并妥善加以清洗。

⑦ 壁状加固时，相邻桩的施工时间间隔不宜超过 12h。

8) 水泥搅拌干法施工应符合下列规定：

① 喷粉施工前，应检查搅拌机械、供粉泵、送气（粉）管路、接头和阀门的密封性、可靠性，送气（粉）管路的长度不宜大于 60m。

② 搅拌头每旋转一周，提升高度不得超过 15mm。

③ 搅拌头的直径应定期复核检查，其磨耗量不得大于 10mm。

④ 当搅拌头到达设计桩底以上 1.5m 时，应开启喷粉机提前进行喷粉作业；当搅拌头提升至地面下 500mm 时，喷粉机应停止喷粉。

⑤ 成桩过程中，因故停止喷粉，应将搅拌头下沉至停灰面以下 1m 处，待恢复喷粉时，再喷粉搅拌提升。

9) 水泥搅拌桩干法施工机械必须配置经国家计量部门确认的具有能瞬时检测并记录粉体的计量装置及搅拌深度自动记录仪。

(4) 质量检验

1) 水泥土搅拌桩的施工质量检验可采用下列方法：

① 成桩 3d 内，采用轻型动力触探（N）检查上部桩身的均匀性，检验数量为施工总桩数的 1%，且不少于 3 根。

② 成桩 7d 后，采用浅部开挖桩头进行检查，开挖深度宜超过停浆（灰）面下 0.5m。检查搅拌的均匀性，量测成桩直径，检查数量不少于总桩数的 5%。

2) 静载荷试验宜在成排 28d 后进行。水泥土搅拌桩复合地基承载力检验应采用复合地基静载荷试验和单桩静载荷试验，验收检验数不少于总数的 1%。复合地基静载荷试验数量不少于 3 台（多轴搅拌为 3 组）。

3) 对变形有严格要求的工程，应在成桩 28d 后，采用双管单动取样器钻取芯样做水泥抗压强度检验，检验数量为施工总桩数的 5％，且不少于 6 点。

4) 基槽开挖后，应检验桩位、桩数与桩顶桩身质量，如不符合设计要求，应采取有效补强措施。

5) 施工过程中应随时检查施工记录和计量记录。

水泥土搅拌桩复合地基质量检验标准应符合表 11.1-2 要求。

水泥土搅拌桩复合地基质量检验标准　　　　表 11.1-2

项目	序号	检查项目	允许值或允许偏差		检查方法
			单位	数值	
主控项目	1	复合地基承载力	不小于设计值		静载试验
	2	单桩承载力	不小于设计值		静载试验
	3	水泥用量	不小于设计值		查看流量表
	4	搅拌叶回转直径	mm	±20	用钢尺量
	5	桩长	不小于设计值		测钻杆长度
	6	桩身强度	不小于设计值		28d 试块强度或钻芯法
一般项目	1	桩位	条基边桩沿轴线	≤D/4	全站仪或用钢尺量
			垂直轴线	≤D/6	
			其他情况	≤2D/5	
	2	桩顶标高	mm	±200	水准测量，最上部 500mm 劣质桩体不计入
	3	导向架垂直度	≤1/150		经纬仪测量
	4	水胶比	设计值		实际用水量与水泥等胶凝材料的重量比
	5	提升速度	设计值		测机头上升距离及时间
	6	下沉速度	设计值		测机头下沉距离及时间
	7	褥垫层夯填度	≤0.9		水准测量

注：D 为设计桩径（mm）。

11.1.3　强夯地基

（1）适用范围及一般规定

强夯法是反复将夯锤（质量一般为 10～60t）提到一定高度使其自由落下（落距一般为 10～40m），给地基以冲击和振动能量，从而提高地基的承载力并降低其压缩性，改善地基性能。强夯置换法是采用在夯坑内回填块石、碎石等粗颗粒材料，用夯锤连续夯击形成强夯置换墩。

由于强夯法具有加固效果显著、适用土类广、设备简单、施工方便、节省劳力、施工期短、节约材料、施工文明和施工费用低等优点，我国自 20 世纪 70 年代引进此法后迅速在全国推广应用。大量工程实例证明，强夯法用于处理碎石土、砂土、低饱和度的粉土与黏性土、湿陷性黄土、素填土和杂填土等地基，一般均能取得较好的效果。对于软土地基，如果未采取辅助措施，一般来说处理效果不好。强夯置换法是20世纪80年代后期开发的方法，适用于高饱和度的粉土与软塑～流塑的黏性土等地基上对变形控制要求不严的工程。

强夯法已在工程中得到广泛应用，有关强夯机理的研究也在不断深入，并取得了一批研究成果。目前，国内强夯工程应用夯击能已经达到18000kN·m，在软土地区、吹填土工程中开发的降水强夯法和在湿陷性黄土地区普遍采用的增湿强夯，解决了工程中的地基处理问题，同时拓宽了强夯法应用范围，但还没有一套成熟的设计计算方法。因此，规定强夯施工前，应在施工现场有代表性的场地上进行试夯或试验性施工。

强夯置换法具有加固效果显著、施工期短、施工费用低等优点，已经大量应用于多层物流仓储中心工程的重载地面基础处理，一般效果良好。但个别工程因设计、施工不当，加固后出现下沉较大或墩体与墩间土下沉不等的情况。因此，特别强调采用强夯置换法前，必须通过现场试验确定其适用性和处理效果，否则不得采用。

（2）夯实地基处理设计要求

1) 强夯法的有效加固深度既是反映处理效果的重要参数，又是选择地基处理方案的重要依据。强夯法创始人梅那（Menard）曾提出式（11.1-1）来估算影响深度 H（m）：

$$H \approx \sqrt{Mh} \qquad (11.1\text{-}1)$$

式中　M——夯锤质量（t）；

　　　H——落距（m）。

国内外大量试验研究和工程实测资料表明，采用上述梅那公式估算有效加固深度将会得出偏大的结果。从梅那公式中可以看出，其影响深度仅与夯锤重和落距有关。而实际上影响有效加固深度的因素很多，除了夯锤重和落距以外，夯击次数、锤底单位压力、地基土性质、不同土层的厚度和埋藏顺序以及地下水位等都与加固深度有着密切的关系。鉴于有效加固深度问题的复杂性，以及目前尚无适用的计算式，所以有效加固深度应根据现场试夯或当地经验确定。

考虑到设计人员选择地基处理方法的需要，有必要提出有效加固深度的预估方法。出于梅那公式估算值较实测值大，国内外相继发表了一些文章，建议对梅那公式进行修正，修正系数范围值大致为0.34～0.80，根据不同土类选用不同修正系数。虽然经过修正的梅那公式与未修正的梅那公式相比较有了改进，但是大量工程实践表明，对于同一类土，采用不同能量夯击时，其修正系数并不相同。单击夯击能越大时，修正系数越小。对于同一类土，采用一个修正系数，并不能得到满意的结果。因此，相关规范中不采用修正后的梅那公式，继续保持列表的形式。

近年来，沿海和内陆高填土场地地基采用10000kN·m以上能级强夯法的工程越来越多，积累了一定实测资料，8000kN·m以上各能级对应的有效加固深度，是在工程实测资料的基础上，结合工程经验制定。

2) 夯击次数是强夯设计中的一个重要参数，对于不同地基土来说夯击次数也不同。夯击次数应通过现场试夯确定，常以夯坑的压缩量最大、夯坑周围隆起量最小为确定的原则。可从现场试夯得到的夯击次数和有效夯沉量关系曲线确定，有效夯沉量是指夯沉量与隆起量的差值，其与夯沉量的比值为有效夯实系数。通常有效夯实系数不宜小于0.75。同时夯坑周围地面不发生过大的隆起，因为隆起量太大，有效夯实系数变小，说明夯击效率降低，则夯击次数要适当减少，不能为了达到最后两击平均夯沉量控制值，而在夯坑周围

1/2夯点间距内出现太大隆起量的情况下，继续夯击。此外，还要考虑施工方便，不能因夯坑过深而发生起锤困难的情况。

3）夯击遍数应根据地基土的性质确定。一般来说，由粗颗粒土组成的渗透性强的地基，夯击遍数可少些。反之，由细颗粒土组成的渗透性弱的地基，夯击遍数要求多些。根据我国工程实践，对于大多数工程采用夯击遍数2～4遍，最后再以低能量满夯2遍，一般均能取得较好的夯击效果。对于渗透性弱的细颗粒土地基，可适当增加夯击遍数。

必须指出，由于表层土是基础的主要持力层，如处理不好，将会增加建筑物的沉降。因此，必须重视满夯的夯实效果，除了采用2遍满夯、每遍2～3击外，还可采用轻锤或低落距锤多次夯击，锤印搭接等措施。

4）两遍夯击之间应有一定的时间间隔，以利于土中超静孔隙水压力的消散，所以间隔时间取决于超静孔隙水压力的消散时间。但土中超静孔隙水压力的消散速率与土的类别、夯点间距等因素有关。有条件时在试夯前埋设孔隙水压力传感器，通过试夯确定超静孔隙水压力的消散时间，从而决定两遍夯击之间的间隔时间。当缺少实测资料时，间隔时间可根据地基土的渗透性考虑。

5）夯击点布置是否合理与夯实效果有直接关系。夯击点位置可根据基底平面形状进行布置。对于某些基础面积较大的建筑物或构筑物，为便于施工，可按等边三角形或正方形布置夯点；对于办公楼、住宅建筑等，可根据承重墙位置布置夯点，一般可采用等腰三角形布点，这样保证了横向承重墙以及纵墙和横墙交接处墙基下均有夯击点；对于多层物流仓储中心工程来说也可按柱网来设置夯击点。

夯击点间距的确定，一般根据地基土的性质和要求的处理深度而定。对于细颗粒土，为便于超静孔隙水压力的清散，分点间距不宜过小。当要求处理深度较大时，第一遍的夯点间距更不宜过小，以免夯击时在浅层形成密实层而影响夯击能往深层传递。

此外，若各夯点之间的距离太小，在夯击时上部土体易向侧向已夯成的夯坑中挤出，从而造成坑壁坍塌，夯锤歪斜或倾倒，而影响夯实效果。

6）由于基础的应力扩散作用和抗震设防需要，强夯处理范围应大于建筑物基础范围，具体放大范围可根据建筑结构类型和重要性等因素确定。对于一般建筑物，每边超出基础外缘的宽度宜为基底下设计处理深度的1/2～2/3，并不宜小于3m。对可液化地基，根据现行国家标准《建筑抗震设计规范》GB 50011的规定，扩大范围应超过基础底面下处理深度的1/2，并不应小于5m；对湿陷性黄土地基，尚应符合现行国家标准《湿陷性黄土地区建筑标准》GB 50025有关规定。

7）根据上述初步确定的强夯参数，提出强夯试验方案，进行现场试行，并通过测试，与夯前测试数据进行对比，检验强夯效果，并确定工程采用的各项强夯参数，若不符合使用要求，则应改变设计参数。在进行试夯时也可采用不同设计参数的方案进行比较，择优选用。

8）在确定工程采用的各项强夯参数后，还应根据试夯所测得的夯沉量、夯坑回填方式、夯前夯后场地标高变化，结合基础埋深，确定起夯标高。夯前场地标高宜高出基础底标高0.3～1.0m。

9）夯实地基承载力特征值的检测除了现场静载试验外，也可根据地基土性质，选择静力触探、动力触探、标准贯入试验等原位测试方法和室内土工试验结果结合静载试验结果综合确定。

（3）施工要求

国内用于夯实法地基处理施工的起重机械以改装后的履带式起重机为主，施工时一般在臂杆端部设置门字形或三角形支架，提高起重能力和稳定性，降低起落夯锤时机架倾覆的安全事故发生的风险，实践证明，这是一种行之有效的办法，但同时也出现改装后的起重机实际起重量超过设备出厂额定最大起重量的情况，这种情况不利于施工安全，因此，应予以限制。

当场地表土软弱或地下水位高时，宜采用人工降低地下水位，或在表层铺填一定厚度的松散性材料。这样做的目的是在地表形成硬层，确保机械设备通行和施工，又可加大地下水和地表面的距离，防止夯击时夯坑积水。当砂土、湿陷性黄土的含水量低，夯击时，表层松散层较厚，形成的夯坑很浅，以致影响有效加固深度时，可采取表面洒水、钻孔注水等人工增湿措施。对回填地基，当可采用夯实法处理时，如果具备分层回填条件，应该选择采用分层回填方式进行回填，回填厚度尽可能控制在强夯法相应能级所对应的有效加固深度范围之内。

对振动有特殊要求的建筑物，或精密仪器设备等，当强夯产生的振动和挤压有可能对其产生有害影响时，应采取隔振或防振措施。施工时，在作业区一定范围设置安全警戒，防止非作业人员、车辆误入作业区而受到伤害。

施工过程中应有专人负责监测工作。首先，应检查夯锤质量和落距，因为若夯锤使用过久，往往因底面磨损而使质量下降，落距未达设计要求，也将影响单击夯击能；其次，夯点放线错误情况常有发生，因此，在每遍夯击前，均应对夯点放线进行认真复核；此外，在施工过程中还必须认真检查每个夯点的夯击次数，量测每击的夯沉量，检查每个夯点的夯击起止时间，防止出现少夯或漏夯，对强夯置换尚应检查置换墩长度。

由于强夯施工的特殊性，施工中所采用的各项参数和施工步骤是否符合设计要求，在施工结束后往往很难进行检查，所以要求在施工过程中对各项参数和施工情况进行详细记录。

基础施工必须在土层休止期满后才能进行，对黏性土地基和新近人工填土地基，休止期更显重要。

强夯处理后的地基竣工验收时，承载力的检验除了静载试验外，对细颗粒土尚应选择标准贯入试验、静力触探试验等原位检测方法和室内土工试验进行综合检测评价；对粗颗粒土尚应选择标准贯入试验、动力触探试验等原位检测方法进行综合检测评价。

强夯置换处理后的地基竣工验收时，承载力的检验除了单墩静载试验或单墩复合地基静载试验外，尚应采用重型或超重型动力触探、钻探检测置换墩的墩长、着底情况、密度随深度的变化情况，达到综合评价目的。对饱和粉土地基，尚应检测墩间土的物理力学指标。

（4）质量检验

夯实地基的质量检验，包括施工过程中的质量监测及夯后地基的质量检验，其中前者尤为重要。所以必须认真检查施工过程中的各项测试数据和施工记录，若不符合设计要求时，应补夯或采取其他有效措施。

经强夯和强夯置换处理的地基，其强度是随着时间增长而逐步恢复和提高的，因此，竣工验收质量检验应在施工结束间隔一定时间后方能进行。其间隔时间可根据土的性质而定。

夯实地基静载荷试验和其他原位测试、室内土工试验检验点的数量，主要根据场地复杂程度和建筑物的重要性确定。

夯实地基质量检验标准应符合表11.1-3要求。

夯实地基质量检验标准　　　　表11.1-3

项目	序号	检查项目	允许值或允许偏差		检查方法
			单位	数值	
主控项目	1	地基承载力	不小于设计值		静载试验
	2	处理后地基土的强度	不小于设计值		原位测试
	3	变形指标	设计值		原位测试
一般项目	1	夯锤落距	mm	±300	钢索设标志
	2	夯锤质量	kg	±100	称重
	3	夯锤遍数	不小于设计值		计数法
	4	夯点位置	mm	±500	用钢尺量
	5	场地平整度	mm	±100	水准测量
	6	夯击顺序	设计要求		检查施工记录
	7	夯击范围（超出基础范围距离）	设计要求		用钢尺量
	8	前后两遍间歇时间	设计值		检查施工记录
	9	最后两击平均夯沉量	设计值		水准测量
	10	夯击击数	不小于设计值		计数法

11.1.4　结构架空处理

（1）适用范围

适用于基底基础非常差，采用常规地基加固手段均不能达到设计要求或常规方案造价过高的工程，在我国华东沿海区域使用较多。

（2）设计要求

采用结构架空处理基础，设计要求同楼层结构，宜采用预制装配式结构加快施工工期。

（3）施工要求

采用结构架空处理基础，设计要求同楼层结构。

11.2　高大支模施工技术

多层仓储工程为了实现材料的装卸、存储和转运功能，具备消防应急救援条件，在运输路线和设备布置方面需要更大的灵活性，其结构设计一般具有高层高、大跨距、大面积等特征，通常多层仓储工程柱距为12m，首层结构层高大于8m。仓储工程工期相对紧张，结构施工一般不足6个月，高大支模结构施工在整个仓储工程关键线路上，施工所需的大量周转材料如若供应不及时，可直接导致工程进度滞后。同时，结构施工的质量直接影响后期楼面成型效果，结构楼面不平整，后期耐磨地坪施工质量难以控制。因此，施工阶段控制主体结构施工的进度和质量是工程的重点，其中又以高大支模区域为重中之重。本节将重点从高大支模区域的施工支模材料、施工顺序及过程重点注意事项进行阐述。

高大支模材料选择参见 4.2.1 材料采购中"（1）模板、脚手架等周转材料采购"内容。

11.2.1 高大支模施工顺序

多层仓储工程主体结构施工顺序，目前主要有两种做法：一种是先施工混凝土柱，再搭设架体整体施工梁板（以下简称为先柱法）；另一种是先搭设架体，再利用架体先浇筑混凝土柱，拆除柱模，再整体浇筑梁板（以下简称为先撑法）。

（1）先柱法

适用范围：适用于项目整体工期特别紧张的项目，特别适用于上部结构为钢结构的混凝土独立柱施工。

先柱法施工流程：搭设灯笼架→钢筋绑扎→柱模拼装→混凝土浇筑及拆模→灯笼架整理移出→搭设支撑架→梁板钢筋模板施工→浇筑梁板混凝土。施工流程如图 11.2-1 所示。

(a) 灯笼架整体调运

(b) 柱模板安装

(c) 柱混凝土浇筑、模板拆除

(d) 灯笼架整体转运，下批柱施工

图 11.2-1　先柱法施工流程示意图

先柱法施工的关键在于高大混凝土柱施工时需要搭设操作架，仓储工程一般楼层高度为 10m，需要预先制作一种工具式灯笼架，方便周转使用，灯笼架的设置一方面要提供柱施工整体性操作平台，另一方面也要为柱摸侧移、扭转提供支撑，因此灯笼架在兼具轻便、整体性的同时，还应具有足够的抗侧向刚度，灯笼架的制作如图 11.2-2 所示。

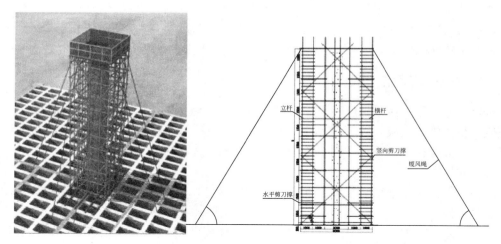

图 11.2-2 灯笼架的制作示意图

(2) 先撑法

适用范围：适用于普通混凝土结构，与盘扣式支撑配合施工更快。

先撑法施工流程：搭设支撑架→绑扎柱钢筋→柱模拼装→混凝土浇筑及拆模→梁板钢筋模板施工→浇筑梁板混凝土。施工流程如图 11.2-3 所示。

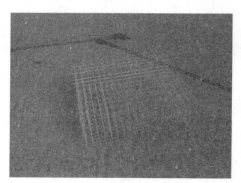

(a) 支撑架搭设

(b) 柱模板拼装、混凝土浇筑

(c) 梁板模板施工

(d) 浇筑梁板混凝土

图 11.2-3 先撑法施工流程示意图

先撑法施工,在施工混凝土柱时,操作平台及柱模固定系统共用梁板支撑体系,待柱施工模板拆除完毕后,再封闭模板浇筑梁板混凝土。

11.2.2 高大支模安全管理

根据《危险性较大的分部分项工程安全管理规定》(住房城乡建设部令第37号)规定,模板工程及支撑体系的危险性较工程范围划分见表11.2-1,多层仓储工程楼层层高一般为10m,模板支撑工程属于超过一定规模的危险性较大的分部分项工程。

危险性较大的分部分项工程划分表　　　表11.2-1

分类	内容
危险性较大的分部分项工程	搭设高度5m及以上,或搭设跨度10m及以上,或施工总荷载(荷载效应基本组合的设计值,以下简称设计值)10kN/m² 及以上,或集中线荷载(设计值)15kN/m及以上,或高度大于支撑水平投影宽度且相对独立无联系构件的混凝土模板支撑工程
超过一定规模的危险性较大的分部分项工程	搭设高度8m及以上,或搭设跨度18m及以上,或施工总荷载(设计值)15kN/m² 及以上,或集中线荷载(设计值)20kN/m及以上

(1) 方案编制

施工单位应当在危险性较大工程施工前组织工程技术人员编制专项施工方案。实行施工总承包的,专项施工方案应当由施工总承包单位组织编制。危险性较大工程实行分包的,专项施工方案可以由相关专业分包单位组织编制。

危险性较大工程专项施工方案的主要内容应当包括:

1) 工程概况:危险性较大工程概况和特点、施工平面布置、施工要求和技术保证条件;
2) 编制依据:相关法律、法规、规范性文件、标准、规范及施工图设计文件、施工组织设计等;
3) 施工计划:包括施工进度计划、材料与设备计划;
4) 施工工艺技术:技术参数、工艺流程、施工方法、操作要求、检查要求等;
5) 施工安全保证措施:组织保障措施、技术措施、监测监控措施等;
6) 施工管理及作业人员配备和分工:施工管理人员、专职安全生产管理人员、特种作业人员、其他作业人员等;
7) 验收要求:验收标准、验收程序、验收内容、验收人员等;
8) 应急处置措施;
9) 计算书及相关施工图纸。

(2) 方案报审

专项施工方案应当由施工单位技术负责人审核签字、加盖单位公章,并由总监理工程师审查签字、加盖执业印章后方可实施。危险性较大工程实行分包并由分包单位编制专项施工方案的,专项施工方案应当由总承包单位技术负责人及分包单位技术负责人共同审核签字并加盖单位公章。

(3) 专家论证

超过一定规模的危险性较大工程专项施工方案专家论证会的参会人员应当包括:

1）专家；
　　2）建设单位项目负责人；
　　3）有关勘察、设计单位项目技术负责人及相关人员；
　　4）总承包单位和分包单位技术负责人或授权委派的专业技术人员、项目负责人、项目技术负责人、专项施工方案编制人员、项目专职安全生产管理人员及相关人员；
　　5）监理单位项目总监理工程师及专业监理工程师。
　　超过一定规模的危险性较大工程专项施工方案经专家论证后结论为"通过"的，施工单位可参考专家意见自行修改完善；结论为"修改后通过"的，专家意见要明确具体修改内容，施工单位应当按照专家意见进行修改，并履行有关审核和审查手续后方可实施，修改情况应及时告知专家。

　　（4）现场安全管理
　　施工单位应当在施工现场显著位置公告危险性较大工程名称、施工时间和具体责任人员，并在危险区域设置安全警示标志。
　　专项施工方案实施前，编制人员或者项目技术负责人应当向施工现场管理人员进行方案交底。施工现场管理人员应当向作业人员进行安全技术交底，并由双方和项目专职安全生产管理人员共同签字确认。
　　施工单位应当严格按照专项施工方案组织施工，不得擅自修改专项施工方案。
　　因规划调整、设计变更等原因确需调整的，修改后的专项施工方案应当按照规定重新审核和论证。涉及资金或者工期调整的，建设单位应当按照约定予以调整。
　　施工单位应当对危险性较大工程施工作业人员进行登记，项目负责人应当在施工现场履职。项目专职安全生产管理人员应当对专项施工方案实施情况进行现场监督，对未按照专项施工方案施工的，应当要求立即整改，并及时报告项目负责人，项目负责人应当及时组织限期整改。施工单位应当按照规定对危险性较大工程进行施工监测和安全巡视，发现危及人身安全的紧急情况，应当立即组织作业人员撤离危险区域。
　　对于按照规定需要进行第三方监测的危险性较大工程，建设单位应当委托具有相应勘察资质的单位进行监测。
　　对于按照规定需要验收的危险性较大工程，施工单位、监理单位应当组织相关人员进行验收。验收合格的，经施工单位项目技术负责人及总监理工程师签字确认后，方可进入下一道工序。危险性较大工程验收合格后，施工单位应当在施工现场明显位置设置验收标识牌，公示验收时间及责任人员。
　　危险性较大工程发生险情或者事故时，施工单位应当立即采取应急处置措施，并报告工程所在地住房城乡建设主管部门。建设、勘察、设计、监理等单位应当配合施工单位开展应急抢险工作。
　　危险性较大工程应急抢险结束后，建设单位应当组织勘察、设计、施工、监理等单位制订危险性较大工程恢复方案，并对应急抢险工作进行后评估。
　　施工单位应当将专项施工方案及审核、专家论证、交底、现场检查、验收及整改等相关资料纳入档案管理。

11.2.3 高大支模施工

(1) 混凝土柱铝模施工

施工按照每个分区不大于2000m²的要求,每个单体工程配备一个施工分区的铝模数量(约15根),一般单个厂房分为12个施工区,每套高大柱铝合金模板在每个单体可周转次数为12次。

施工流程:柱定位放线→钢筋绑扎→柱铝模清理、涂刷隔离剂→安装柱身模板→混凝土浇筑→模板拆除。

1) 柱定位放线及验线

柱线及控制线的测设,剪力柱柱线按图纸测放,柱线控制线由剪力柱柱线向外平移200mm,以便于模板安装后调整位置。控制线允许偏差≤3mm。

使用水平仪测量本段标高是否在控制范围内,必须使上口K板在统一标高段,如果超过范围,需要做相应的找平处理。

根据校核后的柱线将对应控制线投测在柱线外150mm左右作为柱垂直定位参照线,如图11.2-4所示。

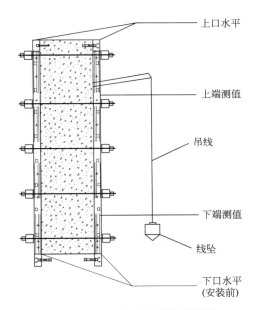

图 11.2-4 柱身垂直度校核装置

2) 柱铝模清理、涂刷隔离剂

柱铝模板安装前做好表面清理干净,涂抹适量的隔离剂,如图11.2-5所示。

3) 安装柱身模板

依据柱位控制线,从端部封板开始,两边同时逐件安装柱板,柱板采用现场塔式起重机吊装,如图11.2-6所示。柱板安装完毕后,需用临时支撑固定,在安装两边背楞加固,拧紧过柱拉杆螺丝,保证柱身厚度。在柱模顶部处,固定线坠自由落下,线坠尖部对齐楼面垂直度控制线。如有偏差,通过调节斜撑,直到线坠尖部和参考控制线重合为止(柱身垂直)。

图 11.2-5 柱铝模清理、涂刷隔离剂

图 11.2-6 柱身模板吊装

4) 混凝土浇筑

混凝土浇筑前,在柱子根部采用水泥砂浆将缝隙封住,防止漏浆。混凝土浇筑时采用 2 根 12m 长的振捣棒,所有柱需分 2~3 次从下至上分层浇筑,快进慢出,并保证振捣均匀。

5) 模板拆除

铝模板拆除需混凝土强度到达 1.2MPa,拆除时按照两个"L"模板进行拆除,如图 11.2-7 所示,现将抱箍(背楞)拆除完后,直接用塔式起重机将铝模吊出即可,拆模时要注意柱的成品保护。

图 11.2-7 模板拆除图

(2) 盘扣支架安拆施工

放线定位→按定位放置可调底座→在可调底座上放置标准基座→在标准基座上安装扫地横杆→用钢卷尺和线绳将架体调直→用水准仪和线绳将架体调平→安装二步及以上立杆和横杆→安装斜拉杆→直至封顶安装端横杆和斜杆→安装U形顶托和主次楞→检查验收→钢筋绑扎、模板支设、混凝土浇筑及养护→支架拆除。

1) 放线排底

首先,进行厂房内轴线定位,接着根据设计参数确定横纵距用尺寸确定出每根立杆的位置,然后根据立杆定位来铺设松木挑板。待挑板铺设完毕后,按定位摆放可调底座,将可调底座的螺母调整到设计高度(扫地杆距离地面高度≤550mm),丝杠插入立杆长度不小于150mm,安装横纵向基座和扫地杆,并对扫地杆的水平度进行调整。满足水平度要求后,将横杆接头上的楔形销板打紧,如图11.2-8所示。

2) 主架体安装

安装基础立杆(无连接棒立杆)和第一步水平横杆、立面斜拉杆并打紧楔形销板,第一步水平横杆的步距为1.5m,然后安装3m标准立杆(带连接棒立杆),即主架体,主架体横杆步距为1.5m,斜拉杆采用首尾相接或格构柱的形式布置,以此类推搭设支撑架。

支撑架搭设到梁底或板底的基本高度后,如果不满足安装可调托座的要求,可用调节立杆进行调整(调节立杆的规格有2m、1.5m、1.0m、0.5m和0.25m),调节杆安装完毕后,预留出安装U形顶托和主次楞的距离,安装U形顶托(伸出顶层水平杆长度≤650mm)和主楞,利用可调托座对设计标高进行最后的微量调整,丝杠外漏长度严禁超过400mm,最终达到设计标高的要求,如图11.2-9所示。

3) 构造设施设置

仓储工程支撑高度超过8m,设置3道水平剪刀撑:扫地杆层设置1道,第三步水平杆层(4m位置)设置1道,水平杆顶步层设置1道;水平方向方管间距不大于9m。在水

图 11.2-8 放线排底施工

图 11.2-9 架体安装施工

平杆顶步层水平剪刀撑位置，设置一层水平安全网，具体布置如图 11.2-10 所示。

水平剪刀撑布置应符合下列规定：
① 顶层应设置水平剪刀撑。
② 水平剪刀撑应采用专用扣件固定在与之相交的横杆上。
③ 剪刀撑接长时应采用搭接，搭接长度不小于 800mm，并应等距离设置不少于 2 个旋转扣件，且两端扣件应在离杆端不小于 100mm 处固定。

4）支架拆除

支架拆除按照以下原则拆除和清退：
① 先支后拆，后支先拆，先上后下，先拆非承重部分，后拆承重部分。

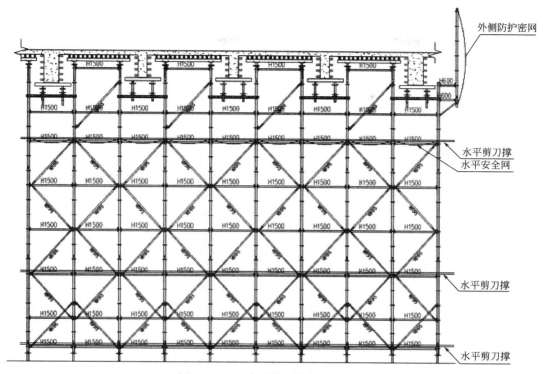

图 11.2-10 水平剪刀撑布置示意图

② 由建筑四周向内部一次拆除。
③ 各施工段架体拆除后在本段集中堆放、整理。
④ 拆除时后浇带位置拆除预留通道，通道宽度为两跨。

11.2.4 建议施工措施

（1）在盘扣施工前宜将地面施工至垫层标高，以保证地基承载力的要求，常规垫层以下基础做法如图 11.2-11 所示。

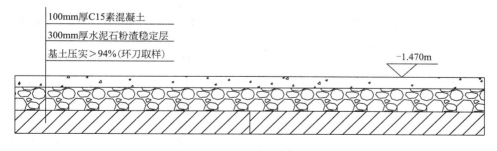

图 11.2-11 地基做法图

盘扣支撑架底部通过可调底座支撑于基础之上，做法如图 11.2-12 所示。

（2）根据《建筑施工承插型盘扣式钢管支架安全技术规程》JGJ 231—2010 中 6.1.7 条规定：当单肢立杆荷载设计值大于 40kN 时，底层的水平杆应比标准步距缩小一个盘扣

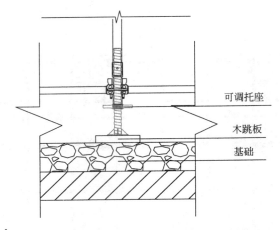

图 11.2-12 盘扣支撑架底部做法详图

间距,且应设置竖向斜杆。在多层仓储结构施工过程中,标准步距一般为 1.5m,底层步距为 1.0m,施工过程中因底层水平杆高度太低,难以满足施工的需要,施工过程中将底层水平杆上移一个盘扣间距,待整个结构施工完成后,将底层水平杆降下一个盘扣间距。

11.3 钢结构施工技术

11.3.1 单层钢结构施工技术

单层分拣仓储中心钢结构主要为门式刚架结构,其施工质量直接影响分拣仓储中心的使用,因此本章节主要围绕单层分拣仓储中心钢结构施工工艺及质量控制进行详细的说明。

1. 施工前准备

单层仓储工程钢结构施工周期短,精度要求高,施工前应根据施工进度总计划对材料、机械提前准备,为施工打下基础。

材料准备:钢构件与辅助材料的进场应根据钢构件的进场计划和安装施工进度计划来安排,钢构件每日进场计划应精确到每件的编号,需用的钢构件至少提前三天进场,同时也要考虑堆场限制,尽量协调好制作加工与安装施工之间的关系,以保证钢结构安装工作按计划顺利进行。

(1) 构件进场验收

① 钢构件与材料进场必须进行验收,将存在缺陷的构件在地面进行处理,确保安装顺利。

② 构件验收主要是按图纸和有关规范的要求进行尺寸验收,并对构件的配套情况、损伤情况等进行检查。

③ 构件到场时,相应的质量保证书和运货清单等资料要齐全,验收人员根据运货清单检查所到构件的数量、规格及编号是否相符,经核对无误,并对构件质量检查合格后,方可确认签字,并做好检查记录。

④ 对于制作超过规范要求和运输中受到损伤的构件,应送回制作厂进行返修,对于轻微的损伤,则可以在现场进行修复。

⑤ 质量验收所用的计量检测工具必须统一,并定期进行检查。构件与材料到场后,验收人员应按照堆场的情况和堆放的规定,指挥卸车和摆放。

(2) 验收注意事项

① 经验收后的构件应当仔细保管,防止变形和损伤,构件堆放时下面垫枕木。

② 构件应按其编号和吊装的顺序来分类堆放,构件的标识应朝外(不要被其他构件遮盖),以便于识别和检验。

③ 构件检查、堆放记录应当留档备查。

④ 装货和卸货时应注意安全、防止事故发生。

⑤ 临时堆场要保证平整、道路畅通,并提供有充足的排水措施。

2. 单层仓库预埋施工

单层仓库预埋施工是钢结构施工过程中最为常见的施工工序,主要控制地脚螺栓的预埋精度,其次便是与土建专业的交叉作业问题。

(1) 施工工艺

地脚螺栓深化→定位放线→安装预埋件→复核预埋件定位→移交混凝土浇筑。

(2) 预埋螺栓质量控制

预埋螺栓的埋设精度,直接影响到钢构件的安装质量与进度,所以在钢构件吊装前,必须对已完成施工预埋件的轴线、标高及螺栓的伸出长度用经纬仪、水准仪、全站仪、水平尺和钢尺实测进行认真的核查、验收。对弯曲变形的地脚螺栓,要进行校正;螺纹要清理干净,对已损伤的螺纹要进行修复,并应将所有埋设好的螺栓予以保护。

1) 支承面、地脚螺栓位置的允许偏差。

基础顶面直接作为柱的支承面和基础顶面预埋钢板或支座作为柱的支承面时,其支承面、地脚螺栓(锚栓)位置的允许偏差见表11.3-1。

支承面、地脚螺栓(锚栓)位置的允许偏差　　　表11.3-1

项目		允许偏差(mm)
支承面	标高	±3
	水平度	1/1000
地脚螺栓	螺栓中心偏移	5.0
预留孔中心偏移		10.0

2) 地脚螺栓(锚栓)尺寸的允许偏差见表11.3-2。

地脚螺栓(锚栓)尺寸的允许偏差　　　表11.3-2

项目	允许偏差(mm)
螺栓露出长度	+30 0.0
螺纹长度	+30 0.0

3. 单层仓库钢架施工

（1）施工工艺

目前对于轻钢结构单层仓库，主要为散装施工，即按照柱→梁（含拼装）→檩条→隅撑→拉条、撑杆等安装顺序，依次安装钢构件。

（2）钢架安装质量控制

钢梁设计要求顶紧的节点，接触面不应少于70%紧贴，且边缘最大间隙不应大于0.8mm。钢屋架、桁架、梁及受压杆件垂直度和侧向弯曲矢高的允许偏差见表11.3-3。

钢屋架、桁架、梁及受压杆件垂直度和侧向弯曲矢高的允许偏差　　表11.3-3

项目		允许偏差(mm)	图例
跨中的垂直度		$h/250$，且不应大于15.0	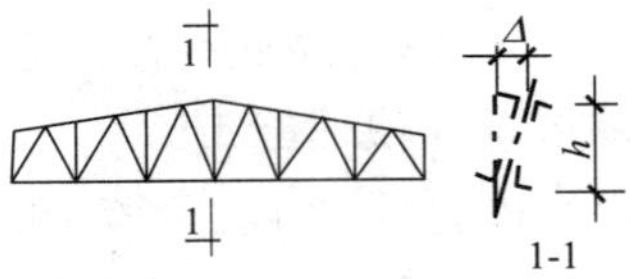
侧向弯曲矢高	$l \leqslant 30\text{m}$	$l/1000$，且不应大于10.0	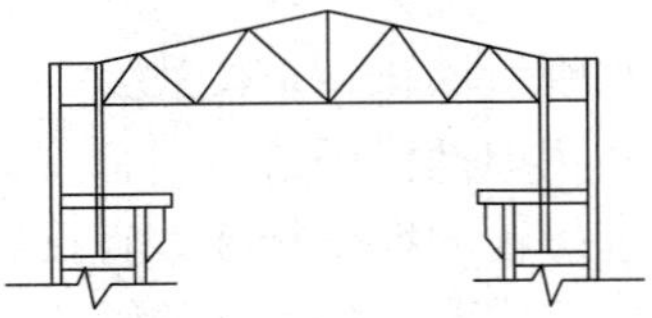
	$30\text{m}<l \leqslant 60\text{m}$	$l/1000$，且不应大于30.0	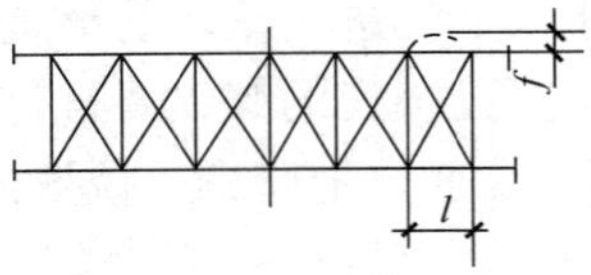
	$l>60\text{m}$	$l/1000$，且不应大于30.0	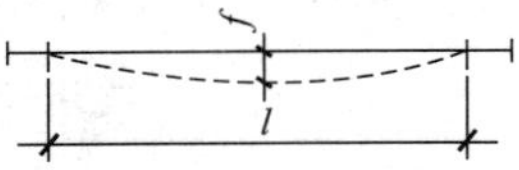

单层钢结构主体结构的整体垂直度和整体平面弯曲的允许偏差应符合表11.3-4的规定。

整体垂直度和整体平面弯曲的允许偏差　　表11.3-4

项目	允许偏差(mm)	图例
主体结构的整体垂直度	$H/1000$，且不应大于25.0	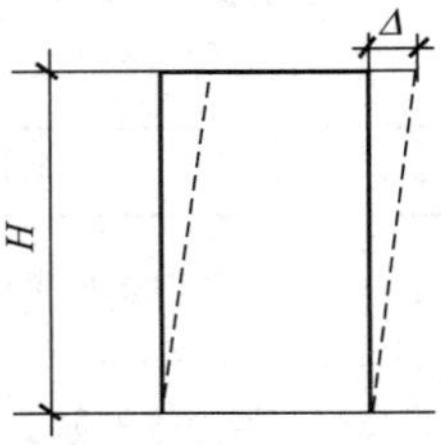

续表

项目	允许偏差(mm)	图例
主体结构的整体平面弯曲	$H/1000$,且不应大于 25.0	

4. 单层仓库次结构施工

单层仓库次结构主要为檩条、隅撑、拉条、撑杆、吊挂梁（支架梁）、雨棚及支吊架等构件。

（1）施工工艺

屋面檩条及墙面檩条安装。檩条一般选用汽车式起重机安装、人工安装或者两者相结合的方式。汽车式起重机安装即采用小型（8t）起重机安装，人工安装即在屋面或墙面安装固定点，通过人工将檩条拉至屋面或墙面安装，组合安装方式仅针对屋面檩条，汽车式起重机将成捆的檩条吊装至屋面后，人工对檩条进行倒运安装。相对而言，汽车式起重机施工效率和组合安装方式效率相差不大，人工安装效率较慢。但墙面檩条安装，却受限于空间，一般采用人工安装。

隅撑安装。如采用单元整体安装，一般都会在地面安装完成，留一侧待散装檩条安装完成后进行螺栓施工。如采用散装法施工钢结构，也可将隅撑先行与主梁连接，一同吊装，后续人工完成与檩条的连接。

拉条、撑杆安装。为纯人工安装，一般会在屋面布置一条檩条或者跳板，横铺于屋面上，作为滑道，2～3 个人为一组，将安全带捆绑于滑道上，安装完一根拉条后，推动滑道至下一处，如图 11.3-1 所示。

图 11.3-1 檩条安装安全防护措施

系杆、水平支撑及柱间支撑安装。系杆（主要受拉构件）一般采用汽车式起重机施工。水平支撑及柱间支撑，为防止支撑长度过长，导致变形无法恢复，宜在地面拼装完成后整体安装。

吊挂梁及支吊架安装。吊挂梁为支吊架生根的钢梁，根据设计进行深化和安装。支吊架安装，一般选用卷扬机或人工倒运＋升降车配合安装。

雨棚结构现场施工均为悬挑安装。现场安装过程中，先布设爬梯或筒梯，先行安装雨棚拉杆，调整好角度，再进行雨棚梁安装。雨棚梁端部螺栓安装完之后，再进行连接部位施工，依次完成所有雨棚构件的安装。

(2) 工期及要素准备

参见5.4.1单层钢结构施工措施中"4.单层仓库次结构施工"内容。

(3) 安装质量控制

墙架、檩条等次要构件安装的允许偏差见表11.3-5。

墙架、檩条等次要构件安装的允许偏差　　　表11.3-5

项目		允许偏差(mm)	检验方法
墙架立柱	中心线对定位轴线的偏移	10.0	用钢尺方法
	垂直度	$H/1000$，且不应大于10.0	用经纬仪或吊线和钢尺检查
	弯曲矢高	$H/1000$，且不应大于15.0	用经纬仪或吊线和钢尺检查
抗风桁架的垂直度		$h/250$，且不应大于15.0	用吊线和钢尺检查
檩条、墙梁的间距		±5.0	用钢尺检查
檩条的弯曲矢高		$L/750$，且不应大于12.0	用拉线和钢尺检查
墙梁的弯曲矢高		$L/750$，且不应大于10.0	用拉线和钢尺检查

注：1. H为墙架立柱的高度；
　　2. h为抗风桁架的高度；
　　3. L为檩条或墙梁的长度。

(4) 建议施工措施

1) 雨棚拉杆节点形式

雨棚拉杆（一般为管构件）与雨棚梁连接节点，应避免采用焊接、销轴连接等方式，宜采用高强度螺栓连接，方便现场安装。采用高强度螺栓连接时，应重点关注连接板尺寸，连接板的高度应高于雨棚屋面高度，使雨棚拉杆与屋面系统碰撞降到最低，仅为连接板尺寸大小。

2) 隅撑连接节点

隅撑连接节点主要是针对与钢梁连接部位，从施工便利性上考虑，建议采用连接板固定，如图11.3-2所示。

3) 次构件碰撞问题解决

次构件碰撞问题在深化设计期间应引起高度重视，避免后续构件无法安装。主要存在：水平支撑与吊挂梁碰撞、支架梁与柱间支撑碰撞、支吊架与钢柱的碰撞、内天沟与系杆、柱间支撑等构件碰撞（无法保证雨水管正常安装）等。施工过程中可汇总各专业BIM模型进行统一调整。

4) 钢结构门柱无埋件施工

钢结构门柱与地面的关系主要有两个重点：门柱生根方式和门柱及地面标高控制。门

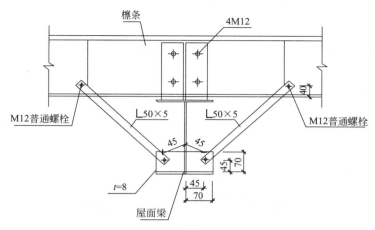

图 11.3-2 隅撑连接节点做法示意图

柱生根方式，常规设计采用有埋件的做法，即将埋件预埋，门柱通过埋件连接。埋件施工最大的问题是：埋件标高由于测量误差、施工精度等问题造成地面与埋件板标高不一致，交叉位置不美观，也会影响门洞尺寸，造成大门出现缝隙等，严重情况下还可能影响大门的使用功能。

根据施工经验，建议采用无埋件做法，能很好地满足门柱使用性能情况。无埋件做法是在门柱下方圈梁浇筑混凝土时插入钢筋与门柱焊接，通过类似预埋锚栓的施工做法，将门柱与基础连接。无埋件做法能有效保障大门的使用功能、地面外观及门洞尺寸。

11.3.2 低刚度钢结构施工

施工前编制《钢结构专项方案》《季节性施工方案》，跨度超过36m需要专家论证。

（1）深化设计阶段

依据时间节点要求，应在安装前至少45d开始深化设计，根据施工顺序分单体进行深化。深化顺序先柱脚埋件、再主体结构、最后次结构。主结构深化过程中项目部应尽快确定围护系统做法，确保围护系统转接件能正确深化在主体结构上。

（2）制作阶段

1）加工厂需整体放样制作，需预拼装，制作如图11.3-3所示。

图 11.3-3 加工厂制作

2）主体结构材料采购周期 3~7d，首批构件制作周期 7~15d。项目部应尽量安排深化阶段原材料。

3）C 形或者高频焊接 H 形檩条加工厂一般不能制作，需要外协专门制作厂家，特别控制其采购时间。

（3）安装阶段

1）施工要点

① 安装前垫层必须施工完毕，垫层不具备施工条件时，至少保证级配碎石施工完成，能满足吊装设备行走条件，如图 11.3-4 所示。

图 11.3-4　垫层施工

② 安装方式：可以从中间往两侧成对称式，也可以从一端往另一端安装。

③ 主体结构安装方法：按照柱、梁、次结构顺序，以形成稳定单元向外扩展方式。

2）超长钢柱安装

① 钢柱拼装

依据项目特点，钢柱分 2 段在加工厂制作，运送至现场后将分段钢柱拼装成整体，并设计拼装胎架，保证拼装质量。单根钢柱拼装时，需要 1 组拼装胎架：包含拼接位置使用 1 个框架胎架、非拼接位置使用 4 个马凳式胎架；钢柱拼装焊接位置设置框架式胎架，两侧分别设置 2 个马凳式胎架，胎架按照等间距布置如图 11.3-5 和图 11.3-6 所示。

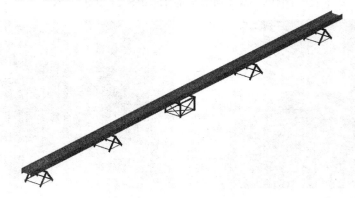

图 11.3-5　拼装胎架三维图

图 11.3-6 现场拼装实景

② 双机抬吊吊装超大长细比钢柱

钢柱分 2 段在加工厂制作，运送至现场后将分段钢柱拼装成整体吊装，考虑拼装后单根钢柱较长，为防止钢柱吊装变形，一台 70t 起重机作为主吊，另一台 25t 起重机作为辅吊，根据"吊装弯矩最小原则"，主吊吊点位于钢柱柱头，辅吊吊点距离钢柱柱头 $0.7L$ 处。对吊装工况进行仿真分析，应力、变形满足规范要求。

起吊时主吊和辅吊两个吊点同时起钩，钢柱完全离开地面后，主吊缓慢起钩，辅吊随主吊同步缓慢调整松钩，钢柱翻转至与地面夹角为 80°时，辅吊完全松钩，此时主吊主要受力吊装；在主吊作用下，钢柱摆正就位如图 11.3-7 所示。

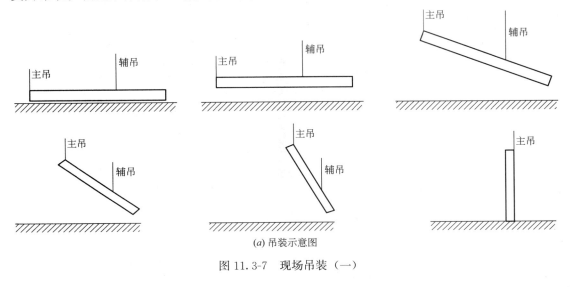

(a) 吊装示意图

图 11.3-7 现场吊装（一）

(b) 吊装实景

图 11.3-7　现场吊装（二）

钢柱就位后紧固地脚螺栓，四周拉设缆风绳，并采用高空作业直臂车运送人员至两个吊点位置摘钩，取下吊具。

③ 钢柱临时固定措施

若靠近沿海，大风极端天气出现频繁且风力较大，每根钢柱柱底板下方需有 50～100mm 的二次灌浆层；柱底灌浆之前，遇到大风极端天气时，因柱底板与混凝土之间距离较大，此时柱底锚栓及螺母主要受力，钢柱柱底处于不利受力情况。因此钢柱吊装完成后，考虑采用多项措施来保证钢柱稳定性，主要包括：缆风绳、柱脚可调式加固装置、楔铁、花篮螺栓张紧等。

a. 缆风绳

缆风绳拉结点设置在混凝土柱的柱脚锚栓上，保证缆风绳与夹角不大于 60°，端部用葫芦拉紧。

单根钢柱安装完成，未连接其他支撑及屋面钢架时，应在四个方向都拉设缆风绳，如图 11.3-8 所示。

图 11.3-8　单根钢柱拉设缆风绳

多根钢柱安装后,应在无支撑体系连接的方向均拉设缆风绳,如图 11.3-9 所示。

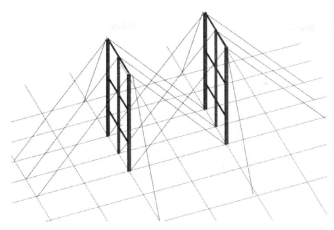

图 11.3-9　无支撑体系拉设缆风绳

形成局部整体框架单元后,外侧钢柱在无框架连接的 3 个方向均拉设缆风绳,内侧钢柱在平行于钢架方向拉设 2 道缆风绳,并在每段钢梁在弱轴方向分别拉设 2 道缆风绳,如图 11.3-10 所示。

图 11.3-10　外侧钢柱拉设缆风绳

整跨单元完成后,内侧钢柱在无框架连接方向拉设 2 道缆风绳;边跨钢柱在弱轴方向(即垂直于屋面钢架跨度方向)必须拉设缆风绳,强轴方向可视具体情况及需要对称拉设缆风绳;每段钢架在弱轴方向均需要拉设缆风绳。

b. 柱脚可调式加固装置

由于钢柱高度高,在安装过程未形成稳定体系时为避免风荷载作用下钢柱发生倾倒的风险,需要在翼缘板外侧分别加安两根地脚螺栓及加固板锚栓,对钢柱底部进行一定加固,确保施工安全,如图 11.3-11 所示。

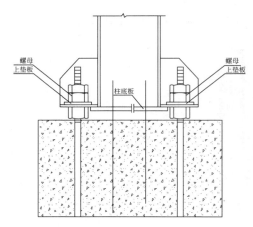 

图 11.3-11　桩脚可调式加固装置

钢柱就位后立即安装柱底的加固锚栓，在钢柱形成稳定框架体系之前，柱底加强措施不得随意替换或挪用。

c. 楔铁

一般每根钢柱柱底板下方有 50～100mm 的二次灌浆层；柱底灌浆之前，遇到大风等极端天气时，因柱底板与混凝土之间距离较大，此时柱底锚栓主要受力，钢柱柱底处于不利受力情况。

每根钢柱柱底至少设置 4 套楔铁，分别设置在钢柱四个方向，如图 11.3-12 所示。

钢柱柱底灌浆之前不得私自拆除楔铁。

楔铁应与柱底板紧密结合，楔铁楔入柱底后，用铁锤敲打，确保楔铁与柱底楔牢，并点焊固定，保证楔铁楔紧。

柱底灌浆之前可将楔铁拆除，对于部分小截面薄弱钢柱，楔铁可不拆除，随混凝土浇筑，作为柱底补强措施。

图 11.3-12　楔铁

刚度单元安装完成后，浇筑柱脚混凝土，终凝前再次校正柱脚垂直度。

d. 支撑体系安装

钢柱吊装完成后，及时连接屋面支撑及柱间支撑体系，并适当张紧，保证各跨钢柱、各榀钢架及时连成体系。柱脚锚栓螺母及垫片应拧紧。

整体单元成型后,利用柱间支撑及缆风绳、捯链等措施对整体结构的垂直度再次进行校正,对于偏差较大的部位,可利用柱间圆钢支撑的花篮调节,保证整体结构的垂直度标高等满足规范要求。

e. 柱脚灌浆

为保证钢柱柱底安全及强度,钢柱形成2～3跨稳定单元后,应进行柱底灌浆。

灌浆前再次校正,并检查高强度螺栓终拧情况,保证所有螺栓已终拧,所有标高垂直度已校正完毕,并满足规范要求。

完成以上工作后,立即通知土建专业进行柱脚灌浆,灌浆前,安装班组与项目部及时沟通,经项目部确认后,可取下柱脚楔铁。

3)大跨度钢梁安装

① 吊装方式一:单榀吊装

跨内钢梁地面整体拼装,小于24m的单机吊装,大于24m的可以考虑双机抬吊,如图11.3-13所示,隅撑在地面安装。

② 吊装方式二:相邻两榀整体吊装

在地面将相邻两榀钢梁及之间檩条拼装成整体,采用两台起重机站位于跨外整体吊装,同时隅撑也在地面安装。

图11.3-13 双机抬吊

4)次结构安装

屋面次结构安装优先采用汽车式起重机,按先檩条,再隅撑、拉条顺序进行。墙面次结构也是先檩条、再拉条,为防止墙檩条下挠,最上面两道檩条及拉条应优先张紧。

(4)质量控制重点

1)柱脚锚栓定位偏差

① 现象

柱脚锚栓施工是钢结构施工的第一道关口,也是钢结构主结构施工的主要控制点,如果施工过程把控不严，施工措施不到位，可能造成锚栓定位偏差过大，严重影响后期主结构施工质量。

② 柱脚定位偏差可能存在的原因

a. 土建专业野蛮施工，将预埋完成的锚栓碰弯；

b. 土建钢筋过密，地脚锚栓直径大、数量多，施工难度大；

c. 过程监控不到位，锚栓被其他专业带偏，未及时校正。

③ 预防措施

a. 提前预判锚栓与土建专业钢筋交叉情况

使用 3DMAX、TEKLA 等软件进行放样，模拟各专业各部位交叉作业碰撞情况，并对可能出现的碰撞进行检测，提前考虑技术措施，对碰撞部位进行规避，并对原有的节点做法进行优化，将问题解决在图纸层面，如图 11.3-14 所示。例如可将土建钢筋排布由两排改为三排，可缓解钢筋平面过密造成的预埋难度。

 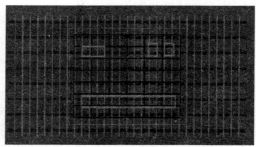

图 11.3-14　软件放样

b. 三步复测，保证精度 100%

预埋及校正工序中加大人力投入，切实做好预埋后、浇筑前、浇筑后三次复测及校正，高架库 2280 颗地脚螺栓成活精度 100% 合格，为钢柱一次性吊装就位打下良好基础。

使用定位板作为预埋的辅助措施如图 11.3-15 所示。

图 11.3-15　定位板辅助预埋

使用定位板可保证同一柱脚的锚栓体系基本无偏差，单个柱脚的锚栓不用一一校正，减小现场的测量校正量。

c. 成品锚栓及时防护，防止破坏

在锚栓周围设置警示线及小红旗，做醒目标识；防止级配、地面等施工时将锚栓压弯压断。

d. 直锚栓改弯锚，取消底部垫板，减小施工难度

实际施工过程中，若设计为直锚栓，因埋深稍短，可能需要锚栓底部加垫板进行补偿；若设计垫板尺寸较大，将给预埋施工带来极大的施工困难，此时可考虑将直锚栓改为弯锚，取消底部垫板，可大大减小施工难度。

2）钢结构钢梁直线度超差，侧弯严重

① 现象

因厂房结构高，跨度大，若过程中质量控制不到位，可能造成钢柱、钢梁等结构变形，直线度超差等质量问题，如图 11.3-16 所示。

图 11.3-16 质量问题

② 可能存在的原因

a. 钢梁端板不平整，高强度螺栓终拧后将钢梁带弯；

b. 钢架屋面支撑体系少，中间部位无支撑；

c. 钢梁板厚薄，受大风等天气影响被吹弯；

d. 由于钢柱腹板较薄，钢柱钢梁截面大，钢柱翼缘与腹板组对焊接过程中，腹板平面度难以保证，焊接区域存在热应力变形及鼓包。

③ 预防措施

a. 钢梁安装过程中每跨之间及时连接檩条，至少保证一到两根，作为施工过程中屋面支撑体系的补充措施；

b. 对于无屋面支撑体系的区域可将其他部位未安装的系杆暂时安装在此部位，作为临时固定措施；

c. 屋面钢梁安装完成后，及时拉设各个方向缆风绳，作为临时固定措施。

11.3.3 多层仓库钢结构施工

(1) 屋面钢架施工

多层仓储工程钢结构屋面钢架梁,一般采用工厂分段制作,现场组合拼装后吊装的方式。为了最大限度减少高空作业,满足吊装构件的自身稳定,根据工程的实际情况,钢梁按每个跨度组拼为一个吊装单元,如图 11.3-17 所示。每个吊装单元组对完后,参照放样尺寸与设计要求,对组装单元进行最后的检查与核对,并做好记录。

图 11.3-17 屋面钢架楼面拼装施工

钢梁在顶板上组拼好后,在梁上装好可拆式安全绳,并在梁两端各设置一条晃绳,由两人牵引,控制钢梁在空中的角度。钢架梁由于长度较长,可达 30m 以上,为防止吊装过程中产生扭曲变形,采用平衡梁四点吊装,或者双机抬吊,吊点在中心两边对称设置,吊点与钢梁采用起重钳夹紧钢梁上翼缘两侧,如图 11.3-18 所示。

图 11.3-18 汽车式起重机二层楼面吊装施工

钢梁吊装就位后，先进行安装位置的复测，用临时螺栓进行固定，当单榀钢梁吊装就位后，在吊机摘钩前，立即在钢梁两侧用缆风绳固定。当相邻第二榀钢梁吊装好后，及时将两钢梁之间的系杆、水平支撑及屋面檩条等构件安装完成，并进行测量校正，合格后进行高强度螺栓永久固定，以此作为稳定体系。

（2）檩条系统施工

待屋面钢架形成稳定系统后开始安装檩条、拉条等，檩条靠近檩托板后，采用钢冲钉将檩条孔与檩托孔对准，然后将檩条连接螺栓拧紧固定，完成一根檩条安装。檩条、拉条安装时在屋面檩条上铺设脚手板，脚手板与檩条采用钢筋固定，钢筋外面采用布条绑扎，以防止损坏檩条涂层，如图 11.3-19 所示。安装应从屋面檐口开始，每一道拉条安装均应拉紧，同时安装后应随时进行测量，调整檩条的侧向弯曲度。

图 11.3-19　檩条系统施工安全防护措施

屋面檩条安装矫正完成后，因天气等不利因素，可能导致檩条不顺直、檩条螺栓松动等情况，可采用登高车二次调直檩条及拧紧螺栓。

（3）安装质量控制

1）轻钢结构中檩条和墙梁通常采用冷弯薄壁型钢构件。此类构件轻巧细长，在安装中容易产生侧向弯曲变形，应注意采用临时木撑和拉条、撑杆等连接件使之能平整顺直。

2）当屋面檩条截面高度≥200mm 时，宜考虑采用临时木撑，以防安装时倾覆。

3）檩条当中的拉条可采用圆钢，也可采用角钢。圆钢拉条在安装时应配合屋脊、檐口处的斜拉条、撑杆或临时木撑，通过端部螺母调节使之适度张紧。

4）墙梁在竖向平面内刚度很弱，宜考虑采用临时木撑，在安装中来保持墙梁的平直。尤其是兼作窗台的墙梁一旦下挠，极易产生积水渗透的现象。

（4）抗风柱施工

多层仓储工程柱网尺寸较大，通常首层外墙墙面板无法直接跨越，需要增加抗风柱，目前一般抗风柱间距为6m，抗风柱通过埋件与二层楼面梁和基础地梁连接。

抗风柱安装时，上下结构均已施工完成，因此抗风柱吊点一般设置在钢柱的顶部。钢柱到位后，首先将钢柱底板穿入预埋螺栓，放置在调节好的螺母上，将抗风柱柱顶高强度螺栓初拧，并将柱的四面中心线与基础放线中心线对齐吻合，四面兼顾，中心线对准或使偏差控制在规范允许的范围内时，穿上压板，将螺栓拧紧，并将柱顶高强度螺栓进行终拧，即为完成钢柱的就位工作。

11.4 金属围护系统施工技术

11.4.1 金属围护系统发展趋势

早期金属屋面板使用的板型，如W600、V125等，虽然波高不同，但连接方式均为紧固件连接，优点是板与檩条连接牢固，在外力作用下不易松动，缺点是屋面板被紧固件穿透，易产生渗漏现象。角驰Ⅱ、角驰Ⅲ板型的出现改变了板边连接方式，其板边连接方式为固定支架暗藏式180°咬边连接，屋面板上没有紧固件穿透，对于板边防水是革命性的改变。然而这类板型是一种非紧密式咬合，通常采用手工咬边，因此施工质量不高，抗风能力较弱。以360°直立缝锁边板为代表的全边锁合连接板型，采用专用机械设备咬边，用滑动式连接支架与檩条系统连接，是一种紧密式咬合方式，可自由伸缩，有效地解决了金属材料热胀冷缩引起的系统变形，保障了系统的可靠性与完整性，是目前值得大力推广的金属屋面板板型。

另外还有一种扣合连接方式的板型，压型钢板板端对称设置卡口构造边，扣盖与卡口构造边扣压形成倒钩构造，完成压型钢板纵向搭接。该方式亦属于隐藏式连接范围，防水性能较好。此连接方式有赖于倒钩构造的坚固，因此对彩板本身的刚度要求高于其他构造，板材刚度不好时，连接的安全度非常不可靠，曾出现过大量屋面被掀起的案例。

早期金属板屋面选材主要为彩色涂层钢板，随着金属材料的丰富以及建筑形象的要求，材料选择逐渐增多，目前主要有铝合金板、不锈钢板、钛锌板、钢板等。

彩涂板的面漆使用也从聚酯（PED）面漆发展到目前的硅改性聚酯（SMP）、高耐久性聚酯（HDP）、聚偏氟乙烯（PVDF）等高耐候性涂料并存，同时功能性涂层，如印花涂层、压花涂层、厚膜涂层、自洁涂层、抗菌涂层、抗静电涂层等板类近年来被普遍认可和选用。

金属屋面板从构造上分有：

（1）单层压型板屋面、双层压型板复合保温屋面、多层压型板复合保温屋面、压型钢板复合保温防水卷材屋面、保温夹芯板屋面等。

（2）单层金属板屋面：用于没有保温隔热要求的建筑。

（3）双层金属板+保温层屋面：用于有保温隔热要求的普通工业与民用建筑。

（4）双层金属板+保温层+防水透气层+隔汽层屋面：用于有节能及气密要求的工业与民用建筑，或潮湿环境的建筑。

（5）金属屋面面板＋防水垫层＋保温层＋隔汽层＋吸声材料＋穿孔金属板：用于有声效要求的重要建筑，如机场航站楼、体育建筑、会展建筑等。

从上述分析中可以看到，金属屋面的构造随着使用功能的变化逐渐丰富，系统的概念因此清晰和完整起来。

金属压型板屋面属于构造防水的范畴，排水能力强、防水能力弱，系统构造一旦出现缺陷，渗漏问题无法避免。另外，由于金属构件相互连接，细部处理不好易形成热桥，造成保温层或室内出现冷凝现象。

压型钢板复合保温防水卷材屋面很好地解决了金属板屋面的上述问题，此类构造集金属板屋面轻质快捷与卷材屋面防水良好于一身，充分发挥了各自的特点，同时加强了系统的气密性能，提高了保温隔热能力，有效防治了屋面雨噪声问题，在实际使用过程中社会效益与经济效益明显，非常值得推广。

11.4.2 金属围护系统施工工艺

施工前编制《围护施工专项方案》，并报送公司审核。若使用非常规起重机械及方法应进行专家论证。

围护系统需要进行复试的资料不多，一般主要与防火相关：如保温棉防火等级、岩棉板防火等级等。

（1）施工流程

自动高架库施工顺序一般为：屋面板压板→屋面板吊装→屋面板及保温棉铺设→屋面板自动锁边机咬边→屋面板手工锁边及补胶→风机洞口施工→屋面板檐口及女儿墙板收边施工→天沟施工→墙面围护施工。

（2）围护深化设计

相关内容参见 6.2.2 施工准备中"（1）围护深化设计"。

（3）主要优化点

相关内容参见 6.2.2 施工准备中"（2）主要优化点"。

（4）制作阶段

1）围护材料加工前先进行送样及封样，与业主确定好各个围护系统的颜色、版型、钢材品牌种类等，如图 11.4-1 所示。

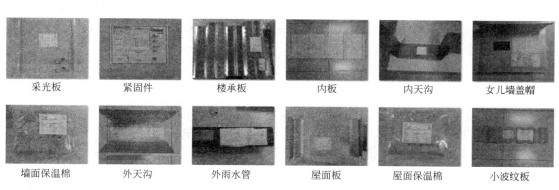

图 11.4-1 封样照片

2）内外天沟安装前，先进行闭水试验，并进行酸洗去污，防止后期锈蚀；样板闭水试验通过后进行大面积施工。

3）一般屋面板采用钢卷现场压制，钢卷进场后，**现场压板**，压板时需要对屋面锁缝打胶。

（5）安装阶段

1）屋面板施工

360°卷边面层板通过卷边方式和固定座连接，在温度应力作用下，固定座的上、下座体产生相对滑动，板和板之间、板和固定上座之间不产生相对滑动，可做到气密性要求。该板型基板宜采用中低强度板加工，防水性能好，面板可通长铺设，目前使用的主要板型为 HV470 彩钢板或不锈钢板等，如图 11.4-2 所示。

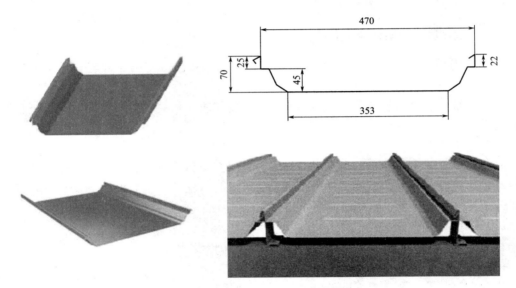

图 11.4-2　HV470 型 360°咬边做法

安装流程一般为：钢丝网及底板安装（若有）→屋面固定支座安装→保温棉安装→面板安装→收边等。屋面板较长时可采用自制扁担进行吊装；安装前先铺设钢丝网（如有），然后分坡吊装屋面板及保温棉；接着安装屋面板支座，**按跨铺设屋面板及保温棉**，打钉；先进行机械锁边，完成后检查，人工锁边，补胶。屋面板安装平均功效：13 人/d/800～1000m^2。

2）保温棉施工

玻璃纤维保温棉一般有铝箔贴面和白膜（VR）贴面，白膜（VR）贴面的抗拉性能、耐酸碱性能要优于铝箔贴面，因此价格也比铝箔贴面要高。

保温棉一般都需要贴面，不然不好安装，没有贴面的保温棉安装下面一定要用钢丝网，一般采用白膜（VR）贴面的保温棉可以不设钢丝网。

3）采光带施工

一般设计说明对屋面的采光率会有特别说明，如屋面采光率为 3.5%；审图阶段可对实际采光率进行计算，看实际采光率是否与设计说明一致，如不一致，应进行做法优化；

如某项目的实际屋面采光率大于设计说明，审图时要求按照设计说明采光率进行排版，对采光板进行优化，减小了采光板用量，减少了施工时屋面板与采光板的开洞搭接，降低了漏水隐患。

采光带位置是主要漏水节点，防水钉、防水胶泥应严格检查，采光带固定部位应设置金属压条，防止打钉时损坏采光板；双层采光带之间可能设置珍珠棉，影响透光，可视情况取消；采光带复核定位原则为：不与风机洞口冲突，不与消防管线冲突。平均功效：3人/1d/8条采光带。

某项目的采光带为1.5mm+1.2mm厚双层采光板系统，表面贴紫外线贴膜，抗紫外线率99%以上，采光带与屋面板搭接的部位需要设置金属压条，防止打钉时损伤采光带；按照围护专业通用节点双层采光板中间还设置了珍珠棉，后经现场勘查实际效果，珍珠棉对采光率可能有一定影响，因此取消了珍珠棉。

4）墙面围护施工方法

墙面围护系统由墙面内板+保温棉+墙面外板组成，如图11.4-3所示。

墙面外板（小波纹板、彩钢板深灰色）0.5mm厚镀铝锌彩钢外墙板横铺，镀层含量$150g/m^2$，材料屈服强度不小于345MPa，表面采用硅改性聚酯（PE）涂层或高耐久涂层（HDP），外墙板颜色为浅灰色。

墙面保温棉：75mm厚离心玻璃棉，容重$12kg/m^3$，导热系数$0.041w/(m·K)$，进口铝箔贴面（FSK），燃烧性能A级。

墙面内板（小波纹板、彩钢板深灰色）：0.37mm厚镀铝锌彩钢竖肋内衬板，镀铝锌量不小于$70g/m^2$，表面聚酯涂层（PE），灰白色，铺设范围自墙裙至屋面板底。

一般施工先墙面内板，后施工保温棉及墙面外板。

图11.4-3 墙面板图片

内、外板平均功效：5人/1d/$350m^2$（1个小墙面）。

高架库墙面一般较高，超过15m时，若使用常规的移动操作架，脚手架搭设困难，因此墙面围护的安装方法需要单独考虑。

① 内墙板安装主要安全措施

单块内墙板长度约为10m，在女儿墙柱顶设置3个滑轮，合理布置三个吊点，利用滑轮将材料运送至安装位置。

除双道竖向通长安全绳及防坠器自锁器外,考虑内墙板为竖向板,为方便施工人员上下移动,内墙板安装时需要将筒梯上下分别固定在柱间圆管支撑上,绑扎牢固,并每天定时检查固定点绑扎情况,如绑扎位置有破损,应立即停止使用,并进行修复,如图 11.4-4 所示。

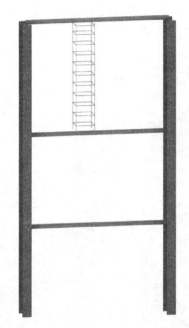

图 11.4-4　内墙板安装安全措施

② 外墙板施工主要安全措施

单块小波纹板长度一般约为 12m,在女儿墙柱顶设置 3 个滑轮,合理布置三个吊点,利用滑轮将材料运送至安装位置。

用角钢制作吊篮,吊篮采用的主要材料规格为:∟75×5,∟75×55×2.2,□40×3。吊篮底面下方铺木模板作为人员操作主要平台,汽车式起重机吊装吊篮设置 3 个吊点;汽车式起重机小钩上设置防坠器或自锁器,施工人员将安装带挂设在防坠器上,作为施工安全主要措施,如图 11.4-5 所示。

5) 屋面风机洞口施工

风机洞口安装如图 11.4-6 所示。

一般美联、美建等专业围护厂家对于屋面风机洞口都有成熟的配套节点,如迎水面要设置披水板,与屋面板交接部位的堵头节点及胶泥等,前期需要檩条结构与围护节点的特殊要求进行匹配,如风机檩条的设置原则,洞口大小等。

另一个需要特别注意的问题是:建筑图上风机洞口的大小一般不准,不具备参考价值;具体不同风机的洞口大小一定要与机电专业提前商议确定,避免出现不匹配的现象。

迎水面需要设置披水板,机电专业如需在底座上开洞应优先选择背水面;风机底座檩

图 11.4-5 外墙板施工安全措施

图 11.4-6 风机洞口安装照片

条节点应优先选择螺栓连接；平均功效：4人/1d/6个。

6）内外天沟施工

① 钢天沟的分类：钢天沟按材质一般分为彩板天沟、钢板天沟（普通钢板天沟、黑铁天沟）、镀锌钢板天沟及不锈钢天沟；按结构形式可以分为外天沟和内天沟。

② 钢天沟的制作：彩板天沟受压板机加工宽度限制一般最大只能加工成6m，然后现场用拉铆钉拼接；钢板天沟、镀锌钢板天沟一般也加工成6m。不锈钢天沟为避免损耗过大一般将钢板的宽度作为钢天沟的制作单位长度，然后再根据钢天沟的展开宽度进行放样、压制，最后焊接成6m一段运到现场。

内天沟一般先吊装至屋面，屋面上板前安装好位置，后续再进行焊接（图11.4-7）；内天沟焊接平均功效：1人/1d/4个接头；外天沟安装平均功效：4人/1d/40m。

图 11.4-7 内天沟现场安装

一般外天沟采用彩板天沟，内天沟采用不锈钢天沟。内天沟每隔 12m 左右还要设置溢流口。

某项目设置了溢流口，做法如图 11.4-8 所示。

图 11.4-8 溢流口＋雨水管＋天沟节点示意图

实际施工过程中，考虑到节点一直接将雨水引致墙面，雨水长时间顺墙形成"尿墙"，会在 ALC 板墙面形成水渍，影响外观，且长时间冲蚀墙面，可能会导致墙面漏水；因此实际施工全部采用图 11.4-8 所示的节点。

7）雨棚拉杆节点施工

关于雨棚拉杆连接板尺寸问题，也是一个较为常见的问题，由于雨棚上有屋面板，与其他构件冲突部位，需进行切割安装，但一般为了便于防水施工，会更倾向于直缝而不是圆缝。那么问题就在于，设计给的雨棚连接板高度如低于雨棚板，可在深化过程中进行一定的调整，一般雨棚檩条高度不是很大，连接板调整基本为微调，如调整尺寸较大，提前与设计单位沟通。

由于围护与结构深化不同步，围护深化不专业，部分项目出现了圆缝的情况，按照业主的建造标准要求，需要采用得泰盖片进行处理，如图 11.4-9 所示。

得泰盖片为进口品牌材料，聚丙二烯橡胶，内夹带有耐腐蚀的软性铝底片，温度适应范围：－30℃～115℃。构造密封措施可靠，能随屋面板的伸缩产生滑移而不引起局部

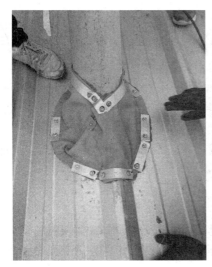
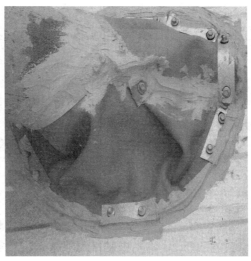

图 11.4-9 雨棚圆管拉杆处得泰盖片节点

的温度应力。

雨棚拉杆得泰盖片节点主要受力结构之间均采用高强度螺栓和焊接结合的方式进行连接。

(6) 主要质量问题

1) 风机底座、采光板部位漏胶、开胶漏水。

2) 天沟接缝位置焊缝不饱满导致漏水。

3) 女儿墙压顶收边位置直线度超差，主要原因是女儿墙檩条及女儿墙柱安装时误差过大。

4) 内天沟部位保温棉下坠变形，主要是天沟部位漏水，保温棉铺设时未展平。

5) 外天沟包边翘曲严重，主要原因是未做好成品保护。

6) 屋面板与天沟交接部位漏水，主要原因是堵头未固定牢固，或打胶不连续开裂。

7) 屋面板返锈、咬口处开裂，主要原因是未及时清理，未做好成品保护，其他专业交叉施工时损坏。

8) 墙面渗水，主要原因是墙面彩钢板与幕墙、ALC 专业交叉时节点未处理好，漏胶、开胶、接缝过大。

11.5 超平耐磨地坪施工技术

11.5.1 超平耐磨地坪概述

全智能仓储库在满足耐磨的基础上，一般对于地坪平整度要求较为严格，特别是双层码头区域及高架区库内地坪部分。码头首层地坪承载力大、混凝土厚度大，采用激光整平机等找平机械较容易做到超平耐磨地坪要求；库房二层结构层楼板与地坪合二为一，混凝土厚度较小，且结构楼板满布钢筋，要达到超平耐磨地坪的施工要求具有一定难度。现有采用超平耐磨地坪的物流库房工程多为单层建筑，对于大跨度、高空间、高智能的双层物流库房楼板地坪施工，尚无成熟、系统的技术方法；另外由于二层楼板地坪同时为受力层，满布钢筋与各专业预埋管线等，钢筋间距、混凝土保护层厚度等均有严格要求，钢筋工程、模板工程、预留预埋和混凝土施工处理标准均高于常规施工做法的控制标准。中国智能骨干网天津武清二期项目物流库房工程包含多个全自动智能仓储库，具有跨度大、空间高、楼板地坪平整度要求高等特点，最大跨度46m，单层高度10.8m，首层地坪及二层楼板地坪采用超平耐磨地坪的3mm/2m的平整度要求，以满足自动物流机械人的运行要求，为目前全亚洲智能化水平最高的物流库房。

11.5.2 超平耐磨地坪施工技术特点

在施工前，将一定长度角铁焊接于螺栓上，预制"Y"形支撑螺栓备用；梁板钢筋绑扎、模板支护完成后，将生根螺母与梁板面层钢筋焊接，焊接间距根据工程需要决定；将预制好的"Y"形支撑螺栓旋入生根螺母，借助螺纹结构，通过旋转调整自身顶面标高；将钢管导轨架在固定好的"Y"形支撑螺栓上，完成导轨铺设；通过水准仪整体验收导轨顶面标高，对需要调节的"Y"形支撑螺栓进行调整，完成导轨的标高复核。

混凝土浇筑过程中，通过刮杠在钢管导轨上的滑动来找平刮杠覆盖范围内的混凝土顶面标高；找平完成后，抽出钢管导轨，收集清洗后转入下一流水段使用。

（1）钢管导轨节点构造简易，施工便捷。

采用预制"Y"形支撑螺栓与生根螺母通过螺纹连接连调节标高及支撑导轨，结构简单、施工便捷，安拆速度快，标高调整简单。

（2）易于安装及拆除。

螺纹连接的固定方式，安拆速度快。

（3）标高可控性强，平整度好。

通过螺纹连接连调节标高，操作简单，导轨可提供连续性的标高控制，可控性强，平整度好，可保证大面积地坪施工的施工质量，施工流程如图11.5-1所示。

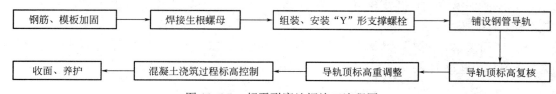

图11.5-1 超平耐磨地坪施工流程图

11.5.3 超平耐磨地坪施工技术操作要点

（1）首层顶板混凝土施工方法

现场首层顶板混凝土施工主要采用48m汽车泵输送混凝土，当汽车泵不能达到的区域采用布料机配合施工。

采用作用半径为12m的布料机，机座配用四个伸缩腿作支承，伸缩腿底部支腿间距为2.8m。布料机应用模板垫平，同时要求对加固部位底混凝土垫块进行加密处理，放置模板的位置双层钢筋网马凳筋要加密以确保钢筋网不变形，确保机座底部结构钢筋不受损坏。机座与楼面钢筋的距离要求在 200mm 左右，如图 11.5-2 所示。

图 11.5-2　布料机现场施工照片

（2）超平耐磨地坪施工的标高控制方法

1）现场将控制标高+50 线标记在框架柱插筋上定位板厚

采用特定标高控制铁杆，角铁焊接在铁杆上面进行标高控制，施工中角铁间距 5.4m，采用 6m 靠尺，按预设标高进行找平，制定铁杆上面固定角铁的形式，即将定制标高的铁杆焊接在混凝土板下铁上，将角钢焊接在铁杆上固定角铁，如图 11.5-3 和图 11.5-4 所示。

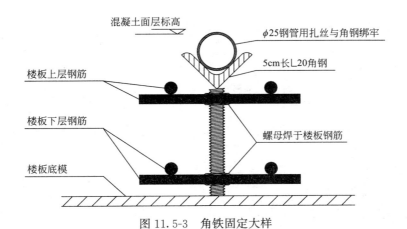

图 11.5-3　角铁固定大样

2）确定角铁及其支撑点的间距

在充分考虑了 L20 角铁的刚度性能及材料的用量后，在角铁上间距 1000mm 设置支撑点，如图 11.5-5 所示。

243

图 11.5-4　框架柱插筋上标记标高+50 线

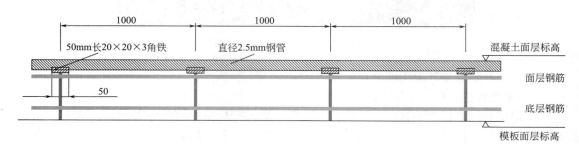

图 11.5-5　角钢支撑点示意图

结合施工平面及工况，确定角铁间距为 5.4m，如图 11.5-6 所示。

 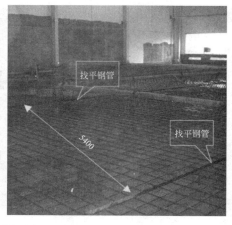

图 11.5-6　角钢间距实际照片

3）采用水准仪对角铁上钢管进行标高复核

焊接角钢之前，将标高点引至楼面以上，由测量人员确定基准标高，然后工人由已知标高拉线，焊接角铁的队伍根据线的高度焊接铁杆在钢筋下铁上面，焊接完成后技术人员进行标高复测，复测完成后将圆形钢管用扎丝绑扎在角铁上，如图 11.5-7 所示。

图 11.5-7　施工混凝土之前核对标高

（3）超平耐磨地坪施工流程

1）施工准备

模板：复核位置、尺寸、标高、平整度和支撑的布置符合要求，接缝严密。

钢筋和预埋件：保证位置、数量和标高符合要求。

混凝土进场检验：施工混凝土到场坍落度检验。

2）混凝土浇筑

① 混凝土浇捣采用汽车泵配合布料机进行顶板浇筑。

② 混凝土浇筑按 5～6m 一幅分幅进行，每幅浇捣时间控制在 2h 之内。

③ 每幅混凝土浇捣采用振动棒振捣，从一端开始，由内往外退行铺倒。

④ 浇捣时必须连续，间隔不得超过 3h。

⑤ 周边及柱根、设备基础周边用插入式振动棒振捣，使用插入式振捣器应快插慢拔，插点要均匀排列，逐点移动，顺序进行，不得遗漏，做到均匀振实。移动间距不大于振捣作用半径的 1.5 倍（一般为 30～40cm），振捣时，振捣棒不宜触及模板。

⑥ 随着混凝土浇捣进程同时进行扫平振捣，确保新成型的混凝土表面平整、密实、均匀一致。

3）混凝土整平

① 先把混凝土耙平，然后用刮尺在钢管上刮平，如图 11.5-8 所示。

② 死角处用木抹子搓平后用钢抹子进行收光（压挤浆时务必要将砂粒压下），如图 11.5-9 所示。

③ 磨光机收光（收光时间一定要控制在混凝土初凝后终凝前），如图 11.5-10 所示。

④ 混凝土浇筑找平完成后，待混凝土开始初凝时将角铁上的钢管拆除。对钢管拆除部位的混凝土面采用靠尺沿已经成型的混凝土表面再次进行找平，同时清洗钢管以备周转使用。

图 11.5-8　刮尺在钢管上刮平

图 11.5-9　钢抹子收光

图 11.5-10　磨光机收光

4）耐磨骨料撒布

① 第一次撒布耐磨材料及抹平、压光

耐磨材料撒布的时机随气候、温度、混凝土配合比等因素而变化。撒布过早会使耐磨材料沉入混凝土中而失去效果；撒布太晚混凝土已凝固，会失去粘结力，使耐磨材料无法与其结合而造成剥离。判别耐磨材料撒布时间的方法是脚踩其上，约下沉 5mm 时，即可开始第一次撒布施工。墙、柱和模板等边线处水分散失较快，宜优先撒布施工，以防因失水而降低效果。第一次撒布量是全部用量的 2/3，拌合物应均匀落下，不能用力抛而致分离，撒布后即以木抹子抹平。耐磨材料吸收一定水分后，再用小 1m 圆盘抹光机碾磨分散并与基层混凝土浆结合在一起。

② 撒布耐磨材料及抹平、压光

第二次撒布时，先用靠尺或平直刮杆衡量水平度，并调整第一次撒布不平处，第二次撒布方向应与第一次垂直。

第二次撒布量为全部用量的 1/3，撒布后立即抹平，磨光，抹光机将圆盘更换四片式抹片，重复抹光机作业至少两次。抹光机作业时应纵横向交错进行，均匀有序，防止材料聚集。边角处用木抹子处理。面层材料硬化至指压稍有下陷时，抹光机的转速及角度应视硬化情况调整，抹光机进行时应纵横交错 3 次以上，如图 11.5-11 所示。

图 11.5-11　压光机抹平、压光

5）混凝土养护

地面收光完成后，及时进行浇水养护，可用塑料薄膜覆盖。在养护期内，严格控制人员在完成后的地面上行走，防止硬物对耐磨地面磕碰。禁止在已完工的耐磨地面上拖运钢筋、拌合砂浆、揉制油灰、调制油漆等，防止地面污染受损，并设专人看管，做好后期保护工作，如图 11.5-12 所示。

图 11.5-12　顶板施工覆膜养护

夏季施工时浇筑应安排在夜间，以避免不能及时养护失水过快而造成开裂，混凝土浇筑完毕后，应在 8h 内用薄膜覆盖、湿水，及时浇水养护以保持混凝土足够湿润，养护时间不少于 7d。

6）成品保护

混凝土硬化到踩上去不留脚印方可上人作业，不得有脚印、伤痕，以免破坏成品。

派专人对施工人员进行成品保护教育工作，加强施工人员成品保护意识，确保施工过程中轻拿轻放，严禁从高处将模板、钢管等直接扔向楼面。

每段耐磨楼面完成后，当楼面混凝土强度达到上人要求时，先满铺一层塑料薄膜卷材和一层棉毡，再用 12mm 胶合板满铺，如图 11.5-13 所示，铺设保护材料时应注意塑料薄膜、无纺布的接缝应与胶合板的接缝相互错开，然后进行下道工序施工。无保护部位严禁施工，并采取相应的隔离措施。

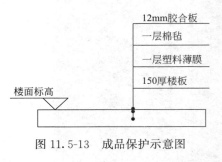

图 11.5-13　成品保护示意图

11.6　机电工程施工技术

现代物流仓储工程中机电工程施工周期一般不足两个月，具有时间紧、工序多、任务重的特点，机电工程施工质量直接影响着后期用户的体验，因此，按照技术要求完成机电工程施工是整个物流仓储工程的关键。本节将重点从管道安装工程、电气安装工程、通风安装工程注意事项进行阐述。

11.6.1　管道安装工程

1. 系统工艺流程

系统工艺流程见图 11.6-1。

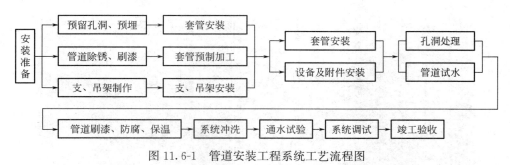

图 11.6-1　管道安装工程系统工艺流程图

2. 管道预埋

预留预埋是给水排水专业在基础底板结构施工过程中的工作重点，它主要包括各系统入户管道，雨、污排水管，管道穿楼板孔洞，设备基础预留孔洞及预埋件等。

防水套管、穿墙套管管径及长度按结构施工图尺寸确定，套管管径可参照表 11.6-1。

结构施工图套管管径 表 11.6-1

管径(mm)	DN50	DN75~DN100	DN125~DN150	DN200~DN250
留洞尺寸(mm)	150×150	200×200	250×250	350×350
防水套管(mm)	φ114	φ140~159	φ180~219	φ273~325

保温管道应按保温管道外径考虑。穿楼板套管上端应高出地面20mm，卫生间穿楼板套管上端应高出地面50mm，过墙部分与墙饰面相平。穿防水楼面应做防水处理，如图 11.6-2 所示。

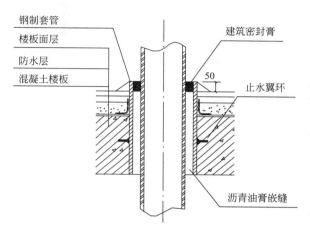

图 11.6-2 U-PVC 管穿防水楼面套管安装图

3. 材料的选用及连接方式

不同部位的管材选用及连接方式见表 11.6-2。

不同部位的管材选用及连接方式 表 11.6-2

序号	管道名称	安装部位	型号/规格	管材选择	连接方式
1	生活给水管	室外埋地	DN100 及以上管道	球墨给水铸铁管	橡胶圈接口
		室外埋地	DN100 以下管道	镀锌内衬塑钢管	丝扣连接
		室内	—	镀锌内衬塑钢管	丝接或法兰连接
2	绿化冲洗水管	室内	—	U-PVC给水塑料管	粘接连接
3	生活热水管	室外埋地		直埋保温管	焊接
		室内		镀锌内衬不锈钢管	丝接或法兰连接
4	生活污水管	室外埋地		U-PVC加筋管	橡胶圈接口
		室内		抗震柔性(法兰)连接离心排水铸铁管	不锈钢加强卡箍式连接
			(污、废水提升泵出水管)	钢塑复合管	丝接或法兰连接
5	雨水管	室外埋地	—	HDPE 管	弹性密封承插连接
		室内	—	离心排水铸铁管	不锈钢加强卡箍式连接

续表

序号	管道名称	安装部位	型号/规格	管材选择	连接方式
6	循环水冷却水管	室内	—	钢衬塑复合管	法兰连接
7	空调供回水管	室内	DN50及以上管道	无缝钢管	焊接或法兰连接
			DN50以下管道	热浸镀锌钢管	丝接
8	空调冷凝水管	室内	—	热浸镀锌钢管	丝接
9	消火栓给水管 喷淋水管	室外埋地	—	球墨给水铸铁管	橡胶圈接口
		室内	小于等于DN100管道	热浸镀锌钢管	丝接或法兰连接
			大于DN150管道	热浸镀锌无缝钢管	卡箍连接,阀门处采用法兰连接

4. 管道安装

管道安装的主要内容有各系统支吊架的制作安装，干、立、支管的管道安装、阀件安装、水泵安装、管道的防腐与保温、卫生器具安装、散热器安装及室外管道安装。

（1）管道支吊架制作安装

所有管道的支吊架必须符合规范及设计要求并按照标准图集中的要求制作与安装。管道支架或管卡应固定在楼板或承重结构上。应按设计要求或国家标准图集中对管道固定支架的形式进行选择（图11.6-3）。

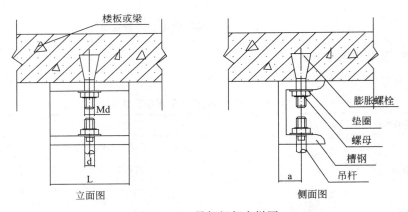

图 11.6-3 吊架根部大样图

1）在墙体（标准砖、多孔砖）或轻型隔断墙等处不宜用膨胀螺栓式管卡。安装时在墙体中打孔洞后，按设计标高计算出两端管底高度，放出坡线，按间距画出支托架位置标记，剔凿墙洞，清理孔洞，将水泥砂浆填入洞深的一半，再将预制好的型钢托架插入洞内，用水泥砂浆把孔洞填实抹平。

2）在轻型隔墙体中可采用先把管卡焊在扁钢（或根据支架荷载大小及墙体强度选用面积不同的钢板）上，然后再用一块扁钢（或钢板）前后用螺栓紧固并埋设于轻型隔断墙体中。

3）在钢结构厂房中，严禁将管道支吊架直接焊接在钢结构承重梁上，必须根据承重梁的承重系数选择合适的支吊架固定方案才能进行施工。具体做法如图11.6-4所示。

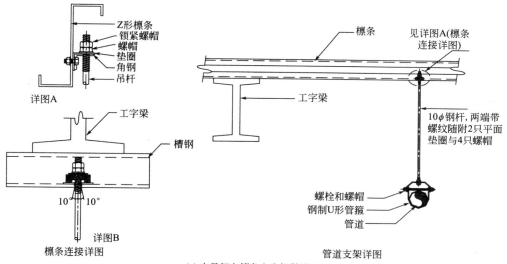

(a) 支吊架在檩条上生根做法图

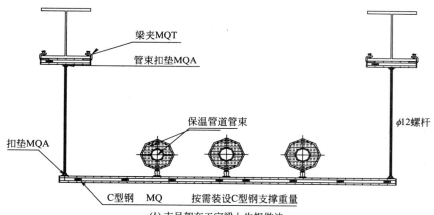

(b) 支吊架在工字梁上生根做法

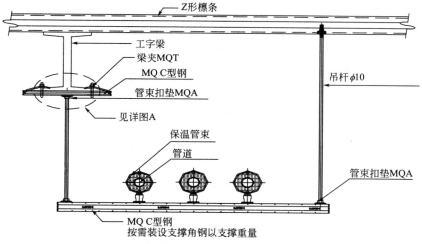

(c) 支吊架在工字梁及檩条上生根做法

图 11.6-4 管道支吊架做法（一）

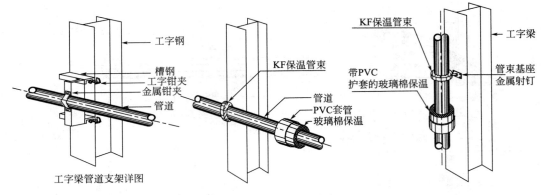

(d) 管道支架在钢柱上安装做法

图 11.6-4 管道支吊架做法（二）

（2）管道支架间距

管道安装时按不同的管径和要求设置管卡或吊架，其间距应满足表 11.6-3 要求。

管道支架最大间距   表 11.6-3

公称直径(mm)		15	20	25	32	40	50	70	80	100
支架的最大间距(m)	保温管	2	2.5	2.5	2.5	3	3	4	4	4.5
	不保温管	2.5	3	3.5	4	4.5	5	6	6	6.5

11.6.2 电气安装工程

1. 电气安装工艺流程

电气安装工艺流程如图 11.6-5 所示。

2. 配管技术要求

（1）根据设计图要求和现场实际情况，以结构弹出的水平线为基准，挂线找平，线坠找正，标出盒、箱实际的尺寸位置；了解各部位构造，留出余量，使箱、盒的外盖、底边和最终地面距离符合规范要求，使成排的箱、盒成一条直线，同时力求保证便于操作和检修，暗配管应配合土建进度埋设，尽量为土建施工创造条件。

（2）金属导管严禁对口熔焊连接；镀锌和壁厚小于等于 2mm 的钢导管不得套管熔焊连接；非镀锌钢导管采用螺纹连接时，连接处的两端焊跨接地线时，连接处的两端用专用接地卡固定跨接地线；防爆导管不应采用倒口连接，当连接有困难时，应采用防爆活接头，其接合面应严密。

（3）补偿装置。导管在建筑物变形缝处，应设补偿装置，补偿装置做法如图 11.6-6 所示。

（4）管线进电机时，钢管在潮湿环境中应加装防水弯头；电机外壳及金属软管、钢管应做接地；金属软管引入设备时，长度不宜超过 1m，应采用金属软管接头连接。

（5）明配的导管应排列整齐，固定点间距均匀，安装牢固；在终端、弯头中点或柜、台、箱、盘等边缘的距离 150~500mm 范围内设管卡，中间直线段管卡间的最大距离应符合表 11.6-4 要求。

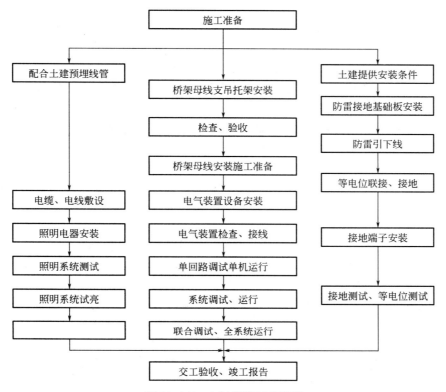

图 11.6-5 电气安装工艺流程

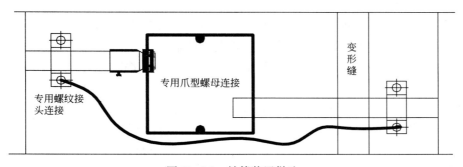

图 11.6-6 补偿装置做法

中间直线段管卡间的最大距离　　　　表 11.6-4

敷设方式	导管种类	导管直径(mm)			
		15～20	25～32	40～50	65 以上
		管卡间最大距离(m)			
支架或沿墙明敷	壁厚>2mm 刚性导管	1.5	2.0	2.5	3.5
	壁厚≤2mm 刚性导管	1.0	1.5	2.0	—
	刚性绝缘导管	1.0	1.5	2.0	2.0

3. 电缆桥架及金属线槽安装

金属桥架及其支架和引入或引出的金属电缆导管必须接地或接零可靠，且必须符合下列规定。

（1）金属电缆桥架及其支架全长不应少于 2 处与接地或接零干线相连接；镀锌电缆桥架间连接板的两端不跨接地线，但连接板两端不少于 2 个防松螺母或防松垫圈的连接固定螺栓。

（2）电缆敷设严禁有绞拧、铠装压扁、护层断裂和表面严重划伤等缺陷。

（3）直线段钢制电缆桥架长度不超过 30m 设有补偿装置；电缆桥架跨越建筑变形缝处设有补偿装置。

（4）电缆桥架转弯处的弯曲半径，不小于桥架内电缆最小允许弯曲半径，最小允许弯曲半径见表 11.6-5。

最小允许弯曲半径　　　　　　表 11.6-5

序号	电缆种类	最小允许弯曲半径
1	无铅包钢铠护套的橡皮绝缘电力电缆	10D
2	有钢铠护套的橡皮绝缘电力电缆	20D
3	聚氯乙烯绝缘电力电缆	10D
4	交联聚氯乙烯绝缘电力电缆	15D
5	多芯控制电缆	10D

注：D 为电缆外径。

（5）当设计无要求时，电缆桥架水平安装的支架间距为 1.5～3m；垂直安装的支架间距不大于 2m。

（6）桥架与支架间螺栓、桥架连接板螺栓固定紧固无遗漏，螺母位于桥架外侧；当铝合金桥架与钢支架固定时，有互相绝缘的防电化腐蚀措施。

（7）敷设在竖井内和穿越不同防火区的桥架，有防火隔堵措施（图 11.6-7）。

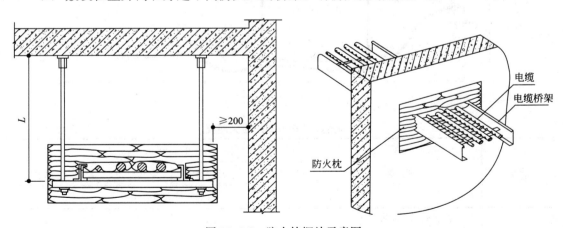

图 11.6-7　防火枕摆放示意图

（8）支架焊接固定牢固，焊缝饱满；膨胀螺栓固定时，选用螺栓适配，连接紧固，防松零件齐全。

（9）线槽内敷设的线应按回路绑扎成束并应适当固定，导线不得在线槽内接头，安装在任何场所的线槽均须盖板齐全牢固。

（10）桥架、线槽连接板的螺栓应紧固，螺母应位于桥架、线槽的外侧；其不带电的金属外壳均牢固连接为一整体，并保证其全长为良好的电气通路。

4. 成套配电柜、箱的安装

（1）工艺流程。成套配电柜、箱的安装如图 11.6-8 所示。

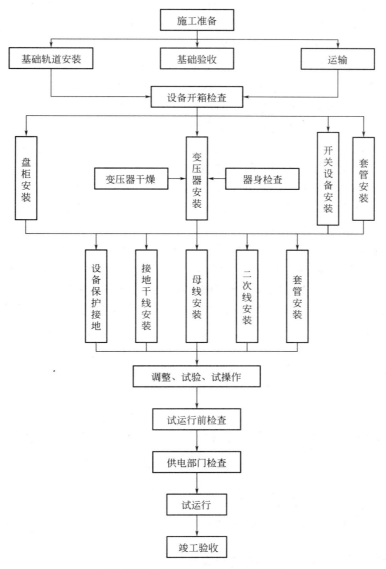

图 11.6-8　成套配电柜、箱的安装

（2）浇混凝土时，先根据图纸要求在型钢埋设位置预埋固定基础型钢用的钢筋，同时预留沟槽，沟槽宽度比基础型钢宽 30mm，深度为基础型钢埋入深度减两次抹灰厚度，再加 10mm 厚度，待混凝土凝固后，将基础型钢放入预留沟槽内，加垫铁调平后与预埋铁件焊接，型钢与接地网焊接。

（3）固定完毕后，检查柜内设备、元件、线路是否与图纸一致，然后即可进行接线；电箱（盘）全部电器安装完毕后，用500V兆欧表对线路进行绝缘摇测，摇测项目包括相线与相线之间，相线与零线之间，相线与地线之间，零线与地线之间等。

5. 电缆敷设

（1）电缆敷设前检查：电缆敷设前应检查电缆型号、电压、规格等，应符合设计要求，电缆绝缘良好，1kV以上的电缆要做直流耐压试验，1kV以下的电缆用500V摇表测绝缘，检查合格后方可敷设。垂直井道内大截面电缆敷设应采用慢速卷扬机向上牵引，关键部位须有人监护，并有可靠、便捷的通信联系。

（2）桥架、托盘上敷设：桥架、托盘上的电缆敷设须在土建抹面粉刷结束后进行，支架制作设专人机械加工，防腐完整，拉线或弹线安装，间距均匀，牢固，每一段桥架可靠接地，桥架、托盘应尽可能减少弯头，且弯度应满足本组最大直径电缆弯曲半径的要求，在敷设转弯处，尤其在落差较大处，避免角度过小，损伤电缆，应尽量延长平缓过渡。采用机械牵引敷设电缆之前，在桥架、托盘上始放点、转角处正确布置滚轴，并注意选择水平与垂直转角处的滚轴与转向器，防止电缆磨损。技术人员参照电缆清单，以相互间不发生交叉为目的，编制敷设顺序号，电缆盘旋转方向应与牵拉方向一致，并保持电缆在上方沿旋转线速度方向拉出，不得沿地拖拉，严禁绞拧等损伤电缆的情况发生，敷设电缆一定要做到精心安排，统一指挥，确保人身安全，保护电缆质量。

（3）电力电缆的终端头、电缆接头的外壳与该处的电缆金属护套及铠装层均应良好接地，接地应采用铜绞线，截面不小于$10mm^2$。制作电力电缆终端头和电缆接头时，其连接管和线鼻子的规格应与线芯相符，压接的压模尺寸应与导线规格相符，压接牢固。

（4）电缆终端头与电气装置相连接时，固定螺栓必须加弹簧垫片，连接牢固，相序正确。

6. 防雷接地

防雷接地工艺流程如图11.6-9所示。

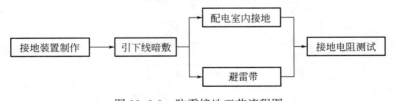

图11.6-9 防雷接地工艺流程图

人工接地装置或利用建筑物基础钢筋的接地装置必须在地面以上按设计要求位置设测试点。

测试接地装置的接地电阻值必须符合设计要求。

接地装置的材料采用钢材热浸镀锌处理，最小允许规格、尺寸见表11.6-6。

变压器室、高低压开关室内的接地干线应有不少于2处与接地装置引出干线连接。

接地线在穿越墙壁、楼板和地坪处应加钢套管或其他坚固的保护套管，钢套管应与接地线做电气连通。

接地装置的材料最小允许规格、尺寸　　　　表 11.6-6

种类、单位及规格		敷设位置及使用类别			
		地上		地下	
		室内	室外	交流回路	直流回路
圆钢直径(mm)		6	8	10	12
扁钢	截面(mm)	60	100	100	100
	厚度(mm)	3	4	4	6
角钢厚度(mm)		2	2.5	4	6

防雷及接地系统安装工程全部结束后，建筑、监理和施工单位共同验收，按设计图纸要求进行接地电阻的测试，测试用的接地摇表必须经政府计量检定部门检定合格，且在有效期内。测试时须分区、分点逐个测试，如测试结果不能满足要求，应补打接地极组成接地装置。

11.6.3　通风安装工程

1. 施工流程

通风工程施工流程如图 11.6-10 所示。

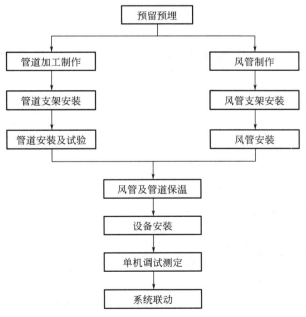

图 11.6-10　通风工程施工流程图

2. 风管制作

风管制作示意如图 11.6-11 所示。

3. 风管支吊架制作安装

支吊架位置按风管中心线确定，其标高要由风管设计的标高来确定，支吊架不得设在

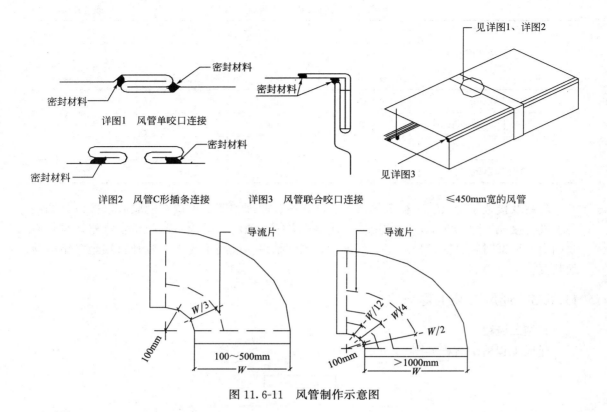

图 11.6-11 风管制作示意图

系统风口、风阀、栓视门和测定孔等部位，支吊架间距按相应规范执行。具体做法如图 11.6-12 所示。

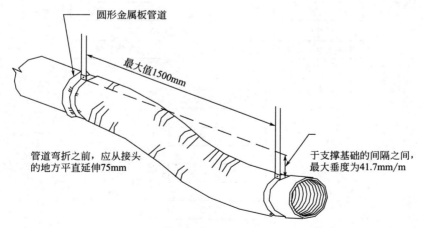

图 11.6-12 风管支吊架制作安装示意图

4. 风管安装

风管可在地面组装后规模吊装，这种形式的风管容易变形，需在安装前后对风管进行调整。

根据安装经验，400mm 以上管径的风管可以先吊装后加法兰夹而不会有明显变形，但若锁紧法兰角螺栓则风管中间法兰不能贴合,这种安装顺序对洁净风管的施工是不利的,需加法兰夹。350mm以下管径的风管则需在吊装前安装法兰夹,否则,水平管弯曲形变比较明显。

5.设备安装

设备置于基础上后,根据已确定的定位基准面、线或点,对设备进行找正、调平。复检时亦不得改变原来测量的位置。当设备技术文件无规定时,宜在设备的主要工作面确定。

组合式空调机组在安装前先复查机组各段体与设计图纸是否相符,各段体内所安装的设备、部件是否完整无损,配件应安装齐全。

分段组装的组合式空调机组安装时,因各段连接部位螺栓孔大小、位置均相同,故需注意段体的排列顺序必须与图纸相符,安装前对各功能段进行编号,不得将各段位置排错,空调机组分左式和右式。

组合式空调机组各功能段之间的连接应严密,连接完毕后无漏风、渗水、凝结水排放不畅或外溢等现象出现,检查门开启应灵活。

11.6.4 关键部位施工

1.交叉结节点的施工

管井、吊顶等部位各专业管线交叉错杂,如事先不进行有效协调,容易产生相互干扰、影响。因此,交叉节点处的施工必须进行协调,绘制出综合管线施工图。

在机电管线支吊架已充分协调的基础上,开始进行机电管线施工水平区域的流水施工,在保证不影响后续工序施工的前提下,各专业可在不同区域进行同时施工,以缩短工期。

2.管道附件和配件的漏水

杜绝管道附件和配件的漏水,应做好以下预防措施:
① 严把材料进货质量关;
② 阀件解体清洗、研磨、试压更换盘根等填料;
③ 管配件质量检查,角度偏差大,壁厚不均匀的管配件不许使用;
④ 丝扣应均匀,外露2扣左右,并且末端有锥度;
⑤ 管端的椭圆度不应超标;
⑥ 法兰垫片应符合规范要求;
⑦ 管道安装应横平竖直,严防强力对管。

11.7 无人区货架综合施工技术

11.7.1 货架选型思路

货架系统设计的原则:
(1)原则一:永远坚持按照建筑长边布置货架,因为短边意味着将会牺牲大约建筑物存储能力5%的货位。

（2）原则二：永远不要在货架设计中出现"口"形的通道，这意味着建筑物正常存储能力的5%将会受到影响，同样也会影响系统的其他功能。

（3）原则三：避免在同一仓库内，出现不同货架走向的差异。两个方向的变化将至少影响仓库存储潜能大约5%的能力。

（4）原则四：避免沿建筑物内墙布置通道，这意味着不必要的空间浪费。最好每个通道都可以两面存取，如图11.7-1所示。

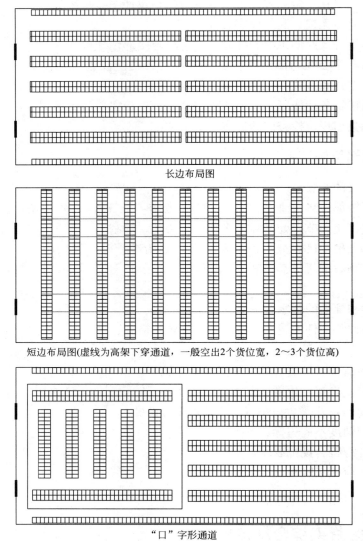

长边布局图

短边布局图(虚线为高架下穿通道，一般空出2个货位宽，2～3个货位高)

"口"字形通道

图11.7-1 货架排布示意图

自动化仓库货架工程安装是物流工程实施过程中的关键部分。在工程实施中，不仅货架工程的安装效率会直接影响到总体工程的进度，同时货架工程的安装质量将会直接关系到相关自动化物流设备，如堆垛机等是否能够正常运行，甚至影响到整体系统的运行质量和总体物流工程质量。

11.7.2 货架安装施工工艺

（1）货架安装要点

1）第一步安装实施方案规划与安装准备。

通常，业主与工程方的自动化物流系统合同中方案布置是基于概念设计的。签订合同后，围绕货架工程及总体，物流工程单位首先进行的工作就是将概念设计细化。细部设计层面的工作纷繁复杂，工作一直贯穿物流工程实施的整个过程。其中，与自动仓库货架工程最相关的设计是完成从概念设计到货架系统布置细部方案的转化。

货架系统布置细部设计的基础是系统总体布置和建筑图纸。从货架系统与自动仓库工程的布置本身来讲，工程设计人员一般只需关注相关设备在建筑中的具体布置和说明即可。但是，从物流工程具体实施的角度，有几个事项是在该阶段工程设计与实施工作中应该始终关注并清晰贯彻的，包括：

① 对建筑结构中，将来货架入出通道的设计考虑、说明和确认；这可能影响到新建建筑的施工计划安排，同时也是货架安装工程初步计划（如安装起始方向）的贯彻。

② 对建筑结构中，将来安装设备（如堆垛机等）入出通道的设计考虑、说明和确认；这些设备不同于货架，堆垛机是有进有出的，安装工作结束后的设备退出也是需要在这个阶段给予考虑和确认的。常见设备"破门而入"现象，不但给施工带来很大麻烦，也给业主造成一定经济损失。

③ 货架及其他设备的卸货、设备临时存放及组装场地的设计考虑、说明和确认，以避免长距离的搬运，影响安装进度。

④ 电源、气动设备的使用需求及确认；这些工作也是需要在将来货架到达现场前落实的。

结合建筑内总体工艺流程和建筑特点，兼顾物流工程施工的合理性，提前设计考虑将来的起始安装方向，并与相关负责人沟通确认。

制订周密的《现场安装实施进度计划》，并认真贯彻执行。

这些设计考虑应该基于切实的工程计划和成熟的物流工程方法，并需要通过多次用户参加或主持的相关工程方会议讨论确认。经验表明，对于现有建筑图纸与实际建筑的确认、现场勘察与业主方沟通是不可或缺的工作；为了以上规划工作得以切实的贯彻，尤其是自动仓库将建设于未来新建筑内的物流工程，建筑工程施工方、业主和物流工程方的多方讨论与确认会是非常必要的工程程序会议。

2）第二步安装柱点图设计，现场勘察与安装基准定位。

从货架布置设计与安装角度，安装图设计的柱点标识应该是货架立柱中心点。货架的相对位置坐标系可以选择周边的固定物体。通常，从工程实施合理性出发，将建筑辅助线作为相对坐标线是最常见的做法。当然，如果物流工程采用的是货架柱脚基板预埋方案，则诸如货架柱脚点定位这些安装准备工作就相当于提前完成了（特别说明，在预埋板安装过程中要严格控制预埋板安装精准度，避免后期货架安装时无法按照已预埋位置进行安装，同时后期调整位置比较麻烦）。

清理安装场地、标识柱点安装位置是下一步工作。该阶段的平面标识工作的必备工具是渔线、皮尺、墨斗盒等。这项工作中有一些技术诀窍供大家参考：货架水平高度方向的定位工作需要借助一些特殊方法效果才好。如果自动化仓库工程在已有建筑中建设，将建筑或特别安装的基准标识杆（焊接在标准基板上）作为参照物确定货架水平高度方向的安装基准是一个理想选择。参照物上的基准点应该是固定的标识。从工程实施角度，将刻度尺固定在基准点位置会取得比较理想的效果。在这项工作中，高精度水准仪将成为测试和定位的利器。

在这个工作阶段，有一个工程技巧——将货架高点层面视为已知高度层面，由此基准再返点以确定其他货架横梁层面高度。

3）第三步，货架安装。

安装工作的具体细节和诀窍很多，以 8～15m 高的自动仓库货架工程举例，对几个技术关键点加以说明：

① 起始部分的安装

自动仓库货架工程不同于叉车货架的最直观特点在于总体高度、密度和精度。15m 以下的自动仓库属于中低高度，即便如此，组装和吊装这样高度的货架片仍然是件棘手的事情。这个问题在货架安装起始部分时尤其突出。工程经验做法，在起始的巷道端头以外，预先安装 2～3 列辅助货架（或辅助结构），高度约为货架总体高度的二分之一。这种做法可以实现快速安装和易于操作的总体安装效果，这种准备工作对于现场安装设备的需求也是最低的。辅助结构可以在货架安装过程中伺机拆除。液压升降平台、叉车和起吊设备是该阶段工作的必备工具。地面组装后的货架片需要以合理的码垛方式和顺序存放，搬运货架片通常以叉车和相关属具应用为主要方式。

② 货架片吊装

有多种办法实现货架片的吊装就位，常见有滑轮组、起重机、电动葫芦等，单独或配合等多种方式均可以实现比较理想的吊装效果。一般要根据安装环境的具体条件来确定，如安装场地面积、空间高度等是确定吊装方式的前提性因素。

吊装要点和技术诀窍：其一是吊具选择，对吊具的起吊能力（要保证足够的安全系数）、吊具韧性和锁定方式要非常明确，同时要考虑如何避免吊具对起吊件的表面磨损，这些都是确定吊具的考虑因素。合理地选择吊具，会大大提高工程安装效率。其二是吊点的确定，将直接关系到安装效率、安装质量和安全等问题。货架片吊点的经验性作业方法，通常要考虑货架片结构点的吊装合理性，兼顾货架片重心点和安装工人的协助方式，这是吊点选择的基本关注点。起吊中需要注意，一定要控制因节点集中受力过大而造成货架片的非弹性变形，这是每一片货架吊装的注意事项。当然，吊装工作无固定模式可言，但是往往这些经验性的技术诀窍会成为货架工程安装顺畅与否的决定性因素。

③ 安装场地的合理调配

从货架安装起始位置边安边退是常规的货架安装方向。因此确定货架安装的起始位置时，要充分结合现场作业环境，通盘考虑设备进出通道、货物存放位置、货物的最短位移及安装过程中的转换。在整个安装过程中，安装场地的适时调配对安装和搬运工作量影响很大。如果场地与设备资源调度得体，货架片码垛方式和顺序与安装进度环环相扣，叉车、起重机人员、检测设备所在操作区域紧凑而作业自如，就会极大地提高安装工作效率；反之，如果货架片存放无序就与安装进度脱节，吊装设备作业空间时好时坏，甚至不得不频繁调整车位以屈就作业点，设备不能得到有效利用，加之其他场地的不能合理利用，安装工作就无法顺畅实现，安装质量也会受到相当程度的影响。经验表明，在场地比较狭小的情况下，单此一项管理不善就会造成30％以上的作业效率折扣。

④ 安装过程中的适时调整

通常，完成2~3列货架体后就可以拆除货架起始部分的辅助安装结构了。货架片安装与水平拉筋、斜拉筋的安装应该是同步进行的工序。货架顶部拉筋和堆垛机上导轨及附件安装通常安排在货架体安装工作之后。

以上安装工作的形象进度和实际的安装工作进度是有差异的。通常，货架结构张紧工作之前的调整校正工作是繁杂和需要耐心的工作，同时也是专业技术和经验的体现，将会直接影响到工程进度和质量。按照高架仓库货架的相关标准要求，调校的重点在于货架整体的水平度、垂直度和直线度，需要多人配合作业。为保证此阶段工作的高效率和高质量，根据工程经验，一定要注意安装过程中的适时检测和调整。看似影响进度，但在调整阶段会收到事半功倍的效果。否则，只追求安装进程中的数量，会给调整阶段工作带来很大困难，甚至根本就无法调整，直至影响正常使用，后果难以预料。

(2) 货架施工工艺

1) 安装准备工作。

熟悉图纸，进行施工前应熟悉的安装步骤及安装内容：

① 地面放样

确定基准点：进场后再次测得仓库的尺寸，以取中（货架两侧到墙边距离相等）的方式，按照图纸确定一边的展准点（长度方向两点）。

画基准线：根据确定的基准点用钢琴线或者面线画基准线，画好之后根据勾股定理画X方向的基准线。

画线：依照画好的基准线，采用平移的方式画货架的主线。

检查：线画好之后测对角线，对角线误差最大不允许超过3mm（对角线的长度不允许超过卷尺的长度，若仓库较长可以采用分割小块的方式来检查）。

② 种化学螺栓及测量水平

化学螺栓安装顺序：钻孔→清孔→置入药剂管→钻入螺栓→凝胶过程→硬化过程→固定物体。

钻孔：先根据设计要求，按图纸间距、边距定好位置，在基层上钻孔，孔径、孔深必须满足设计要求，如图11.7-2所示。

清孔：用空气压力吹管等工具将孔内浮灰及尘土清除，保持孔内清洁。

置入药剂管：将药剂管插入洁净的孔中，插入时树脂在手温条件下能像蜂蜜一样流动时，方可使用胶管。

钻入螺栓：用电钻旋入螺杆直至药剂流出为止。电钻一般使用冲击钻或手钻，钻速为750r/min。这时螺栓旋入，药剂管将破碎，树脂、固化剂和石英颗粒混合，并填充锚栓与孔壁之间的空隙。同时，锚栓也可以插入湿孔，但水必须排出钻孔，凝胶过程及硬化过程的等待时间必须加倍。

凝胶过程：保持安装工具不动，化学反应时间参考各家的时间表。

硬化过程：取下安装工具静待药剂硬化，化学反应时间参考各家的时间表。

图 11.7-2　钻孔

固定物体：待药剂完全硬化后，加上垫圈及六角螺母将物体固定即可。

测量水平的步骤为：架设、调整水平仪→竖标杆尺→读取记录数据→计算水平差值。

架设、调整水平仪：水平仪使用前需要进行校核，打开三角支架后，旋转调节脚，让调节水泡完全在中间时方可使用。

竖标杆尺：在放置标尺时和地面接触一定要平，不可以倾斜，若地面较差时，可以采用立柱底脚模板放在地面上测量（若现场无标准标尺，可以用卷尺现场制作）。

读取记录数据：根据标尺的数值，读取放在每个底脚上的数值。

计算水平差值：根据现场测量的数据，取最高值为零点，其他点需要加垫片或使用调节螺栓调节。

2）拼装立柱片做吊装准备。

① 根据立柱片拼装图进行拼装，如图 11.7-3 所示；

图 11.7-3　立柱片拼装

② 在拼装完之后，需进行直线度校核，达到要求后才能进行后续工序；

③ 在拼装过程中，立柱片架于长条垫木上，以防止立柱片表面油漆刮伤，拼装好的

立柱片同样置于垫木上；

④ 拼装好的立柱片按对应位置要求进行分区堆放，堆放量根据吊装进度及场地而确定，以配套吊装进度为准；

⑤ 在吊装之前背交叉连接件、背交叉、天轨吊梁等配件可以根据图纸要求先行装在立柱片上，和立柱片一起吊装。

3）竖货架立柱片，挂横梁施工如图 11.7-4 和图 11.7-5 所示。

图 11.7-4　竖货架立柱片，挂横梁施工

① 取两只立柱片平行就位，侧面保持在一条直线上，将横梁的三只爪件（或其他规格的爪扣、安装螺栓、插销等）插在立柱的正面孔内，保证横梁同一水平高度或依据图纸要求确认，其高度与图纸要求一致。

② 用橡皮锤（木榔头）敲击横梁，使安全扣扣到位，依次将所有的横梁安装完毕。

③ 调整立柱基准来保证横梁的水平安装高度。

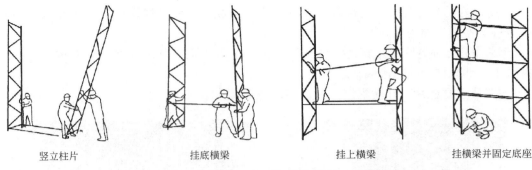

| 竖立柱片 | 挂底横梁 | 挂上横梁 | 挂横梁并固定底座 |

图 11.7-5 施工示意图

④ 当第一个单元安装完毕并就位固定前，必须检查和调整整个货架单元成正立方形，如检查横梁的对角线长度不超过误差，然后依此拼接框架结构体。此点是保证货架最大承载性的关键步骤之一。

⑤ 按以上的方法及顺序边拼装边吊装，吊装剩余部分的空间必须能吊装堆垛机。

4）货架调整。

① 前 5 片的调整：对完成前 5 排吊装的钢架进行水平度及垂直度、通道方向直线度、垂直通道方向直线度进行调整。水平度的调整采用水平仪，检查每个单元首层横梁高度是否已达到要求，对于框架在通道及垂直通道方向的直线度，应通过拉钢琴线来测量和调整，量测钢琴线到每个柱面之间的尺寸，使精度控制在±3mm 以内；前 5 片导向尤其要特别注意，否则会影响后续货架的导向，如图 11.7-6 所示。

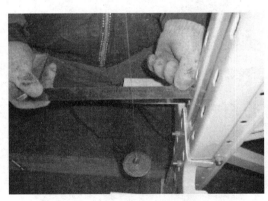 

图 11.7-6 货架调整

② 后续安装调整：后续货架安装的调整可以采用边安装边调整方式来做，当货架安装至 50%时再做一次调整，吊装完成 80%时进行一次全面调整。

5）天轨安装及调整。

按图纸要求选取相应天轨进行吊装，先后次序参照进度表。对上轨道安装要求如下：

① 上轨道接头：两轨道安装尽量保持贴合，以 0 为目标，上下、左右调整平滑。

② 上轨道底面至下轨道顶面的尺寸：使用长皮尺或钢卷尺，每 5m 长量一次，全长极限偏差为±5mm。

③ 上下轨道中心误差：用铅垂自上轨道垂下，量测其与下轨道中心的差值，将精度控制在全长任一点小于±2mm。

④ 天轨调整焊接：调整完之后，按要求进行焊接打磨，焊接工艺一定要符合：烤红—焊接—保温工艺要求，打磨一定要平滑，保证堆垛机行走顺畅。

6) 堆垛机调整配合。

天轨安装完成后，堆垛机进行相应调整及配合，如图11.7-7所示。

图 11.7-7　堆垛机调整配合

7) 安装完毕后的自我检查和现场清理。

货架安装后需要检查的内容包括：货架的使用、所用托盘的尺寸和类型、托盘上货物的超载情况、与货架配合的物流设备使用情况、横梁的配置是否与原设计一致、膨胀螺栓的固定情况、安全销是否完整，有无损坏；还要检查横梁的变形量，检查横梁、龙门梁、托盘导轨、支臂、地轨等是否有零部件缺损、检查护脚和其他保护设施是否完善（考虑由于地面下沉或损坏而导致货架系统不能够按标准使用的情况），并根据需要写一份安装说明报告并将缺损清单递交给有关职能部门，跟踪实施并完成。在整个安装过程中，必须穿工作服、安全鞋，戴安全帽，应提高安全意识，并遵守安装现场的其他规定。所有的安装工作完成后，应进行现场清理，将安装过程中产生的垃圾放到指定位置。横梁、立柱片等货架上也要擦干净，保持整洁和美观。

8) 安装完毕后的自我检查和现场清理。

① 货架画线对角线偏差不允许超过3mm，测量标注为每格的对角线；

② 安装后，同一巷道同列立柱片错位不大于5mm，单列货架对角线的长度差不大于10mm，保证横梁长度方向与立柱片宽度方向垂直；

③ 货架 X、Y 向垂直度为1/1000，最大不允许超过15mm；

④ 货架的水平精度为最大不能超过±3mm；

⑤ 货架水平直线度为50m不能超过±5mm，最大不能超过±10mm；

⑥ 相邻货架片立柱底部中心距极限偏差±2mm；

⑦ 货架沿巷道方向全长累计偏差50m内不超过±5mm，最大不超过±10mm；

⑧ 天地轨道的直线度不超过±3mm；

⑨ 货架安装前，地面平整度允许偏差见表11.7-1（参照ZBJ83015标准）。

地面平整度允许偏差 表 11.7-1

长宽尺寸(m)	允许偏差(mm)
≤50	±10
>50～≤150	±15
>150	±20

11.8 自动分拣系统施工技术

11.8.1 全自动智能仓储库设计选型

为完成一个自动化立体库的设计，需进行如下工作：

1）需求分析：对买方提出的要求和数据进行归纳、分析和整理，确定设计目标和设计标准，还应认真研究工作的可行性、时间进度、组织措施及影响设计的其他因素。

2）确定货物单元形式及规格：根据调查和统计结果，并综合考虑多种因素，确定合理的单元形式及规格。这一步很重要，因为它是以下各步设计和实施的基础。

3）确定自动化仓库的形式、作业方式和机械设备参数：立体仓库的形式有很多种，一般多采用单元货格形式。根据工艺要求确定作业方式，选择或设计合适的物流搬运设备，确定它们的参数。

4）建立模型：确定各物流设备的数量、尺寸、安放位置、运行范围等仓库内的布置，以及相互间的衔接。

5）确定工艺流程，对仓库系统工作能力进行仿真计算：确定仓库存取模式，以及工艺流程。通过物流仿真软件和计算，得出物流系统作业周期和能力的数据。

根据仿真计算的结果，调整各有关参数和配置（重复第 2）～5）步），直到满足要求为止。

6）确定控制方式和仓库管理方式：控制方式有多种，主要是根据以上合理的设备选择方式，并满足买方需求。一般是通过计算机信息系统进行仓库管理，确定涉及哪些业务部门、计算机网络及数据处理的方式、相互之间的接口和操作等。

7）确定自动化系统的技术参数和配置：根据设计确定自动化设备的配置和技术参数，例如，选择什么样的计算机、控制器等问题。

8）确定边界条件：明确有关各方的工作范围，工作界面以及界面间的衔接。

9）提出对土建及公用工程的要求：提出对基础承载、动力供电、照明、通风采暖、给水排水、报警、温湿度、洁净度等方面的要求。

10）形成完整的系统技术方案：考虑其他各种有关因素，与买方讨论，综合调整方案，最后形成切实可行的初步技术方案。

11.8.2 自动分拣系统的组成及优势和特点

1. 启动分拣系统的组成

自动分拣系统的技术和形式会根据装置主体结构及功能的不同而不同。自动分拣系统一般由控制装置、分类装置、输送装置和分拣道口组成。

控制装置的作用是识别、接收和处理分拣信号，根据分拣信号的要求指示分类装置，按商品品种、按商品送达地点或按货主的类别对商品进行自动分类。这些分拣需求可以通过不同方式，如可通过条形码扫描、色码扫描、键盘输入、重量检测、语音识别、高度检测及形状识别等方式，输入到分拣控制系统中去，根据对这些分拣信号判断，来决定某一种商品该进入哪一个分拣道口。

分类装置的作用是根据控制装置发出的分拣指示，当具有相同分拣信号的商品经过该装置时，该装置动作，使改变在输送装置上的运行方向进入其他输送机或进入分拣道口。分类装置的种类很多，一般有推出式、浮出式、倾斜式和分支式几种，不同的装置对分拣货物的包装材料、包装重量、包装物底面的平滑程度等有不完全相同的要求。

输送装置的主要组成部分是传送带或输送机，其主要作用是使待分拣商品贯通控制装置、分类装置，并输送装置的两侧，一般要连接若干分拣道口，使分好类的商品滑下主输送机（或主传送带）以便进行后续作业。

分拣道口是已分拣商品脱离主输送机（或主传送带）进入集货区域的通道，一般由钢带、皮带、滚筒等组成滑道，使商品从主输送装置滑向集货站台，在那里由工作人员将该道口的所有商品集中后或是入库储存，或是组配装车并进行配送作业。

以上几部分装置通过计算机网络联结在一起，配合人工控制及相应的人工处理环节构成一个完整的自动分拣系统，如图 11.8-1 所示。

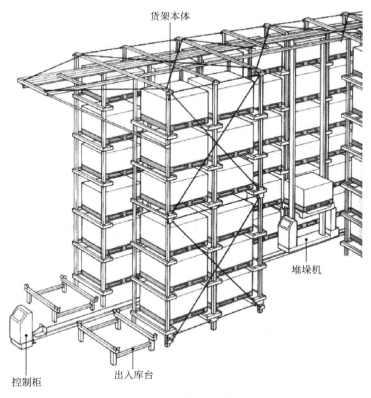

图 11.8-1　自动分拣系统示意图

2. 自动分拣系统的优势和特点

（1）分拣效率高，准确率高

相比人工作业的效率低、易出错、货物破损大等问题，自动分拣系统应用的最大优势就是分拣效率高，分拣准确率高。

（2）自动化控制，节省人力

自动分拣系统通过扫码、输送、分拣等装置，对货物进行分拣、输送，代替人工进行面单识别、分拣、传送。使用自动化分拣系统，可以节省70%以上的人工成本，同时可以优化各环节结构，把更多的人员安排到柔性化的工作，如人工集包、人工理货等环节。

（3）数据存储，可控管理

分拣系统在工作的时候可以存储数据，而这些数据可以详细记录每个货物的状态。分拣数据可以清晰的知道货物的状态、单位之间分拣量、分拣成功率、分拣线路等情况。通过对数据的统计、分析，查找工作中的错误、不足，及时改正，避免再次出现类似问题。

（4）货物安全，降低货损丢失

使用自动分拣系统，减少人工对物品的接触，提高货物的安全度和完整度。自动分拣系统可以与传送带、装卸车装置连接，无需进行堆垛拆垛等重复性工作，货物从卸车端直接进行输送环节，经过分拣系统，再有传送带输送至装车环节。人工分拣，不仅需要大量人工进行装卸车，还会增加堆垛码货、拆垛供货等中间环节，增加了货物损坏、丢失的风险。

（5）精准识别

自动分拣系统配有扫描识别系统，可通过条码识别、称重量方、色彩识别等多种识别方式进行数据采集，然后通过wcs控制系统，精准分拣货物。机相比人工分拣，自动分拣系统的识别误差率极低，精准识别率达99.9%，远高于人工分拣识别。

11.9 消防系统施工技术

消防系统大致分为消防水灭火系统、火灾自动报警系统、防排烟系统、应急疏散系统、气体灭火系统、泡沫灭火系统、防火分隔七大系统，本节根据现代物流仓储工程消防系统的特点，分别从消防水灭火系统、火灾自动报警系统两个方面对消防系统施工技术进行阐述。

11.9.1 消防水灭火系统

1. 消火栓箱安装

（1）消火栓箱门开启角度要求不小于120°；

（2）消防水管引入管方向明确；

（3）栓口中心距地面为1.1m，允许偏差±20mm；

（4）引入管拐弯处需增加支架、消火栓箱离墙面间距满足开门要求；

（5）暗装消火栓箱铝框要露出墙面；

（6）消火栓等配件安装需按设计规范位置安装，且应和FAS系统确定安装位置是否满足双方要求；

（7）消火栓箱应设醒目标识（图11.9-1）。

图11.9-1 消火栓示意图

2. 水管支架安装

（1）水管阀门、弯头及三通等连接处、终端等需增设支架；

（2）水管支架间距符合设计及规范要求；

（3）水管支架需预制，所有支架预制完成后与热镀锌处理，镀锌层厚度符合设计要求（一般不小于80μm），表面光滑；

（4）水管支架钻孔时不能采用火焰切割法；

（5）金属水管与支架之间需增加橡胶绝缘垫；

（6）支吊架需固定在承重结构上（图11.9-2）。

图11.9-2 水管支架示意图

3. 阀门安装

（1）阀门两端需增加支架；

（2）法兰连接的阀门在同一个法兰上螺栓方向应保持一致；

（3）止回阀等有方向要求的阀门需按箭头指示方向安装；

（4）安装前，应仔细检查核对型号与规格是否符合设计要求，检查阀杆和阀盘是否灵活，有无卡阻和不正现象，阀盘必须关闭严密；

（5）必须对阀门进行强度和严密性试验，不合格的不得进行安装，阀门试验要求按相关规范执行；

（6）满足设计及规范要求条件下，阀门应尽可能安装在便于操作的位置；

（7）需对不同系统阀门工作压力进行区分，避免安装错误（图11.9-3）。

图11.9-3 阀门安装示意图

4. 消防泵房系统安装

（1）熟读系统图及厂家安装图，结合消防泵房房间格局，提前设计出消防系统安装路径，定好基础位置；

（2）水泵进出水口应安装橡胶软接头，底座应安装橡胶垫；

（3）水泵进出水管径应符合设计要求；

（4）消防给水系统设主备用泵，主泵停止运行，备用泵应能自动切换运行；

（5）满足设计要求条件下，各阀门安装位置应便于操作，管线布置应考虑人员通行便利性（图11.9-4）。

5. 消防水管安装

（1）按图纸要求选用材料，根据管径大小确定连接方式（一般小管丝接，大管卡箍连接，阀门法兰连接）；

（2）阀门安装时需注意工作压力应大于1.6MPa；

（3）水管丝接处需做好防腐处理；

（4）区间等设计要求区域需用柔性卡箍；

图 11.9-4 消防泵房系统安装示意图

（5）管道安装横平竖直（图 11.9-5）；

（6）伸缩缝处需安装金属软管，过人防门处需安装防爆闸阀，出结构处需安装橡胶软接头；

（7）采用卡箍连接时，卡箍需拧紧，不留缝隙；

（8）在系统最高点应设置排气阀门。

11.9.2 火灾自动报警系统

1. 工艺流程

施工准备→楼层电管预埋→中间验收→墙体电管到位→墙体留洞预埋→电缆安装敷设→穿线、校线、接线→探测器底座安装→报警装置件安装→室外线路敷设→与消控室主机接线→消防系统调试→系统检查清理→竣工交工（移交资料）。

2. 管线敷设

消防控制、通信及火灾自动报警系统传输线路穿金属管或封闭金属线槽沿或跨钢柱、

图 11.9-5 消防水管安装

沿檩条明敷设，辅助用房内可在混凝土楼板内及墙内暗敷设。明敷设时金属管或封闭金属线槽上应采取防火保护措施，目前主要的防火措施是在金属管、封闭金属线槽表面涂防火涂料。暗敷设时应敷设在不燃烧结构体内，且保护层厚度不小于 30mm。当火灾自动报警系统敷设路径与强电系统相同时，要求两个系统间距 0.3m 以上，用来防止强电系统对弱电系统的干扰。从接线盒、线槽等处引到探测器底座盒、控制设备盒的线路均应加金属软管保护，主要是为了防止线路被老鼠等动物咬断，金属软管也要涂防火涂料。

3. 探测器选择

工业厂房宜选择红外光束感烟探测器，因红外光束感烟探测器适用于高大、无遮挡的空间，此环境对于常用的点型感烟探测器而言是不适用的，安装点型感烟探测器要求建筑高度不大于 12m，而工业厂房的建筑高度一般都要超过 12m。因红外光束感烟探测器工作原理为减光式，所以在探测器光路上应避开固定遮挡物和流动遮挡物。电缆夹层宜选择缆式线型定温探测器，它适合于保护厂矿及电缆设施。当用于这些场所时，探测器应尽可能贴近可能发生燃烧或过热的地点，使其与可能过热处接触。

4. 系统调试

火灾自动报警系统的调试，应在该工程内部装饰和各项安装施工结束，并完成线路测试、火灾报警、系统接地测试后，现场具备开通条件，方可组织人员进行整个系统的开通调试工作。

报警系统的调试，应分别对探测器、区域报警控制器、集中报警控制器、火灾报警装置和消防控制设备，按说明书进行单机通电检查，均正常后方能进入系统调试。

11.10 室外工程施工技术

参见 10.5 室外工程设计建议中"5.室外工程施工技术"相关内容。

12 工程案例

12.1 中国智能骨干网物流仓储工程

1. 中国智能骨干网天津武清二期项目

中国智能骨干网天津武清二期项目位于天津武清。该工程厂房结构高度最高为 31.45m,总建筑面积为 23.96 万 m^2。该项目为单层高架仓储中心,目前项目已竣工,如图 12.1-1 所示。

图 12.1-1 中国智能骨干网天津武清二期项目效果图

2. 中国智能骨干网济南历城一期项目

中国智能骨干网济南历城一期项目位于济南市历城区飞跃大道以南,凤岐路以西。总建筑面积约 16 万 m^2。主要包括 4 栋双层仓库建筑、1 栋高架库、1 栋配套楼、1 栋宿舍楼、1 栋动力中心及 1 栋物业办公。该项目为高架仓库(立体仓库)仓储中心,目前项目已竣工,如图 12.1-2 所示。

3. 中国智能骨干网武汉江夏项目(一期)设计、采购、施工 EPC 总承包工程

中国智能骨干网武汉江夏项目(一期)设计、采购、施工 EPC 总承包工程位于武汉市江夏区金口街旭光村,总建筑面积 5.9 万 m^2,建筑高度 15m。主要包括 3 栋订单中心,1 栋电商中心及 2 栋门卫房。订单中心为单层门式刚架结构,电商中心为多层钢筋混凝土框架结构。该项目为普通单层仓储中心,目前项目已竣工,如图 12.1-3 所示。

图 12.1-2　中国智能骨干网济南历城一期项目效果图

图 12.1-3　中国智能骨干网武汉江夏项目（一期）效果图

4. 中国智能骨干网电商物流东莞清溪项目

中国智能骨干网电商物流东莞清溪项目位于东莞市清溪镇电商路 1 号，总建筑面积 8.1 万 m^2。该项目由 4 个单体组成，其中 2 个主厂房为双层混凝土库＋钢结构屋面。该项目为多层分拣仓储中心，目前项目已竣工，如图 12.1-4 所示。

5. 中国智能骨干网（泉州晋江）菜鸟网络技术应用与仓储、研发中心项目

中国智能骨干网（泉州晋江）菜鸟网络技术应用与仓储、研发中心项目位于福建泉州

图 12.1-4 中国智能骨干网电商物流东莞清溪项目效果图

市晋江新塘街区南塘社区。总建筑面积 18.51 万 m^2，主要包括 4 栋双层仓库，2 栋办公楼，3 栋电商楼，2 个门卫室及 1 个自行车棚、综合配套楼等。该项目为多层物流仓储工程，目前已竣工，如图 12.1-5 所示。

图 12.1-5 中国智能骨干网（泉州晋江）菜鸟网络技术应用与仓储、研发中心项目效果图

6. 中国智能骨干网青白江核心节点项目设计施工总承包工程

中国智能骨干网青白江核心节点项目设计施工总承包工程位于成都市青白江区。总建筑面积约 12.85 万 m^2。主要为 2 栋单层物流仓库，1 栋双层分拨中心，2 栋双层仓库，坡道及平台，1 栋配套楼，1 栋动力中心、1 栋物业办公及设施，3 栋门卫室及 1 栋市政设施用房等。该项目为多层分拣仓储中心，目前已竣工，如图 12.1-6 所示。

图 12.1-6　中国智能骨干网青白江核心节点项目效果图

12.2　顺丰物流产业园物流仓储工程

1. 顺丰武汉电商产业园项目（一期）施工总承包工程

顺丰武汉电商产业园项目（一期）施工总承包工程位于武汉东西湖区走马岭街道，新征西路以北，东吴大道以东。总建筑面积 14 万 m^2，主要包括 4 栋建筑，分别为 1 栋分拣中心、1 栋 10 层办公楼、1 栋 8 层综合楼、1 栋汽修车间。该项目为多层分拣仓储中心，目前正在施工阶段，如图 12.2-1 所示。

图 12.2-1　顺丰武汉电商产业园项目（一期）效果图

2. 顺丰西北地区总部及西安电商产业园项目总承包工程

顺丰西北地区总部及西安电商产业园项目位于西安市草滩五路以西,草滩六路以东,阳光大道以北。总建筑面积 15 万 m^2,高度 24m。主要包括 1 号、2 号、4 号物流仓储,3 号分拨中心,5 号办公楼,6 号综合楼及架空平台及坡道。该项目为多层分拣仓储中心,目前正在施工阶段,如图 12.2-2 所示。

图 12.2-2 顺丰西北地区总部及西安电商产业园项目效果图

3. 南昌电商产业园项目施工总承包工程

南昌电商产业园项目施工总承包工程位于南昌市经开大道以西,有安路以北,横山一路以南。总建筑面积 10.06 万 m^2。主要包括 1 个分拣中心(分拣中心为 2 层混凝土结构+屋面钢结构)、2 栋单层门式刚架结构仓库、1 栋办公楼、1 栋宿舍楼及 2 个辅助用房。该项目为多层分拣仓储中心,目前正在施工阶段,如图 12.2-3 所示。

图 12.2-3 南昌电商产业园项目效果图

12.3 京东物流仓储工程

1. 京东西北电子商务基地项目施工总承包工程

京东西北电子商务基地项目位于西安市国际港务区，建设基地东临纺渭路，南临潘骞路，西临维多利亚道，北临保税五路。总建筑面积 21.7 万 m^2，主要包括仓储物流中心、大型分拨中心、转运中心及配套设施。仓库为门式刚架结构，配套设施为框架剪力墙结构。该项目为普通单层仓储中心，目前项目已竣工，如图 12.3-1 所示。

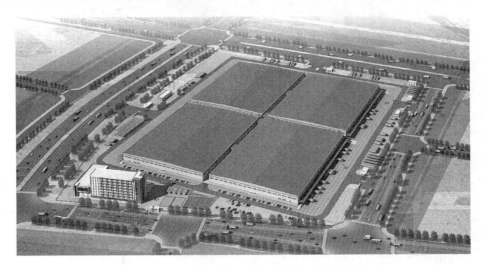

图 12.3-1 京东西北电子商务基地项目效果图

2. 京东"亚洲一号"杭州智能仓储基地项目施工总承包工程

京东"亚洲一号"杭州智能仓储基地项目位于杭州市富阳经济开发区。总建筑面积 22 万 m^2，主要包括 1 号立体库、2～5 号仓库、6 号分拨中心、附属配套辅助用房、设备用房、门卫室等。该项目为多层分拣仓储中心，目前项目已竣工，如图 12.3-2 所示。

图 12.3-2 京东"亚洲一号"杭州智能仓储基地项目效果图

3. 京东"亚洲一号"合肥长丰物流园 EPC 总承包工程

京东"亚洲一号"合肥长丰物流园位于安徽省合肥市长丰县。主要包括 1～6 号仓库及 7 号分拨中心、附属配套楼、设备用房等。总建筑面积 16 万 m^2，仓库建筑高度 13.2m，附属配套楼建筑高度 54.85m。仓库为门式刚架结构，附属配套楼为框架剪力墙结构。该项目为普通单层仓储中心，目前项目已竣工，如图 12.3-3 所示。

图 12.3-3 京东"亚洲一号"合肥长丰物流园效果图

4. 重庆京东重庆电子商务基地项目（中转配送中心）一期项目施工总承包工程

重庆京东重庆电子商务基地项目（中转配送中心）一期项目位于重庆市巴南区南彭镇重庆公路物流基地。总建筑面积约为 19 万 m^2。主要包括 3 栋单层至 2 层钢结构仓库、1 栋单层钢结构的分拣中心、1 栋 6 层员工宿舍、2 栋 2～3 层食堂、设备用房等。该项目为多层分拣仓储中心，目前项目已竣工，如图 12.3-4 所示。

图 12.3-4 重庆京东重庆电子商务基地项目（中转配送中心）一期项目效果图

5. 京东华中（武汉）电商产业园一期项目施工总承包工程

京东华中（武汉）电商产业园一期项目位于武汉市新洲区阳逻经济开发区。总建筑面积 15 万 m^2，主要包括 1～6 号库房、宿舍楼、食堂以及 4 个门卫室。其中 1～6 号库房均为轻钢结构。该项目为普通单层仓储中心，目前项目已竣工，如图 12.3-5 所示。

图 12.3-5　京东华中（武汉）电商产业园一期项目效果图

12.4　其他现代物流仓储工程

12.4.1　第一产业集团仓储物流园

1. 新建智能电气制造产业园项目施工总承包工程

新建智能电气制造产业园项目位于湖州市德清港国际物流园区内，总建筑面积为 11.88 万 m^2。主要包括 1、2、3 号库房，4 号卸货平台，5 号职工食堂及宿舍。其中 1、2、3 号库房均为单层混凝土结构＋二层钢结构及钢结构屋面。该项目为多层分拣仓储中心，目前正在施工阶段，如图 12.4-1 所示。

2. 沙田嘉华国际物流中心项目

沙田嘉华国际物流中心项目位于东莞市沙田镇大泥村，总建筑面积约 10 万 m^2。项目包括 1～4 号仓库、5 号门卫室、6 号配套设备用房、7 号操作平台、8 号汽车坡道及 9 号非机动车车棚。该项目为多层分拣仓储中心，目前项目已竣工，如图 12.4-2 所示。

3. 德邦物流华中总部暨武汉德邦物流产业园一期项目

德邦物流华中总部暨武汉德邦物流产业园一期项目位于武汉市江夏区，总建筑面积 7.5 万 m^2。主要包括 1～3 号仓库、宿舍楼及门卫室等。其中 1～3 号仓库均为单层门式刚架结构。该项目为普通单层仓储中心，目前项目已竣工，如图 12.4-3 所示。

图 12.4-1 新建智能电气制造产业园项目效果图

图 12.4-2 沙田嘉华国际物流中心项目效果图

图 12.4-3 德邦物流华中总部暨武汉德邦物流产业园一期项目效果图

12.4.2 深国际集团厂房

1. 深国际宁波综合物流港项目一期工程

深国际宁波综合物流港项目一期工程位于宁波市奉化区方桥镇，恒安路以南，恒兴东路以北，滨江路以东，方兴路以西。总建筑面积 6.03 万 m^2。主要包括 2 栋单层仓储中心、2 栋电商中心、1 栋倒班楼及门卫室等。仓库为单层门式刚架结构，电商中心及倒班楼为钢筋混凝土框架结构。该项目为普通单层仓储中心，目前项目已竣工，如图 12.4-4 所示。

图 12.4-4　深国际宁波综合物流港项目一期工程效果图

2. 深国际合肥综合物流港项目二期工程

深国际合肥综合物流港项目二期工程位于肥东县撮镇镇东华路东侧，学府路南侧，项目建筑面积约为 6.20 万 m^2。主要包括 1 栋单层门式刚架结构集运分拨中心，1 栋 4 层钢筋混凝土结构冷链中心，1 栋多层钢筋混凝土框架结构倒班楼。该项目为多层物流仓储中心，目前项目已竣工，如图 12.4-5 所示。

图 12.4-5　深国际合肥综合物流港项目二期工程效果图

3. 深国际南昌综合物流港（一期、二期）项目

深国际南昌综合物流港（一期、二期）项目位于南昌市青山湖区高椅山二路以南，经开大道以西，西临曰修路，该项目分为一期和二期工程，总建筑面积 9.35 万 m^2。一期工程包括 2 栋集运分拨中心，1 栋设备房，1 栋宿舍楼。二期工程包括 2 栋集运分拨中心，2 栋综合楼。集运分拨中心为单层门式刚架结构，其他为多层钢筋混凝土框架结构。该项目一期、二期均为普通单层仓储中心，现均已竣工，如图 12.4-6 所示。

图 12.4-6 深国际南昌综合物流港（一期、二期）项目效果图

12.4.3 普洛斯集团物流仓储工程

普洛斯天津普港物流园项目一期工程

普洛斯天津普港物流园项目一期工程位于天津市临港区湘江道南侧，珠江道北侧，渤海十六南路西侧，渤海十二南路东侧。本工程建筑面积 6.1 万 m^2、建筑高度 16.95m，为轻钢结构＋钢筋混凝土框架结构。本工程为普通单层仓储中心，目前项目已竣工，如图 12.4-7 所示。

图 12.4-7 普洛斯天津普港物流园项目一期工程效果图

12.4.4 太古集团物流仓储工程

太古冷链物流南京项目

太古冷链物流南京项目位于南京市经济开发区，占地面积 7.6 万 m^2。主要包括冷库（A、B 区）管理用房、设备辅房、门卫室等。该项目为多层分拣仓储中心，目前项目已竣工，如图 12.4-8 所示。

图 12.4-8　太古冷链物流南京项目效果图